給

奧利維（Oliver）

系統神學叢書

# 如此我信

## 基督教教義導引

根頓 著／趙崇明、鄧紹光 譯

▼

系統神學叢書

# 如此我信

## 基督教教義導引

## The Christian Faith:

An Introduction to Christian Doctrine

作者

根頓 Collin E. Gunton

翻譯及審閱

趙崇明、鄧紹光

執行編輯

林諾欣

裝幀設計

奇文雲海・設計顧問

■

發行 / 出版

基道出版社

香港沙田火炭坳背灣街 26 號富騰工業中心 1011 室

LOGOS PUBLISHERS

Unit 1011, Fo Tan Ind. Centre, 26 Au Pui Wan St., Shatin, Hong Kong

電話：(852) 2687-0331 傳真：(852) 2687-0281

網址：http://www.logos.com.hk

承印

陽光印刷製本廠

●



1/2009 初版 9/2013 二版

Cat. No. LP244-2

ISBN: 978-962-457-370-1

Originally published by Blackwell Publishing as

*The Christian Faith: An Introduction to Christian Doctrine* by Collin E. Gunton.



Printed in Hong Kong



| 刷次 | 10 | 9 | 8 | 7 | 6 | 5 | 4 | 3 | 2 | 1 |
|---|---|---|---|---|---|---|---|---|---|---|
| 年份 | 2022 | 2021 | 2020 | 2019 | 2018 | 2017 | 2016 | 2015 | 2014 | 2013 |

# 再版譯者序[1]

## ・　哪一類讀者？哪一種幫助？　・

英國神學家根頓（Colin E. Gunton）的遺作《如此我信——基督教教義導引》（*The Christian Faith: An Introduction to Christian Doctrine*），雖然篇幅不多，但對一般的讀者來說，要通透地讀完全書，並非易事。

雖然這書的副題表明其只是導引，但是根頓要導引的對象大概應具備達至高年級神學生的知識水平。若果讀者欠缺這個背景，那麼看起來是非常吃力的。這個時候，一些更基本的導論，就成了先決的讀本了，例如麥格夫（Alister E. McGrath）的《基督教神學淺析》（*Theology: the basics*；基道，2005）、奧爾森（Roger E. Olson）的《統一與多元的基督教信仰》（*The Mosaic of Christian Belief: Twenty Centuries of Unity & Diversity*；基道，2006）、約拿單・威爾遜（Jonathan R. Wilson）的《基督教教義淺析》（*A Primer for Christian Doctrine*；基道，2011），麥格夫及威爾遜的書特別為一般信徒又對教義沒有甚麼認識的人寫的。讀過中學平時又看書願意多思考一點的，《基督教神學淺析》及《基督教教義淺析》是不成問題的。如果說麥格夫及威爾遜的書像森林的整體素描，那麼奧爾森的就是對森林中的每一棵樹作出描劃，並且指出森林的邊界，邊界以外的是深淵無水之處。閱讀奧爾森此書，需要一點耐性，不可急就章。高年級的神學生應該看得懂的。它的好處是幫助我們在教會中回應各種似是而非、似非而是的教義難題。

見樹又見林，是需要時間的。看完上述兩本書，並不表示就可以立即通透。這個時候，除了反覆閱讀這兩本書之外，還可嘗試藉著另一些「導引」，幫助我們消化和定位原先所閱讀的。如果永遠停留在某一個水平來閱讀，我們不會有很大的進一步。只有透過一個更高層次的視角／視野／框架，來重整我們原有的知識，才能進一步消化原有的知識。所謂消化，是指到當中各項細部找到自己的位置，又能彼此貫通起來，形成一有機的整體。

## ‧ 哪一種形式？哪一種架構？ ‧

根頓一書正好可以在這一方面幫助我們。讓我們先來了解一下《如此我信》的架構，或者說表達方式。首先我們要知道早期教會按著聖經書卷編排的次序，以及內容，來制定信經，表達大公教會共同（承）認（相）信的信仰。這些信經的結構是由三部分組成的。先是聖父的創造，接著是聖子的拯救，最後是聖靈的終末圓成。根頓此書是套用這樣的一種架構，來講述三一上帝的工作的。

這裏顯示了對上帝的認識，是始於上帝的工作，因此，當我們翻閱此書，要問的是，這位上帝作了甚麼奇事，才進一步探問，這位上帝是誰呢。從認識上帝的角度來講，我們只有隨著上帝的作工而揭示出來的，才能認識和思考祂是誰。這就是「隨之而思」（thinking after God's self-revelation in his triune economic activity）。這「隨之而思」意含著上帝在世的作工啟示是首要的，使得我們可以回轉注目於祂，方才能夠認識祂。這也暗藏著神學思考同時是追隨基督——上帝的自我啟示，作主門徒，心意因注目基督而不斷更新。

另一方面，我們需要存在心裏的，就是三一上帝的作工，從來都是聖父、聖子、聖靈一起來進行的，沒有一刻是須臾分離的。這是根頓全書對各項信仰要義或所謂教義作出探討的基本架構，或是起點。我們稱三一上帝在世的作工為「經世三一」（economic trinity），而三一上帝內在生命的互動則為「內契三一」（immanent trinity）。因此，聖父在創造中的角色是牽頭的，祂要透過聖子和聖靈來工作，聖子在拯救和聖靈在終末圓成的工作也是類似的。

這樣的架構，帶引出來的含意，就是三一上帝的工作是連續的，而不是各自為政的；而對三一上帝在世工作的討論，即教義，也不是互不相干的。這就涉及基督教信仰或教義的整全性、融貫性了。具體來說，根頓對三一上帝的創造、拯救和終末圓成之間的關係的了解，並非以後兩者為補救因人類背叛上帝所產生的失誤，從而歸回原初創造的美好。拯救是糾正受造世界因背叛而偏離正軌，引領受造世界重新朝向原初創造時所設定的方向發展，直至終末圓成，比原初創造更為美好。

在三一上帝的創造、拯救及終末圓成的框架中，根頓把相干的不同教義置於其中來討論，或者倒轉來說，在創造、拯救及終末圓成的工作中，分別涉及創造、護佑、男與女、基督的拯救和身分、教會及社會、基督徒的生命、最後勝利。這樣一來，根頓就把基督教諸教義安排得井井有條，各有位置，又彼此相連，從而顯出三一上帝的工作的融貫一致的特性。

## ·　哪一種文化？哪一種處境？　·

根頓這書的另一特點是許多教義著作所缺乏的，就是與人類文化與處境對話互動，而不是純粹單向地抽離地闡述一連串的論題和論據，或是認信與對認信的解釋演繹。根頓這樣的寫作有其好處，顯出基督教的教義並非不食人間煙火，而是有所對應與言說的。然而，根頓針對的，首先是昔日教義成形與流傳的文化與處境，具體來說，特別是希臘的宗教與哲學、啟蒙時代的哲學與科學。根頓致力分辨基督教教義跟其所處的文化與思想的差異，並這些差異帶來的含意，或重要性。這種含意或重要性不單是確立基督教信仰的獨特性或身分，也同時顯出其對人類社會文化的相干性、適切性。所謂相干性、適切性，即是基督教信仰為人類的社會文化發展提供一幅另類的圖畫、一條有別於現代與後現代的道路。

可是，正因為這樣的一種涉及，就對本書的讀者有所要求。顯而易見，要能充分欣賞根頓扣緊文化思想的處境來討論諸教義的精彩之處，相關的哲學、宗教和科學知識是不可少的。對於華人教會的讀者來說，這些西方古代和現代的知識，都不是熟悉的常識，因此在翻閱本書時不免有所隔閡。遺憾的是，這裏沒有捷徑。惟一的出路是補課。事實上，若我們缺乏西方古代和現代的知識，恐怕我們對後現代只會不大了了，更遑論基督教神學對其所涵有的批判意義了。

如此一來，如何讀通根頓的《如此我信》，首先不能不自問的是：我是哪一類讀者？我需要哪一種幫助？

鄧紹光

**註釋：**

1. 轉載及修訂自鄧紹光：〈如此我讀．如此我信〉，《基道文字》四十一期（2009年4月），頁12～13。

# 譯者序

根頓（Colin E. Gunton）此書的中文翻譯是筆者向基道出版社建議的。那時根頓剛離世不久。一方面我以為應該出版一本紀念文集引介他的三一式神學思想，因為漢語教會、神學界先後有三位神學人師從根頓，他們分別是楊慶球博士、陳士齊博士、郭偉聯博士，亦有人以根頓的文化神學為博士論文的論題，這就是趙崇明博士。後來我向楊慶球博士提出這個看法，於是找來趙崇明博士一起商討及策劃，並決議由他主編文集。幾經波折，終於在二○○六年底出版了《三一·創造·文化——根頓神學的詮釋》（香港：基道出版社，2006）。此書亦成為普世學界第一本全面討論根頓神學的文集。

另一方面，筆者亦有感根頓的著作雖為英文，但漢語學界缺乏中譯本，於廣泛流通及普及、持久討論及吸收十分不利。是以，筆者在根頓眾多著作中選取了此書翻譯。此書為根頓離世前出版的一本三一式系統神學綱要，可以從中窺見根頓在此之前的許多神學洞見和發展，匯集於此。此書不似根頓其他的文集和專著，充滿許多註腳和論辯，而係正面闡釋基督教信仰的諸教義，分別以信經之〔聖〕父、〔聖〕子、〔聖〕靈歸類，本於聖經思維，以顯示對三一上帝的認識始自其三一式經世（economic）活動，而終於其內契（immanent）

三一的生命。根頓自言這種架構進路是對應士來馬赫（Friedrich Schleiermacher），因此此書亦稱為“*The Christian Faith*”。從這一角度來看，則根頓此書亦是回應啟蒙時代影響底下發展出來的基督教神學。事實上，根頓的所有著作或者其神學用心，都是回應並超越啟蒙時代的影響，並反過來批判現代性及後現代性的社會文化，在三一式的文化神學的啟迪下指出當走的道路。

根頓此書的中文版於二〇〇六年十二月取得版權，並同時邀請趙崇明博士一起翻譯。由於筆者曾於二〇〇六年春季學期教授「系統神學（二）」時講解此書第二部，故此由我翻出第四、五、六章，並繼而翻出第七及第八兩章。而趙崇明博士對根頓的創造論及聖靈論則素有研究，故此負責原書序，以及第一、二、三、九、十章等五章。趙崇明博士早於二〇〇七年暑假完工，筆者事忙，要到二〇〇七年十、十一月才全力翻出所負責的部分。筆者在此要多謝香港浸信會神學院給予筆者半年的安息年假，進行研究及寫作，筆者正好利用這段時間專注根頓此書之翻譯。此外，我們兩人亦互相審校彼此之譯文，特別是統一關鍵概念之翻譯，至二〇〇八年五月方才完成。雖然我們對根頓的神學都有一定之研究，奠定翻譯此書之基礎，但相信譯文仍有許多錯漏，未能避免。

譯事甚為艱難，筆者經驗不多，亦足以訴說一二。就回報而言，無論金錢收入或學術承認均不成正比。然而筆者仍堅持學界之專家從事相關的譯述工作，因為惟有該門學科之專家始能具備條件保證譯文之質素。此外，負責任的翻譯同時是一次消化的過程；若非深入細節肌理，反覆推敲思想，如何可以下筆從一種語言翻成另一種語言。即或如此，我們亦不敢說自己的翻譯毫無錯漏，不過以此自勉，祈能百尺竿頭，更進一步。

最後，全書的統一用字、潤飾文稿，以及格式編排等編輯工作，我們多謝基道出版社的林諾欣小姐的辛勞，於其忙於撰寫以根頓的語言觀為題的神學碩士論文之中，分身及分心完成此書的出版，至為感激。

祈願此書能開啟漢語神學界及華人教會的信仰眼界，促進其對三一式神學的吸收和思考，引發更多進深的研究和開拓。是為序。

鄧紹光

二〇〇八年十月五日

香港・西貢（北）・西澳

# 中文版導讀[1]

根頓在這書系統地闡釋基督教的信仰內容，此部著述可被視為他的教義學大綱（dogmatics in outline）。[2] 作者似乎很重視這書，除了花上好幾年時間預備及寫作之外；更在完成初稿後，邀請同事（如韋伯斯特〔John Webster〕）給予意見，並在系統神學研究中心（the Research Institute in Systematic Theology）的研習班上邀請成員逐章討論和批評（頁x～xii，編按：頁碼均為英文原書頁碼，下同）。這是根頓後期的著作，是他教授了系統神學多年，[3] 經過長時期對系統神學的思考及研究而作的一次總結性反省及整理。

這書不但跟士來馬赫的系統神學著作選取同一個書名，甚至結構也有點相近。根頓在序言及結論（第十章）均指出這書是為了回應士來馬赫對信仰（即宗教經驗）所作的神學反思而寫的，目的是要建立一條有別於對方的神學進路（頁viii，175）。眾所周知，士來馬赫本來反對啟蒙運動的理性主義精神，認為宗教不等同於理性的形而上學，也不等同於道德倫理；理性和道德只是宗教信仰的外殼，惟有感受（feeling）作為一種直接的自我意識才是宗教信仰的本質。士來馬赫這種以自我意識的主體性（subjectivity）為起點的神學方法，其實最終跟康德（Immanuel Kant）等受啟蒙思想影響的哲學家的想法分別不大。根頓一直反對啟蒙運動或現代主義將人的主體性作為存有論和知識論的基礎，[4] 因此他反對士來馬赫的神學方法絕不為奇。在這本書內，他開宗明義地說明自己不講信仰主觀（體）的向度（subjective dimension），卻要另闢客觀（體）的向度（objective dimension）。所謂信仰的客觀性，乃在於它是經過歷代教會這信仰羣體公開辯論，然後以信經或信條的形式將共同認信的信仰內容表達出來；也正因為這樣，這書的結構亦跟隨了初期教會信經的結構（頁viii～ix）。此外，從另一個更重要的意義來看，信仰的客觀性也在於神學是上帝在這個客觀世界內啟示自己的一門理性的學問。根頓同樣講經驗，他講的乃是上帝這他者的經驗，是三一上帝內在生命和具有啟示性的經世（economic）活動的經驗。士來馬赫卻是從人普遍性的宗教經驗結構出發來經驗上帝，根頓認為這做法只會貶低受造世界作為經驗上帝的基礎的重要性，他堅持人的獨特經驗只能建立在三一上帝的啟示性行動上。他承認自己的神學進路跟士來馬赫的神學進路的最大分別，就在於彼此對認識上帝的「中介」（mediation）有不同的理解；士來馬赫將「經驗」視為認識上帝的「中介」，根頓則以〔聖〕子和〔聖〕靈為「中介者」，藉其認識及經驗上帝的行動（頁175～179）。

作者將全書分為四部分，每一部分互相緊扣，彼此關連而成一整體，充分表現系統神學中教義互相建構的特性。第一部分（第一至三章）先談創造天地的主，其中第一章講創造論，第二章講護佑論，第三章講人論，第三章最後一節以聖父作小結。第二部分（第四至六章）論說基督的存有與工作，其中第四章講拯救論，第五章講基督的身分，第六章講道成肉身及基督的人性，第六章最後一節以〔聖〕子作小結。第三部分（第七至九章）論述聖靈作為終成因（perfecting cause）的終末性工作，當中第七章講基督徒的社羣和人類的社會，第八章講基督徒生命的模樣，第九章講終末論。最後一部分只有一章（即第十章），以討論三一論作為全書的總結。這書的結構跟傳統的系統神學書籍有點不同，不但一開始就講創造論，而且將通常置於全書最前的三一論放在最後作為總結。表面看來，這一點跟士來馬赫的做法相同，但實質上彼此的神學方法有很大差異。三一論在士來馬赫的系統神學內所佔的篇幅很短，毫無地位可言，因為他認為從人的宗教經驗不能直接推論出這教義。根頓則不同，三一論向來是他的神學思想裏非常重要的一環，表面看來他是延至最後一章才講三一論，但事實上全書的結構是明顯地表現其一向重視的經世三一論式的神學架構。有了這種三一論式的架構，然後再進入每一部分的內容，就更能欣賞及明白作者如何以三一神學來扣緊不同教義之間的連貫性及相關性，以及作者如何貫徹始終地討論三一上帝的存有與行動之間的關係。

雖然作者從信仰的客觀向度來探究神學，但強調信仰內容的客觀性不等於漠視神學家探究神學時須面對人類不同文化的獨特性。面對後現代反基礎主義（postmodern anti-foundationalism）的衝擊，文化的基礎無疑受到動搖而面臨瓦解，但作者認為上帝已為這受造世界建立了穩固的根基，以致它能夠成為一處適合人類文化孕育及發展的地方。基於這個原因，他指出為了讓神學的探究能真正回應人類的文化（包括當今流行的後現代文化），應該重新確立創造論作為神學思考的起點（頁ix～x）。因此他在全書的第一部分裏，先談三一上帝的創造與護佑的工作。華人教會一直只談搶救人靈魂的福音神學，沒有看重自己的文化任務，不能正視及識別真正的福音神學同時也應該是一套紮實的文化神學。出現這種現象的原因，大體上跟華人教會一向只談拯救論而忽視創造論有關，所以根頓對創造論的重視及詮釋實在值得華人教會參考和學習。

在第一部分裏，作者首先在第一章為全書定下了很重要的三一論基礎，即定下了三一論式的中介神學（a trinitarian theology of mediation），強調〔聖〕子和〔聖〕靈是〔聖〕父創造世界的中介者。這種做法在存有論（ontology）上有很重要的既斷且續的神學意涵：一方面否定了世界從上帝的本質直接流出的講法，因而切斷了上帝與世界存有上的連續性，從而保留了創造主和受造世界各自的獨特性和他性；另一方面卻又說明了創造主和受造世界之間已建立了一種緊密的中介性關係。在第二章裏，根頓再從三一論式的中介神學去解釋上帝以何種方式主動在時間當中介入世界，並如何保護、塑造及引領世界邁向終末的將來。簡而言之，根頓乃從三一上帝在時間[5]裏邁向將來的終末論角度，形構一種三一論式的「終末創造—護佑論」。到了第三章，作者則從「位格」（person；編按：譯者原把 person 譯作「情格」，於此書統一譯作「位格」）這觀念來理解人按著上帝形象被造的教義。一方面人的位格性存有（personal being）結構正正反映了三一上帝的位格性存有結構；另一方面「位格」這觀念也必須從「時間—終末」的角度來理解，即人被造並被安置在時間的世界裏，透過建立不同的關係而邁向終末性的完善，成為真正的人。

在第二部分的第四章裏，作者以基督論式的中介神學來闡明創造論和拯救論的延續性。上帝透過同一位基督去創造、護佑和救贖世界，以致上帝的創造之工在終末裏得到完全的救贖，趨向完善而歸榮耀給上帝。在第五章裏，作者清楚指出不能抽離拯救論而去思考基督論中的神人二性，初期教會的異端所以出了問題，正是由於不能擺脱以「靈—肉」二元論式的思維方法去思考耶穌的神人二性。這書起首即討論三一創造論，正是要批判這種二元論的謬誤。在作者心目中，有兩種觀念能調和基督神人二性的張力：分別是「虛己論」（kenotic theory）[6] 和「屬性相通」（*communicatio idiomatum*）。不管基於那種觀念，根頓都是從「行動」（action）的角度來調和神人二性的張力，而神人二性在耶穌這位格內所行出來的就是單一的位格性行動（a single personal action）。在第六章，根頓以三一論式中介神學的框架來構畫「聖靈—基督論」（pneumatological christology）的一幅藍圖。他非常看重耶穌的人性之神學意涵，強調耶穌一生背負十字架這受苦的職事，需靠賴〔聖〕靈介入其生命，使〔聖〕子對〔聖〕父的順服與盡忠貫徹始終，而耶穌的人性才得以完善。[7]

在第三部分的第七章裏，作者在「〔聖〕靈就是創造的終成因」這個大前題下建構其教會論，強調教會被召在〔聖〕靈大能的引導下，參與這世界邁向終末完善的工作，同時教會本身亦因著〔聖〕靈的工作，得以邁向終末成為真正的社羣。如果偶像崇拜和自我中心是罪的根源，則耶穌謙卑順服的生命就是真正上帝的形象，而教會正是一個跟這位有真正上帝形象的耶穌建立關係的社羣，成為基督的身體。教會也惟有透過〔聖〕靈作為中介者才能成為基督的身體。作者在第八章主要處理信徒生命的問題。他首先處理罪與死亡，以及罪與律法之間的關係，然後進一步討論「因信稱義」究竟純粹是上帝宣告性的行動（declarative act），抑或有存有性的意涵（即被稱義的人在存有上經歷某些內在的改變）。結論是若從終末的角度來看，兩者可以並存，意謂上帝宣告性的行動最終會帶來存有的改變，因此稱義與成聖便有一連續性，成聖是稱義的目標。第九章討論終末論，但作者並不按照傳統處理終末論的方法去思考。[8] 他認為終末並不與歷史時間對立，而是永恆進入時間帶來新天新地。同時，終末有將來的向度，但將來不僅在遠方，還可以透過預嚐的方式闖進現在。另外他又討論了普救論一些富爭議性的問題，指出儘管此等問題仍可以繼續辯論下去，但在教義上我們卻可以肯定基督必會在榮耀裏復臨。受造世界的歷史終局肯定不是死亡，而是生命。

在第四部分即最後一章裏，作者首先批評士來馬赫的神學方法，進而對比他自己採用的經世三一論式的進路。這一進路説明了三一上帝以何種方式在時間裏創造、模塑和完善祂的受造世界（頁180）。不過在討論內契（immanent）三一論與經世三一論的關係時，根頓堅持必須以內契三一論作為上帝經世活動的基礎（頁184～187），即是説，如果「*互滲互存*」（*perichoresis*）及以他者為取向這種共融關係是三一上帝在永恆裏的內在生命的存有結構，則三一上帝自然會因著其本性必定走出自己而透過「創造—救贖」的行動與他者（世界）建立關係。作者這個總結概括了全書一個重要的主題——

三一上帝的存有與行動的關係。

毫無疑問，根頓這部著述對三一論在當代神學的發展作出了很大的貢獻，三一論在他手上不再僅僅是其中一項獨立的教義，而是連繫整套系統神學，使各教義互相建構的重要樞紐。眾所周知，他的三一神學受巴特（Karl Barth）影響很深，他甚至被威廉士（Stephen N. Williams）譽為繼杜倫斯（Thomas F. Torrance）之後當代英國最重要的一位巴特神學的繼承者。在閱讀這書時，也不難發現巴特神學在其中所發揮的影響力。但根頓的貢獻卻不在於只解釋及複述巴特的思想，而在於對巴特神學的缺失試圖作出批判與修正，此書正反映了根頓這方面的努力成果。其中一個例子是他引入加帕多家教父（Cappadocian Fathers）的三一神學，以修正巴特的三一論過分強調「一」而貶抑「三」的問題。然而，由於根頓在某些三一論的觀點上仍然贊同巴特的看法，以致有些觀點容易出現彼此矛盾的情況。此類例子在書內不難找到，就如根頓始終贊同巴特將內契三一論視為經世三一論的基礎（頁184～187）便是一例。換句話說，三一上帝的行動早已被其在永恆裏的三一內在生命所決定，有怎樣的先存性的內在生命，就自然會外顯怎樣的行動。這種巴特式的道成肉身的啟示觀，只可能是直接鏡式地反映那在永恆裏早已預先被設定的神性生命的複本（copy），這種道成肉身論會帶來兩種後果：第一是基督在永恆裏的神性決定甚至遮掩了基督真正的人性；第二是非時間性的永恆決定甚至吞噬了時間。故此，根頓若仍然堅持內契三一論是經世三一論的基礎，則似乎跟他在書內所強調的基督的人性和時間的重要性互相矛盾。根頓向來的思想及寫作特色，就是擅長在大方向、大問題上提出視野廣闊及具啟發性的神學洞見，卻較少聚焦在一些神學問題的細微部分作細緻精巧的微觀分析。因此若抱著欣賞作者如何繪畫整幅神學藍圖的心情來閱讀此書，當會感到非常興奮和滿足。

趙崇明

## 註釋：

1. 此文原載於及節錄自趙崇明：評 *The Christian Faith: An Introduction to Christian Doctrine*，根頓著，轉載自《山道期刊》第十二期，頁159～165，已獲香港浸信會神學院有限公司授權轉載。
2. 據聞根頓本來打算在這書出版之後，就陸續寫作他多部頭的系統神學。可惜他在二〇〇三年五月六日因心臟病突然逝世，不能達成志願，現在惟有留下這部著述讓後人認識他的系統神學輪廓。
3. 其中基督論的部分（即第四至第六章），便是根頓將二〇〇〇年冊菲爾講座（Shenfield Lectures）的講稿修改後放在書內。
4. 根頓在其他著作中有詳細討論，例如 *Enlightenment and Alienation*、*The One, the Three and the Many: God, Creation and the Culture of Modernity* 等。
5. 值得留意的是，時間在根頓的系統神學內扮演很重要的角色；在其終末論的視角下，時間並非永恆的否定。
6. 根頓主張的不是一種暫時減損神性而使人性得以彰顯的「虛己論」，而是在神性之上永遠地加添（add）人性的一種「虛己論」（頁94）。
7. 就以耶穌面對試探這事件為例，耶穌勝過試探並非因其神性以致不能犯罪或能夠不犯罪。真正的原因乃是耶穌被〔聖〕靈促使而能夠不犯罪（頁105～106）。
8. 根頓認為傳統處理終末論的方法有若干弱點：一來太強調他世；二來將時間視為一線性的發展；三來只強調肉身死亡和世界的終結，以及靈魂不朽，忽視了肉身復活的神學意義。

# 原書序

「信仰」（faith）很大程度是流行的東西；似乎只要一旦成為信仰，則任何信仰都是好的。（令人尷尬的事，就是我們當代那些具有極權主義和恐怖主義的政治信條，同樣包含了那些只可以被稱為信仰的東西，卻並不經常訓練那些熱心於爭取「包容性」的人）。強調信仰是普遍人類主觀性的層面這一種看法，已經存在了一段很長的歷史，其中尤以十九世紀初以士來馬赫的神學那種方式所表達出來的，可謂最具影響力。然而，那不是談論信仰的惟一方式，由於當我們採用某種諸如「這信仰」這種表達的時候，我們應該明白，針對上述信仰主觀層面的看法，我們可以強調信仰客觀的一面，此乃指到我們所相信的信仰內容，這內容跟我們賴以才能相信的能力相對。儘管事實上本書的書名跟士來馬赫那本 *Glaubenslehre*（*The Christian Faith*）的英文翻譯書名相同，以及縱然事實上它也和士來馬赫那本偉大著作，從開始邁向結論那種進路的方式相似，強調信仰客觀層面的一面仍將會是本書主要的焦點所在。 viii

導致這本書所採用的進路的理由，是由於基督教是一種信仰，而這一信仰——在其他眾多事物之中——宣稱某些關於上帝、世界和我們人類的事情為真的。近期有人想出一些策略，試圖繞過或迴避基督教有關真理的宣稱，但它們最終不會成功——除了是引來輕蔑，這輕蔑是迴避信仰中冒犯的真理宣稱所應得的。這種對真理的宣稱，首先藉著一個被稱為教會的信仰羣體所產生，並且以信經（creeds）和信條（confessions）的方式去形構。在歷史演進的期間，至少直到我
ix 們稱為「現代」這個世代，那些關於信經的內容和中心點，已經在意見上存在一種普遍和不平凡的一致性。當神學家們開始形構神學內容的細節時，真正的分歧就出現了。事實上可以說，這種在信經上已經達成一致的意見，乃主要來自神學家們努力工作的成果，當中當然包括那重要的意見分歧。這過程中有建設性的特點在於它教曉了我們，在所有領域裏（尤其是神學這一領域），真理都能夠藉著那最嚴格的公眾辯論和測試而達致的（也惟有不安全不平穩地達致）。

作為這過程的一部分，神學裏面曾經發展了一些學派和運動，神學家的情況依然像音樂家和作家那樣，每人均有他或她自己獨特的強調、風格和專注的事情，後兩者尤其傾向於透過在寫作時持續出現的那種辯論，去形塑自己的寫作特色。神學是範圍更大的人類文化的一部分，它不僅採用那文化的語言（無論它多麼期望要去改寫那套語言），卻同時要藉著主導它的時代的問題才能運作。今天的神學家不可能不受下列文化所影響：諸如科學、生態上的（ecological）關注、如女性主義（feminism）和被稱為後現代主義（postmodernism）的一連串現象的運動，以及其他。那些尋求盡可能忠於教會信經傳統的神學家，在一個獨特的世界裏和作為獨特的人羣，依然要跟文化打交道。經過好幾個世紀的爭論，他們也會揭示以下的這種意識，就是他們相信知道神學在那裏走錯了路，也許這些錯路正在鼓勵一些不符合基督教福音的思想和行為方式，以致只會減弱而並非增強世界的生命。

參考近年一些運動和趨勢的時候，我們需要解釋這書所採用的一進路的方法。尤其在現代這個世代，神學家將他們著作的開頭幾頁或甚至開頭幾章，用來證立及描述他們正在從事的實踐，這是很普遍

的情況。最近幾個世紀，神學的真正可能性受到質疑，並且似乎需要作出辯護。因此，有些神學家便開始從事下列的護教活動：思想上帝存在的證明、宗教所具有的普遍性（universality）的說明或聖經和／或基督教傳統的權威的辯護。近來更多的趨勢似乎甚至有更多的要求，因為不僅神學受到質疑，連帶所有不論從任何來源，只要是要求客觀真理的宣稱均受到質疑。這類「後現代」進路的假設或信念，就是一切的基礎，現在都受到質疑，因此必須以某些或其他方式重新再檢視。

我本人相信，他們認為我們文化的基礎已經受到搖動這種看法 x
是對的，不過卻並非要去辨識那些受到搖動的基礎是甚麼。本質上它是對受造的實在（the reality of creation）存在著一種信仰的危機。之所以有這種信仰危機，單單只在於已經缺乏信心再去教導：上帝已經將世界安立在它的基礎上面，而這個世界，就是一處為那些我們稱為文化的不同人類事業而設的適合地方，當中包括那些為尋求真理而作出的事業。針對這一點，正確的神學回應將會是重新肯定創造的教義（the doctrine of creation），這不是一種非理性斷言的行動，卻是以這種方式去展示它理性的可行性（rational viability）。換言之，這是要將創造論和護佑論（the doctrine of creation and providence）放在一起來建構一種觀看世界的方式，到頭來，這顯明我們人類的境況，即我們在時間裏所活出的方式。當所有其他的基礎都已經失敗的時候，這裏的情況就是盡量不要重複一個明顯已經失敗的舊基礎，但為了嘗試重新明確表達，便會重新考慮導致它失敗的某些原因。這就是本書的結構如此鋪排的理由，首先在創造論和護佑論裏安立一個神學的基礎，然後繼續延伸到整體的其他層面。

這本書代表了一個人，要去表述基督教信仰的真理宣稱之核心的企圖，它是一個人（事實上是一個西方的白人）的一項艱巨事業，在某些人的眼中，或者會認為這本書根本不合格，認為它沒有達到它起初原想做的事情。在我看來，那只是愚蠢的看法，因為全人類在他們獨特的情境中，都已經內在地固有他們的有利條件和不利條件，他們對信仰的忠誠（faithfulness）不應由他們以哪裏作為起點來判斷，卻應該以他們往哪裏去作為信仰的基礎。就著基督教一切羣體相交的和信經的形式而言，基督教是一種關乎眾多特殊性的宗教（a religion of particularities），重點地集中於那些以色列人和拿撒勒的猶太人耶穌，以及它最能經常透過其羣體相交的形式，鼓勵其成員發展他們的個體性（individuality）。那些出現在這本書的觀點，我以前也曾經寫過，因為我相信它是真的；否則，我想我以前不會如此寫的。其他人會在當中認得出，事物在最差時是片面的，在最佳時則是充滿錯誤和曲解。這是所有人類艱巨事業的本質，尤其是神學。

當這本書的初稿完成的時候，我曾經跟我的同工韋伯斯特，就著我們能否説在聖經中存在一個單一的主導觀念這話題交談過。如果有的話，那麼「生命」（life）——對於我們所居住的世界來説，這個不能下定義的字是很重要的——就會宣稱它就是這個主導觀念。起初，上帝賜予生命；在歷史的中間點，祂使耶穌從死裏復活，現在這行動本身就是一個新生命的應許，而在末後的日子，當上帝將會是在一切裏面的一切（God will be all in all，或譯「上帝將臨在一切之中」）的時候，它則會完全成就。對我來説，當寫作完成之後，再回
xi 過頭來看這本書的時候，似乎在書頁內出現了某些強調的觀點，也許部分在字裏行間出現，而我會懷著關切的心情去等待讀者和評論者的回應，看看他們是否也識別出某些與我相同的觀點。

這本書以一種為求達到在兩種極端不同的關注之間取得平衡的方式來組織其結構。將全書分為十章這種基本的區分，代表了在任何基督教信仰的解説中那些必須處理的不同課題，盼望都能夠合理地完全包含在其中。不同的信經都傾向於將內容區分為三或四個主題，相對於信經，本書也粗略地作下列的區分，第一個主題是創造，第二個主題是基督的位格（person）和工作，以及最後的主題是〔聖〕靈所實現和完成的工作，這些工作就是在教會論（ecclesiology）和終末

論（eschatology）中被稱為救贖的效益（the benefits of salvation）。這三部分的每一部，以及這十章內的每一章，各自本身都能夠很安然地成為一本書的主題，事實上這也可以是一生的工作。因此，這種將全書分為部與章的結構，正如那描述所指到的，乃是將主題作出區分。創造有別於基督論（christology），稱義亦有別於成聖。然而，如果要去理解任何被分出來的部分，則必須明白部與其他部之間的關係，以及那部與其所屬的整體之間的關係。那由開始直到結束都沒有中斷的節數編號這編排，正是要指出，教義與教義之間既是累進性的也是系統性的，並旨在顯出教義之間如何連結在一起而彼此相屬。這跟試圖將事物編排在一個系統之內的做法不同（由於基督教信仰被系統化後不能不被曲解），它卻是要以一種方式去顯明，它們能夠在這方式內累進性地被編排起來，以致能夠理解如何將起初、中期和結束，彼此連在一起而明白一些事情的發展。其實也有可能以其他方式來編排，而不會對主題造成必要的損害，雖然不可由此便推斷任何方式的編排皆可以。如果這部著作被發展成為一部加長版的作品，舉例來說，有可能把第一部和總結連結起來，構成基礎去研究上帝與創造，不過，那種次序上的變更，馬上也必須將一些內容資料作重新組織，即是會以一種不同的方式，去預先提及一些仍未處理的資料。對於這計劃的形式，這非常依賴本書所收到的回應，而事實上已經有了一些回應。

在寫作本書期間，更重要的是在多年的預備過程中，我透過很多人，以很多種不同的方式，學曉了很多東西，他們當中有些既不是男性也不是西方人，事實上亦不是信徒。在家庭關係和友誼的不斷擴闊之中，我隨著年紀越大而越蒙福。系統神學研究中心（the Research Institute in Systematic Theology）的成員在研習班聚在一起，逐章逐章地討論本書，而我要感謝研習班的主席浩米斯（Steve Holmes） xii
每次的帶領，並且在追查問題這事上作出具代表性的貢獻。至於那些學生成員，我特別要感謝我的朋友馬丁（Shirley Martin），她隨後閱讀了打字稿的全文，並且給予不少有用的評語，例如在我解釋人的自由的章節裏，她的評語使我的觀點避免過於接近伯拉糾主義（Pelagianism）。還有其他曾經閱讀過打字稿的部分或全文、並以不同方式作出貢獻的人，包括我的太太珍妮（Jenny）、我的女兒沙拉（Sarah）和我的朋友嘉慧妮（Anne Gourlay），我也要感謝另一個女兒嘉露蓮（Carolyn），她謹慎地為索引做了編輯的工作，謹將這書獻給她和彼得的兒子奧利維（Oliver）。

本書第四至第六章關於基督論的部分，乃是將二〇〇〇年在艾色克斯郡（Essex）珊菲爾（Shenfield）的聖瑪莉教堂（St. Mary's Church）主講珊菲爾講座（Shenfield Lectures）的內容，作出修訂而成的版本，我要感謝教區長布萊特牧師（the Reverend Cannon Paul Brett）的邀請，也要感謝聽眾們的問題和評論，這有助我去澄清這部著作中，可能是最複雜的三個主要部分。

大部分聖經的引文均取自《新國際譯本聖經》（the New International Version of the Bible，編按：如無特別註明，中文版則會引用《新標點和合本聖經》），那些我認為譯得不滿意的經文，我會取材自其他地方或親自翻譯。

哥連・根頓

二〇〇一年二月

倫敦・英皇書院（King's College, London）

# 目錄

# 第一部

# 基礎：「天地的創造主」

# 第一章

# 創立：創造論

## ・ §1 創造的中介 ・



創造就是創立（establishing），也就是將之前尚未存在之物帶進存在之中。這樣的説法之所以成立，在於我們講的是現代流行的一件可任意處置的藝術品，猶如花園般轉變的東西；抑或希臘歷史學家蘇西狄德斯（Thucydides）所指的——且具有不凡成就——「永遠財產」（possession for all time），並由最偉大的藝術家和音樂家完成之物。不少聖經的表述正是以這種直截了當的方式來談及上帝的創造行動，然而他們這樣做，似乎是要暗示，創造行動的全部意義只能正確地歸於那惟一的一位身上。他們試圖描述的那集平凡與超凡於一身的難以形容的行動，這些行動在他們所使用的文字上具有相對應的語言，乃由於在那些作者關於創世的解説中，他們引用了其所身處的時代所流行的神話，而且他們以某種方式來引用它們，為要帶出他們所試圖談及的創世行動的異常特徵。但是特徵也不會給我們帶來驚訝，這是因為那些作者手上擁有的只是人類的資源，猶如我們嘗試去寫一首詩或繪一幅畫時所做的一樣，不管我們怎樣盼望作品具有「原創性」；然而希伯來人有關創造的思想仍是絕對獨特的。

跟著下來的是第二點引言。所有年代並非單單以它們的時間和地域作為標記，同時也分享一共同的人類文化，並在這共同的人類文化中，一套可被識別的問題和關注會反覆被提問：不一定在所有時間提出所有的課題，卻會在所有時間提出某些課題，以及在某些時間提
4 出所有的課題。在這些問題中，經常反複被提及的要算是創造這觀念，而且所提到的，乃是就廣義而言的創造，即是指我們在其中活出我們生命的世界如何出現和成其自己。我們也許會認為，有關「宇宙大爆炸」（big bang）之後所出現的第一點無限小的瞬間（the first infinitesimal moment）這現代的探索是獨特的，但這也只是在一個由科學所支配的世界中、所生的某種獨特形式的宇宙性探求。從其他著眼點而言，以上的探求跟古代創作神話的人、早期希臘宇宙論者和佛陀（Buddha）的探求沒有分別：那不僅只追問「為何世界是有（something）而不是無（nothing）？」這傳統的問題，而且也想發掘是甚麼令到這世界有一個為人類生活而設的環境能夠出現，以致我們期盼盡可能有意義地居住其中。聖經作者獨有的成就，乃是藉著那共通及代代相傳的語系，去支持將創造這觀念視為位格性的神聖行動（personal divine action）。若能強調這種觀念的顯著特色，這會有助我們著手探討基督教對宇宙的意義所作的獨有宣稱這問題，因為聖經的敍述也只是就著一個有限的著眼點，卻是普遍人類好奇心的另一個版本，去探索事物的意義而已。面對人們尋求理解的時候，它們會使事情更生支節和意外：這種對「上帝」（a God）的描述，很奇特地跟正常宗教探尋的對象相差頗遠，彷彿他們欠缺耐性，以較奧祕的和超越的東西去取代他們鄰舍的宗教事業。這以下列兩種形式來表現。

首先，根據聖經的表述，上帝的創立行動是獨特地自由的、具有主權的。無論我們考慮的是周邊文化的神話，抑或是早期希臘宇宙論者提出的哲學思想，我們都會找到一些跟本質上很難應付的物質進行鬥爭的觀念。在這些事例裏，神聖行動者（divine agency）在某些方面乃是反映人類的限制，最典型的例子莫過於他們會跟敵對的力

量，以及最終會跟死亡處於一種不停的鬥爭狀態中。完全相反的是，在某些容易認識卻不容易描述的情況來說，聖經中的上帝卻是高於上述的一切的，無可爭辯地祂是上主（the Lord）。就算這樣，但也不會令相信上帝這回事變得更加容易，事實上剛好相反，它令人更困難地相信，宇宙是掌管在某位善良和權能者的手中，而並非在一些完全冷漠無情（這是現代最流行的信念）或主動地充滿敵意的事物當中。神明（the god）愈有權能，就愈會對其明顯地拒絕克服苦難和死亡的做法愈感困惑。直到本書的結尾，這種實在如此的困擾，將會一直陪伴著我們。不過聖經整體的教導，從創世記開始，到約伯記、希伯來書、直至啟示錄，仍堅持主張上帝擁有絕對的主權。若果欠缺了這種
上帝擁有主權處置萬物的基本前題，我們既無法理解聖經中的上帝， 5
亦不能明白來自祂的啟示的信仰，同時我相信，我們也無法明白這個我們住在其中的世界。

第二點，聖經作者採用了一種多元但整體上一致的（consistent）方式去理解創造的過程，這可以被稱為「神聖行動的中介」（the mediation of divine action）。這種對中介的強調，在某些方面來說是簡化了，但在某些方面，卻是複雜化了所有我們將會談及關於上帝和世界關係的問題。中介表示了我們理解其中一種行動方式的進路，這裏所指的是上帝行動的其中一種方式，即是上帝如何跟本身不是上帝的萬物建立關係的方式；透過這種方式，創造主的行動以某種方式呈現在世界之內，而這個世界就是一個跟上帝完全異類的世界，因為祂正是要把這個世界創造成這樣。上述的理解方式，其實跟我們對人類如何在世界中行動的理解方式很相似：舉例來說，製造一個壺的意圖，如何在製壺者的手和用手使之成形的泥土之間的關係中，具體實現出來；又或者詩人的感受、意念和經驗，如何在一篇文章的文字裏成形。我們不斷重複地發現，猶太和基督徒作家將上帝比擬為一位僅透過語言命令，去實行祂的心意的那一位：祂說有就有，「上帝說：『要有光』，就有了光。」（創一 3）三種與舊約有某種關係的宗教

傳統中〔譯按：指猶太教、基督教和伊斯蘭教〕，其中一個傳統特別強調藉著說話去創造這觀念，那就是伊斯蘭傳統；在那裏，上帝只是命令世界形成：「是／有」（Be）。

無論如何，透過語言去命令或呼召（calling）世界存在這種創造的模式，在基督教神學裏仍需要一些條件作為限制。這實在是一種自由的和至高主權的行動，但同時又是某種奧祕性的行動，因這行動本身會調適自己去遷就那由這行動使之存在的大自然。值得留意的是在創世記的敍述裏，上帝沒有說：「是／有」，卻說：「要有」（let there be，或譯「讓這是／讓這裏有」）。其獨特之處在於要在命令和被創立的存有（being）之間維持一種平衡。這裏十分強調的，就是所謂要賦予那跟上帝不同的實在（reality）存在的空間。世界並非僅是上帝行動的一種功效，縱然這仍是其核心，但這行動所創造的事物，卻有其本身獨特的和特殊的自由，以致使其成為其自己。正如華生（Francis Watson）曾經指出，在創世記裏，並非僅只透過話語來創造，還有更為多元的中介方式來談及創造這問題。[1] 首先，上帝的創造行動涉及受造物**形成的過程**（forming）。這尤見於人的被
6 造，舉例來說，在創世記二章和詩篇一百三十九篇：「我的肺腑是你所造的；我在母腹中，你已覆庇我。我要稱謝你，因我受造，奇妙可畏；你的作為奇妙，這是我心深知道的。」（詩一三九 13～14）另一談及工匠技藝的類似模式，也可在約伯記三十八至三十九章裏找到，這同樣採用「形成」這觀念來談及大自然世界的奇觀：「因這光，地面改變如泥上印印，萬物出現如衣服一樣。」（伯三十八 14）我們不需要害怕這種位格化的語言（the personal language），好像它某程度上似乎不適合用來形容神聖的奧祕。正如我們將要談及有關人類的解說時會看到的，沒有東西可以高過於位格化這事情，由於「成為人」的意思就相當於按照上帝的形象被造之意，而這正是以位格存在（to be personal）的核心意義。無論如何，就我們的目標而言，這裏的重點是，創世記一章那創世日子的故事所談及的空間性的活動，

乃是要説明上帝「也要花祂的時間去做事」，其意義是要説明祂的行動是要跟祂所造的人的行動相符。這好比一個偉大的劇作家，容許一齣戲劇跟其角色和情節的內在發展相符一樣。巴特（Karl Barth）有時稱這種行動的方式為上帝的忍耐（God's patience），「上帝的忍耐〔是〕祂的意志……容許他者……時間和空間乃是為了他者本身存在的發展而設的，由此承認其存在乃是跟祂本身的存在相互並存的實在……」。[2] 在這本書的下文裏，我們會學到更多聖經中的上帝有關這方面的特色。

然而，我們必須停在這裏，讓我們談論多一點關於創世記的語言，尤其是以一種日子的格局去講述上帝行動的次序。也許作者確實相信上帝在六日（以二十四小時為一日）之內創造世界，縱然這並非我的看法。但為此原因而試圖要適應諸如進化論的年代這類模式，則讓六日創造的講法能符合現代的理解結構，令人憂心的是這會令到聖經離開它的脈絡而被曲解。本來聖經作者要講的是為了好的神學理由而講的，現在則從作者手中把它撕下來，又使它從聖經關於創造確信（conviction）的更廣闊的脈絡中分離出來，這廣闊的脈絡在繼續表達同一的基本信念之時，是以多元的方式出現的。將上述聖經的觀點看為「原始的科學」（primitive science），就好像一些理性主義批判者所講的，其實是誤解了聖經，亦是過度地抬舉現代的理解方式。正如巴西流（Basil of Caesarea，約主後 330～379）所説，重要的是，那創世日子的格局已起了為世界跟永恆建立關係的作用。[3] 我們已經
提過，在創世記裏，中介的模式促使我們發展了一位忍耐的創造主這 7
觀念：祂花時間做事，由此賦予創造自身存活的方式。那段經常被引述的塗鴉文字：「時間是上帝阻止一切事物即時發生的方法」，在這裏有其深邃的智慧，尤其是對應我們現代世界那種加快時間步伐的瘋狂試圖。莎士比亞（William Shakespeare）的説話描寫得更好，這包括提及時間的動力：「透過季節多少事物被調節至／合適的榮美和真正的完善。」[4] 上帝將時間賦予萬物，為的是使它們正當地發展。這

種聖經的時間觀，在創世記記載上帝於第七日安息的描述裏有進一步的詳細說明。除非我們明白到，它容許創造的時間指向其將來的完成（fulfilment），並且是按照上帝的目標來完成的，否則這似乎仍是一種天真的講法。創造並非靜態和非時間性的事物的總和，卻是有方向和目標的，就正如我們已經將上帝比作劇作家。創造是上帝的計畫（project）；創造好比上帝將一大塊大理石交給人托管，那些人在上帝加力幫助之下，與上帝一同將它塑造成真、善、美的事物。這解釋了新約聖經象徵主義（symbolism）為何時常這麼說，在主復活的星期日，創造的第八天開始。耶穌基督的復活成為創造重新朝向其正確的終向（proper end）的開始，亦即是說，將它的存有重新置於其正確的方向之上。[5]

無論如何，我們將無法避免經常重複這一主題，而我們這裏的任務是要繼續探究中介的神學。我們已經提過，藉著位格性的話語去創造，以及將創造理解成工匠技藝，合起來就是上帝把時間和空間給予其受造世界的方法。中介的第三個觀念是，上帝使得受造世界能夠運作，好像某些中世紀研究創造的神學家所講的「執行職務」（ministerially）一樣。其意思是，世界的其中某些部分被充滿能力，去充當上帝其他部分的創造的中介者（mediators）。因此上帝說：「地要發生……」（創一 11、20〔這次講的是海〕、24），猶如一位母親從她的子宮生下孩子一樣。「地要生出活物來」（24 節）和「上帝造出野獸……」（25 節）這兩節經文的並列，正要指出我們仍處於上帝行動的範圍之內，而沒有完全被交出給大地讓它自己
8 運作。我們真正地遇上一個創造的說明，指出一位有至高主權的上帝促使世界成為其所是。藉著上帝的行動使世界的行動者（worldly agencies）有能力去完成它們自己的「次級創造」（subcreating），這固然不是如上帝創造般那麼絕對，而只是相對地從存有本來之所是來創造。正如我們將會認識的，人類在藝術、科學、倫理層面的創造性，乃是有某種基礎的：簡而言之就是智慧，這是人類在世受到忽略

和難以表述的最佳特徵。然而，如果我們繼續強調（事實上我們將會這樣做），人類在那個我們稱為文化的領域裏的獨特能力和責任，這樣，男和女作為創造的主要使者（chief ministers）這個觀念，一定不會使我們看不見，人類與非人類受造物之間的差異只是相對而非絕對這樣的事實。上帝賦予能力給微小一點的受造物去產生美和真。花園需要被照料，但園丁不會令植物生長，他只會提供一些使植物生長的條件。如果事物的這一方面沒有在神學歷史裏被忽略，進化的理論也許不會在當代被發現為信仰的絆腳石。

舊約為新約較明顯的關於創造的中介這基督教觀念建下基礎的
方式，這可以在創世記的多元格局和其他舊約描述中介的觀念中讀
得到，例如，「諸天藉耶和華的命而造；萬象藉他口中的氣而成」
（詩三十三 6）。可以肯定的是，詩人在這裏明顯不是三一論者，因
為他實際上只是將相同的（或非常相似的）事物，用一對平行隱喻
（metaphor）來為帶有主權的神聖行動（divine action）重複述説兩
遍。無論如何，它依然是那個隨後在新約耶穌基督的角度填上內容的
中介的觀念。同樣地，在一些較後期的舊約著作裏，上帝的智慧這觀
念也被用來説明中介的意思，並被表述為一種上帝具體地跟物質世界
互動的方式，例如，「他立高天，我〔智慧〕在那裏；他在淵面的周
圍，劃出圓圈……那時，我在他那裏為工師……」（箴八 27、30）。
關於如何言説上帝的〔聖〕靈（God's Spirit），這也有不同的傳統。
開始時，在創世記一章 2 節，有上帝的〔聖〕靈「運行在水面上」這
不清晰的觀念。有一段時間曾經流行過，以「上帝的風」來翻譯這觀
念，這似乎欠缺説服力，但事實上同一個希伯來字是用來指到風、氣
和靈的。「上帝的風」這觀念卻使我們記得一件事實，我們在此並非
關心一些跟物質和具體存在（embodiment）對立或敵對的事物，猶如
某些關於靈或靈性（spirituality）的現代觀念一樣。相反，我們在此所 9
關心的卻是，〔聖〕靈跟所有「屬物質」和「屬靈」的受造物所建立
的正面關係。是故，上帝乃是將生命的氣息吹進亞當裏（創二 7），

以及在一篇偉大的創造詩裏提到，上帝的〔聖〕靈管理這物質生活的世界。「你收回牠們的氣，牠們就死亡，歸於塵土。你發出你的靈，牠們便受造；你使地面更換為新。」（詩一〇四 29～30）

〔聖〕靈不僅被表述為上帝創造的中介者，同時也是祂再創造（recreating）和轉化更新的行動的中介者，正如在以西結那偉大的山谷骸骨的視象，就像我們將會談及的，這視象是我們理解耶穌復活的一段很重要的經文。先知用了希伯來文 *ruach* 作為相關語去帶出其三層意義：「氣息〔或（聖）靈！〕啊，要從四方而來，吹在這些被殺的人身上，使他們活了。」（結三十七 9）〔聖〕靈在這裏是上帝的自由和不可測度的生命能力和在行動裏的更生力量。〔聖〕靈並非人的「屬靈」或「宗教性」部分的〔聖〕靈，卻是整全生命的〔聖〕靈。「於是我遵命說預言，氣息就進入骸骨，骸骨便活了……」（10節），〔聖〕靈和生命的關係在初期教會「生命的主和賜予者」（the Lord and giver of life）這信仰告白中得到表達，並且除此之外，這〔聖〕靈是與生命共在的——這裏講的生命我們稱為動物和植物，是以某些難以描述之特徵的方式存在於我們的世界裏——而這也是難以名狀的「〔聖〕靈」所關注的。這反而令到一些作家將「生命」視為上主特別的範圍，即所謂祂的特別領域。[6]

新約作者很快就能將耶穌基督識別為上帝創造的道（God's creating Word），而耶穌同時就是那成為被造秩序的一部分的道。約翰福音開頭所提及、沒有道則一切受造物都不能被造的斷言，其實早在新約聖經一些最早期的著作裏出現過。哥林多前書八章 6 節（「並有一位主，就是耶穌基督—萬物都是藉著他有的；我們也是藉著他有的」）也許是最早期將基督與創造連上關係的文本，而且可能引述自
10 另一個早已廣泛使用的信經的斷言。新約聖經其他大部分的著作都提出相同的觀點。[7] 因此，在創造的神學裏，藉著上帝的道作為中介這種語言，使得我們能夠言說上帝既在祂的創造中的自由參與，而且最終在基督裏，上帝跟受造的一部分獲得既自由又體現主權的認同。創

造的道的神學指出，上帝既能成為「世界的一部分」（worldly），卻仍然保持是真正的上帝。對應於這一講法而言，〔聖〕靈的行動，就以其既超越（over against，或譯「對立」）又跟世界關連的自由（freedom）作為其特色。這樣，〔聖〕靈的工作便能一言以蔽之。建基於例如羅馬書八章 11 節（「叫耶穌從死裏復活者的靈」）和彼得前書三章 18 節（「按著肉體說，他被治死；按著靈性說，他復活了」）這些文本之上，一些神學家主張，上帝藉著祂的〔聖〕靈叫耶穌從死裏復活，並由此使我們能夠，在〔聖〕子和〔聖〕靈的不同中介行動的方式之間，作出一概括性的區別，縱然這區別並非絕對的。簡單而言，那永恆創世的道，在拿撒勒的耶穌這人裏面成為肉身，表示了上帝在物質世界**之內**（within）行動的自由；同時，〔聖〕靈具有主權的行動，亦成為上帝所謂從外在朝向或**超越**世界的自由的標記。教會最偉大的創造論神學家里昂的愛任紐（Irenaeus of Lyons，在世時約主後 180 年）比表面看來更為複雜地談到父上帝的「雙手」，即〔聖〕子和〔聖〕靈，祂們是父上帝在世界裏或對世界行動的神聖中介者，「經常跟祂一起同在的是道與智慧，即〔聖〕子和〔聖〕靈，藉著祂們和在祂們裏，祂自由地和自發地創造萬物……」。[8]

## · §2 創造論的意義 ·

在上一段落裏簡述的中介神學，旨在說明上帝如何主動地朝向世界和在其結構內行動，這有助於帶出由創造論引申而來的四點討論。第一點，它建立了一基礎的和在這領域內必須造成的惟一獨特
的地方：「〔創造論〕第一個命題是：上帝創造乃意味著在上帝之 11
外有另一實在，而它是真正有別於祂的。」[9] 換言之，它的意思是指到，在不同的存有類別之間的區別（用專門術語的講法就是存有上的區別〔ontological distinction〕），惟一有意義的區別是創造主和受

造物之間的區別。沒有任何居中形式（intermediate forms）介乎兩者之間，諸如半神和半受造物這樣的形式，或者以其他方式填補了介乎於創造主和受造物之間可介入的空間。上帝透過祂的〔聖〕子和〔聖〕靈的能量，既維持又穿越這空間，並藉著祂們去容讓和使得世界能夠成為其自己之所是。若有天使存在，他們就會和世界其他的受造物一樣，真的屬於受造的領域。[10] 然而，上帝和世界的**二元性**（duality），跟那將受造世界的一部分從另一部分分別開來（如肉體從靈魂分別開來、心靈從物質分別開來）的那種二元論（dualism）不同。確實有上帝和祂所創造的世界兩個實在存在，他們各自在其本身恰當的領域內成其所是。往前看，我們會見到這種在關係中所呈現的二元性的基礎，乃是建基於創造主和受造物在基督裏相遇，卻又沒有顛覆他者的存有這樣的事實上。無論如何，創世記的作者已經有其本身的方法，去顛覆那另外一類古代普遍的看法，這看法認為世界的某些部分至少是半神聖的（semi-divine）。創世記不但認為，光是在太陽和月亮之前被造的，而且那些在古代文化（和現代的占星術？）中被人如上帝般敬拜的「天上的存在物」（heavenly beings），它們的地位也大多數被輕視地降級到上帝之下。那偉大和次等的眾光體（「也包括眾星」，視它們為眾神明乃屬於後來加上去的想法），僅是被上帝掛在天上的星體，「可以分晝夜，作記號，定節令、日子、年歲，並要……普照在地上」（創一 14～15）。整個宇宙（即本身不是上帝的萬有）被創造成為真正的自己，被創立成為一個與上帝不同的領域，之所以能夠如此，乃由於它是透過上帝跟受造物所建立的中介性和位格性的關係所引致的。

第二點，我們必須趕快補充一點，與其說因為世界不是上帝或甚至不似上帝而輕視它，其實剛好相反。由於世界是被上帝仁慈地創造，所以世界沒有因為成為世界而喪失其聲譽；世界在其本身的正確位置上，它是好的。上帝所造的一切是好的，真的是十分好的，由於它是透過、朝向，以及為了耶穌基督而被造的。我們將會在適當的時

候遇到由此引起的問題，但這些問題幾乎不需要點出來。我們遇上的
世界離開美善很遠，似乎呈現在我們面前的是善與惡的結合，故此，
那些推測兼具善惡的神聖原則在世上工作的宗教，有某些證據是站在 12
他們那一方的。我們居住在一個由良善的創造主負責的世界上，這件
事決不是自明的。然而，在創世記一章禮儀性的進程（the liturgical
progress）的那句重複的重疊句中，毫無疑問留下給我們的是，這是
祭司法典作者（the priestly writer）在後期以色列歷史創作這份文件
的最終形式時所下的判斷。我們是在第六日被造的——我們也是地上
最多難題的居民，我們對自己及對上帝都有疑問——但這一日卻以
一句更帶有強調語氣的重疊句來結束：「上帝看著一切所造的都甚
好。」（創一 31）

我們的中介神學有助第三點的建立，尤其新約聖經教導創造是「在基督裏」形成的，而且它被創造成為被那位基督連結而成為一體（a unity）的領域。[11] 這是一個宇宙，這個宇宙不單是一個遵守法則的宇宙，卻是一個由相同的自然法則遍在其廣大範圍內支撐著的宇宙。無論如何，對宇宙的一體性及其規律性（lawfulness）仍然存在不同的看法。就讓我們回顧近幾個世紀曾經提議的一些講法，它們的差異對我們的課題的重要性有某些啟示。就像哲學家史賓諾莎（Baruch Spinoza，1632～1677）的那類泛神論系統（panthestic systems），它們主張宇宙的每一部分都必然是衍生自整體的狀態。這個整體是在同一時間又在不同層面上，既是上帝又是宇宙。故此，對史賓諾莎而言，宇宙是一個嚴格不變的單一體（a unity），多元性（plurality）實際上是不存在的。那整體的狀態決定了萬有，因此，自然律的徹底決定論觀念（a thoroughly determinist conception of law）便在某種宇宙的全權主義（cosmic totalitarianism）之內流行。每一事物都內在於這被稱為「上帝—或—自然」（God-or-nature）之中而成其所是，一種東西或一樣事件不可能成為有別於它自己，就好比一個三角形不能夠決定自己擁有多過加上來合共一百八十度的三隻

角。相同地，有些系統傾向使用機器的類比多過用幾何學的定理去構思世界，無論有或沒有一位創造的神明，而且同時它們亦傾向於將所有的多樣性（variety）和複合性（mulitplicity），僅僅視為那整體狀態的一種功能。在這書內，我們會經常遇到這樣的世界及其製造鐘錶工匠似的神明，因為它在我們的世界裏曾有過具支配性的影響力，產生
13 了不少關於自然律的觀念，並自從十九世紀以來，這些觀念愈來愈受到質疑，但它們不易完全消失。只是在另一極端，明顯地有唯心論的系統（idealist systems）存在，它們將事物的統一性（unity）構想為人類心思意念（human mind）的一種功能，但他們也會好像製造鐘錶工匠似的神明一樣，經常無情地將世界置於那由心思意念決定或投射出來的統一性的格局底下來支配。

這類一元論的系統（monistic systems）以不同的方式被描述為「現代的」（modern）或「現代主義的」（modernist），他們跟以多元性之名來否定他們的近年的學術趨勢相對立。很多近年的思想，已經轉變為一種介乎事物本質上統一性的典型，跟那些倡議一種基本的多元性（甚至是混亂）的代表之間的競爭。不少現時流行的學派和學術進路，都聲稱或被賦予「後現代主義的」（postmodernist）標籤，他們大多數遠離他們所否定的不同形式的現代主義，這種現代主義也只是他們寄生於其上的。他們對任何統一性的觀念或被他們稱為「宏大敍事」（grand narrative）的、或有時具教義性的主張都提高警惕，他們認為沒有一個能夠從存有和真理的統一性這角度去理解的單一性的宇宙（single universe），一切都全然是互不相關的多元性。沒有單一的「邏各斯」（logos）或統一性，因為這類觀念帶有「壓迫性」，會強加一種使實在受制於外在束縛的「總體性」的視角（“totalizing” perspective）於世界，繼而通常再會強加於人類之上。

我們的第四點是針對上述這些學術趨勢而形成的：我們所從事的中介觀念，既為世界建立了一種基要的統一性，卻又沒有損害其多樣化和多樣性（diversity）。我們同時也要對付那有問題的傳統所帶

來的困難，這傳統就是那些早期對創世記一章具影響力的詮釋。它們堅持，上帝首先創造了事物有限數目的固定形式或類型，以作為祂繼後的創造工作的楷模，就好像一位建築師先繪畫了一幅藍圖，然後再將它變為現實一樣。進化論主張發展的形式是大量開放的這一見解，令到上述的講法變得聲名狼藉。然而那文本卻不用、或肯定不需要主張這樣的教義，它並不關心上帝創造行動的豐富性和多樣性。對於現代鑑別學（modern criticism）的趨勢，巴特批評他們也忽略了聖經作者在數學上的要點，他說：「雖然作者數算了日子，但他沒有數算上帝的工作，因為它們是無法數算的……」。[12] 創世記所講的是一個開放的世界，正如進化論所主張的，這世界的發展是充滿各種豐富的可能性，縱然這並非宣稱，它跟所有多種表達的達爾文主義的（Darwinist）教義相一致，而它們通常在任何情況下都是互相比拼的。

針對上述古代的詮釋和現代的曲解，一個令人滿意的創造中 14
介的觀念，可以促使我們在上帝的創造的豐盛懷抱裏連結在一起，而又沒有損耗創造的全然多樣化和複合性。排除了所有約化主義（reductionism）的形式，包括那些將世界靈化或精神化（spiritualize the world），也就是我們所見到的所謂「創造的靈修學」（creation spirituality），以及那些將一切事物都簡單地以粗糙的物質的或基因排列的組合來解釋的講法。目前最重要的是，要將存在者的全然多樣化緊記在心，作為證據去見證宇宙的豐盛，這豐盛包含了在同一個世界內的所有部分，包括生命與非生命（non-living）的形式，它們都能在一個令人驚訝的多元性中，這當中的多元是互相關聯的，並且事實上是互相依靠的。愛任紐在這點上表達了其慣常的意見，不過仍有些地方值得留心去聆聽，雖然今天若果我們要提出類似的觀點，就需要講多一點關於大自然物種的多樣種類：

> 〔萬物〕之造成，乃是按照〔上帝〕所喜悅的……祂賦予萬物和諧，分配給萬物各自應有的地位……祂以此方式，給

> 屬靈的一種屬靈和無形的本性，給屬天的一種屬天的本性，給屬天使的一種屬天使的本性，給屬動物的一種屬動物的本性……凡受造的都是祂憑著祂永不困乏之道所造的。[13]

對應於上帝中介性行動的多樣方式，受造的存有也會以豐盛的形式存在。正如我們將會談及，這是人觀的一部分，人不僅只是活著的存在者（beings），也被賦予了一種稱為靈（spirit）的富奧祕性的品質，這靈是從上帝的〔聖〕靈裏獲得的。然而，我們作為屬靈的，遠遠不是把我們自己封閉在一個僅是屬靈的世界裏，我們的靈性卻能促使我們以自身在世具體的方式來像上帝一樣，就是在事物的明顯區別之間作出超越界線的行動：透過工業、園藝，以及各種不同的藝術和科學，有創意地將動物、植物和礦物世界連結起來，並進一步豐富存在者的多元性。結果是，這裏所簡述的中介神學使到以下的主張成為可能：當我們談及關於基督時，就意味著我們如何在基督裏將世界團結起來而成為一個整體，而〔聖〕靈則是實在的多樣性與複合性的原則（principle of reality's variety and multiplicity），此乃由於〔聖〕靈促使萬物各自成為他們獨特地被造之所是。我們將會一而再地重新回到〔聖〕靈那些使萬有多元化和獨特化的行動這課題，因為這既是重要又是備受忽略的。

15 作為這一節討論的附錄，有些關於粗疏地被稱為「去性別化」（degendering）的創造關係這樣的事情，應該要講述出來。在古代的神話裏，除了以色列外，所有地方都會以性和暴力來談及世界的起頭：世界是從一對神明的交配而生；或者是從一個被打敗的對手的屍體上建立而成（當然或者是兩者的結合）。我們可以在這裏參考希臘有關天地交配的神話，以及它們在柏拉圖（Plato）的《泰米亞斯篇》（*Timaeus*）以哲學方式表達出來的以下講法——雄性的「父親」和「接受〔精子〕」的母親（“receptive” mother）代表柏拉圖某方面的宇宙二元論的觀點。聖經關於創造的語言，卻沒有任何在神話裏出現的主動的雄性／被動的雌性這樣的形象（imagery）。[14] 世界主動地被創造，因此在上帝之下，它可以以其自己的方式去成為「主動的」（active），例如地會生出其受造物，而人類則被命令去生養眾多，遍滿地面。舊約聖經將其具有主權的上帝，跟所有這類異教的交合保持距離，就等於將任何創造的事跟暴力保持距離一樣。

## ・　§3 創造主與創造　・

這種將聖經中具有至高主權的上帝，跟世界所有的神明保持距離的做法，自然會導致對上帝的屬性有以下的處理，那些屬性的特徵會表徵出祂的存有的特殊面貌。它們已經不斷地表露出來，而我們所遇過的其中兩種顯著的屬性，分別是上帝的忍耐和祂的智慧。另外兩種現在令我們注意的屬性，第一種是上帝的不可知性（unknowability）。這是最難明的觀念，因為很容易以為上帝在任何情況底下都是不可知的。基督教信仰主張上帝是可知的，因為祂已讓人認識祂自己，特別在耶穌基督裏令到自己被人認識，於是祂在本質上乃是一位有位格的和主動的上帝。然而我們認識祂，就像創世記的作者被賦予能力認識祂一樣，是一位為我們的能力設下界限，以致不能用人的思想限度來約束祂的上帝。我們惟一能夠認識的是，祂是那位不會受一般的人類認知判準所支配的上帝，無論那種知識是古代的神話，抑或是現代的哲學和科學。我們將會在第三章扼要地討論的啟示觀（the doctrine of revelation），正是要為說明上帝的獨特可知性而設的。上帝的可知 16
性，就是一方面祂讓自己本來之所是如實地讓人認識，同時卻又為人類對這實在的探求設下明確的界限。

另一個難明的屬性就是上帝的全能（omnipotence）或滿有權能（all-powerfulness），這需要在這脈絡裏有更多的解釋。這觀念的發展是基督教獨有的，雖然它形成的方式並非經常讓其闡釋者得到應得的稱讚。較容易精確地表達這觀念的方法，是從一個抽象的對比入手，就是在對我們有限的能力的認知，和一位應該有無限能力的神明（infintely powerful deity）之間作出對比。根據一個著名的界說，除了矛盾的事情之外，這位神明是能夠在任何情況底下都心想事成的。然而，這種説法只會徒勞無功，因為如果僅將上帝能力放大到無限的程度，則和一位暴君或魔鬼相差不遠。較理想的是，我們應要謹記兩件只是表面上彼此處於緊張狀態的事情。第一件事，是保羅以拯救作為核心去理解神聖能力的觀念，這拯救是透過基督死在十架上和福音的宣講而達成的，為的是要使失喪的罪人跟他們慈愛的創造主復和。稱呼基督為「上帝的能力和上帝的智慧」（林前一 24），使祂享有某種行使能力的方式的特權。然而，一定不能將這件事變得情緒化或感情用事，就好像在一個意識到要以神聖能力之名過度地投入的年代所經常出現的一樣。這裏有太多關於非強制性（non-coercive）的愛和能力的言論，而事實上又是真的，十字架在某一方面確實是上帝並非強制地行動的一個記號。但這又並非事情的全部，由於耶穌從死裏復活是另一類能力的行動，雖然前者決不會跟上帝在十架上的神聖行動分開，這明顯是強烈意義下的實在的強制性。正如多恩（John Donne）那偉大的十四行詩所歌頌的，死亡這壓制者已受壓制。[15] 這兩個連在一起的核心見解，指定我們必須以某些或其他方法去將下述的能力結合在一起，這能力既是在耶穌的受苦中而顯為真實的，又是從兩方面顯示出來：一方面是在祂的「滿有能力的工作」（works of power）中顯示出來，另一方面是從祂在死裏被復活過來中顯示出來。兩者都同樣地是建基於創造主的至高主權的行動之上，而這創造主的旨意乃是要使祂的受造物真正地成為它之所是。

如果我們回到創造的教義，我們會看到確實上帝是全能的。根據構成基督教神學發展脈絡的希臘思想，諸神並非是全能的，因為有某些事情是他們不能做到的。荷馬（Homer）筆下的諸神，不能改變早已命定的事情的進行方向，而那些由哲學家設計出來的抽象世界原
17 則，作為神話學（mythology）的諸神的另類理性的選擇，這些原則

同樣是無能的。無論他們能夠做甚麼，他們就是對創造無能為力，這是因為在希臘思想中，一般來説，至少在某方面，宇宙是永恆的，而上帝或神聖的原則最多可以做的只是去塑造它成形。直到基督教福音神學家出現之前，一位有位格的上帝會創造萬物，這觀念還是不可想象的。愛任紐並非第一個否認宇宙永恆性（eternity）的人，他卻是第一個提出一系列傑出的論點，去反對那些限制聖經中的上帝的能力的人。他要求，要為人與上帝的能力之間的明顯差別重新再作判決，這樣做對後來的神學非常重要：「雖然人真的不能從無中創造萬物，但人只可以從現已存在的物質中製造，然而上帝正是在這一點上已比人卓越，因為祂自己能夠命令之前本來並不存在的受造物成其所是。」[16] 愛任紐同樣地展開反面的論據：由於已界定了上帝能在其內行動的界限，因此，若果一切有別於上帝的東西都是永恆的，那麼他們就能履行上帝的功能，就好像愛任紐的所有的對手，即那些哲學家和神話學家同樣所主張的一樣。[17] 所有從外面強制上帝行動的事物，它實際上就是上帝。然而，根據聖經的見證，上帝絕對是至高無上的，完全不會受任何有別於上帝之所是的事物所壓制。

就在這裏，我們見到基督教關於上帝從無中創造這教導的意義，讓我們這樣説，上帝不可以被類比成一位從手中的泥土製造壺的陶匠；相反，祂卻類似一位既造泥土又造壺的人。固然由於在人類經驗裏找不到這教導的類比，故此它經常會造成理解上的困惑，並因而遭受拒絕。無論如何，這教導必須要從聖經對上帝整體見證的解釋和摘要來理解。在聖經裏不少地方，似乎含有這教導的意思，然而，就著一位解經家所觀察得到的，這並非希伯來人所會想到的思考方式。[18] 這是教導具特色的部分，是思想史中一種獨特的主張，是來自教會在其所身處的世界文化中受文化衝擊所生的。它有不少的含義，其中兩項
值得我們關注。第一項涉及到，我們的世界在時間上有一起點，並在 18
空間上有一界限。「很久以前」，沒有任何東西存在，然後，宇宙出現，單單由於上帝的心意要它存在，它就存在。這似乎得到近來科學

理論很多的支持，甚至多過科學界前人本應給我們的鼓勵，但又並非太多，因為科學理論（尤其是那些稱為「宇宙論」〔cosmology〕的玄思式〔speculative〕理論）好像人類那樣有生有滅，有其興旺也有其沉寂的日子。我們應該經常記得，如果神學甘願受制於它所身處的當代世界所能想像的事物當中，那麼，神學或間接地作為其孩子的自然科學都不會出現。[19] 這主張的第二項重要的含義是，我們和世界並非從上帝的存有本身而出現，而是跟上帝的存有有區別的，並且是由祂慈愛的旨意而生的。祂定意要有一個跟祂自己不同的實在，既是為了祂自己的榮耀，也是為著世界的緣故，正是這一點我們找到了我們教義最核心的地方。

跟上帝的存有和基督的位格的界說不同，從無造有的創造教義，並非透過初期教會會議所界定而形成的，就算在理論上而並非經常在實踐上，它仍明顯地受到廣泛的接受，這教義是愛任紐在二世紀一次在智性（intellectual）上決定性地擊敗其對手的結果。遲到一二一五年，它才僅在西方教會成為會議章程的主題，其當時的重要性，在於面對來自最新流行的亞里士多德（Aristotle）哲學的威脅，這套哲學乃主張世界的永恆性。雖然這教義的功能是要排除任何宇宙性的敵對力量，但它仍然具有一特定的歷史實體的根源，那歷史**脈絡**（context）對於形成這教義的**實體**（content），是具有決定性作用的。創造不單是上帝旨意和祂的絕對能力的結果，因為我們並非崇拜被神性化的能力，而是敬拜上帝和我們主耶穌基督的〔聖〕父——這位上帝的能力是在我們所遇見的中介的獨特形式中運行的。這位上帝透過祂的「雙手」在世界內運作，這豐富了並擴大了我們對祂創造能力的理解範圍。在祂的兒子裏和透過祂的〔聖〕靈的能力，上帝將自己跟祂的世界的一部分認同，展示其自由地和仁慈地跟世界交往的能
19 力，並按著受造物獨特的存有，去完善而並非去限制他們，或並非從內在去強制其結構。這種能力就是自由，作為明智和忍耐的自由的能力，它有足夠能力去使自己跟其對象的存有和需要相符，目的只是為

了該對象本身及其創造主的榮耀。上帝在耶穌基督裏的行動，肯定了、擴大了和完善了我們曾提過的模式，這模式就是我們參考創世記一章裏出現的，關於創造的廣闊空間的活動。復活是另一種的能力，是終末性地（eschatologically）運行的能力，為現今當下帶來那萬物最終得到的應許，而它同時也是指向事物本性的能力，就是透過時間指引事物邁向完全。正如我們提過，這是一種超越世界的自由，它展示了那種投入世界的能力的實在，並進一步擴闊了我們所理解的上帝的全能的意思。這真是完全的能力，不過卻是一種被安排要整理世界的能力，以致世界應該成為其被造時本應之所是：真正地成為世界，透過成為真正的自己，能夠以其自身的方式去頌讚創造它的那一位。

我們在完結這基礎性的第一章前，不能不提及一最終不可缺少的要點。創造是十分好的：完善（perfect，或譯「終成」）。但此完善並非靜態的概念，我們能夠從兩個意義來運用這詞彙。我們會說一個初生嬰兒是「完善」的，但這裏包含他將會成為另一些東西的含義；不過這另一東西又並非不再是其自己，即是說那初生嬰兒並不會變成一隻豬，而是會成為一成熟的人，這人是在時間裏被造而成為完善的。人類被造是為了邁向完善，因此整個受造界也以另一種方式邁向完善，正如我們將會談及，整個受造界部分地是透過人類這行動者（agent，或譯「代理人」或「踐行者」）的活動而完成的。因此，沒有任何「在起初」的創造是沒有終末性向度的。由最起初的時候開始，就已經有了一個終局（destiny）、一個目標（purpose）。若從這一角度理解，創造是在「無有中出現」（out of nothing），在其中它同時被造而存在（to be），又要生成變化而成為（become）某些東西，但又並非成為另一東西，而是某些東西本身被引導邁向完善，以致能頌讚及歸榮耀給上帝，因為是透過祂賦予受造物能力促使其生成變化的。基於此，世界被「創立」（established），而且不能被毀滅，除非上帝自己把它歸於無，不過祂曾立約應允不會這樣做。無論如何，世界不會被創立成為一個非時間性的機械或宇宙，卻會為歷史建立一基礎，透過時間，使其歷史的意義能在它跟其創造主的關係中成形。我們必須這樣說，上帝在創造裏有兩個目標，它們完全是一致的：創造一些在其本身已有價值的東西；以及創造一些在其本身已有價值的東西，因為其被造是為了履行其彰顯上帝榮耀的任務。這將會是本書餘下部分的目標，旨在說明，這樣一種神學正如在我們第一個印象裏所出現的，既不是弔詭性的，也不是容易遭人反對的。

## 註釋：

1. Francis Watson, *Text, Church and World: Biblical Interpretation in Theological Perspective* (Edinburgh: T. & T. Clark, 1994), pp.142～143.
2. Karl Barth, *Church Dogmatics*, translation edited by G. W. Bromiley and T. F. Torrance (Edinburgh: T. & T. Clark, 1957～1975), vol. 2/1, p.410.
3. Basil of Caesarea, *Hexaemeron*, 2. 8.
4. William Shakespeare, *The Merchant of Venice*, 5. i. 108～109.
5. Douglas B. Farrow, *Ascension and Ecclesia: On the Significance of the Doctrine of the Ascension for Ecclesiology and Christian Cosmology* (Edinburgh: T. & T. Clark, 1999), p.7, note 23.
6. 尤其在以色列人的理解裏，每一餐的用膳本質上都是宗教的時刻，是真正的獻祭。由於一切的生命都緊密地屬於上帝，所以進食就包括殺生（我們不會透過食素而完全避免殺生），這是一種闖進祂的領域裏的行動……故此，分享用膳通常就是一種崇拜的社羣性行動，也明顯是在上主面前建立團契。（Robert W. Jenson, *Systematic Theology*, vol. 2, *The Works of God* [New York and Oxford: Oxford University Press, 1999], p.185.）
7. 關於這方面的證據的扼要複述，參 Colin E. Gunton, *The Triune Creator: A Historical and Systematic Study* (Edinburgh: Edinburgh University Press and Grand Rapids: Eerdmans, 1998), pp.20～22。
8. Irenaeus, *Against the Heresies*, 4. 20. 1.
9. Jenson, *Systematic Theology*, vol. 2, *The Works of God*, p.5.
10. 參啟示錄十九章 10 節：「我就俯伏在他〔天使〕腳前要拜他。他說：『千萬不可，我和你並你那些為耶穌作見證的弟兄同是作僕人的……』」。

11. 我們怎樣了解在歌羅西書一章 16 節「因為萬有都是在他裏面被造的（in him were created），無論是天上的，地上的⋯⋯」中，「在⋯⋯裏」（in）是甚麼意思？關於這方面的討論，參 Gunton, *The Triune Creator*, pp.140～143。
12. Barth, *Church Dogmatics*, vol. 3/1, p.144.
13. Irenaeus, *Against the Heresies*, 2. 2. 4.
14. 新約的做法一樣，父與子這套語言，被吸收用來講述耶穌跟祂向著祈禱的那一位之間的關係，以及用來代表一種與別不同的同在關係。
15. John Donne, "Death be not Proud."
16. Irenaeus, *Against the Heresies*, 2. 10. 4.
17. Irenaeus, *Against the Heresies*, 2. 5. 4.
18. Claus Westermann, *Genesis 1～11: A Commentary*, translated by J. J. Scullion (London: SPCK, 1984), p.100.
19. 所有聲稱要論證宇宙的永恆性或無限性的科學理論，必須承認它們自己最多也只不過是理論，因為自然科學就是那門學科或整套學科，按照宇宙被賜予去了解這一事實而探求**這**宇宙的結構。原則上我們沒有資格離開宇宙來決定它的界限和狀態。

# 第二章

# 護佑

## ‧ §4 歷史的脈絡：現代 ‧ 20

有時觀察到，若太陽這天上巨大的燈泡突然熄滅，太陽系內的生命就會在瞬間消滅。根據基督教信仰，這可能是由於上帝撤回祂的維持和護佑性行動（sustaining and providential action）。受造物每一天甚至每一刻的存在都被支撐著，就是透過那一位不單是創造主，同時也是受造物的支持者來支撐著。就好像很多在我們西方世界曾經一度幾乎毫無疑問地贊同的信念一樣，上述這種講法不再是想當然為真的。它之所以失利，部分原因乃在於機械論科學（mechanistic science）的發展（如果後來的發展沒有把它淘汰，則現在廣泛相信，它至少在被限定的情況下是成立的），而更大的原因乃特別由於哲學已將一個早期的現代科學隱喻，轉變為一種意識形態，就算它不是教條式的斷言，這種意識形態也會主張一個鐘錶式機械運作的宇宙，僅會在它自己的動力驅動下運作，卻無須創造主持續不斷的推動。

然而，關於上帝護佑的神學的內容不限於此，還有更多的層面。如果單單只是保護或支撐，不僅聖經的上帝，很多其他的東西（entities）均能做到，例如柏拉圖（Plato）的理型（forms）、亞里士多德（Aristotle）的不動的動者（unmoved movers）、或史賓諾莎（Baruch Spinoza）的「上帝—或—自然」（God-or-nature）。在此我們必須回想上一章經常提起的有關終末的觀點，那「十分好」（very good）的創造是朝向某處而被造的，是藉著上帝及人的行動被完善而終成的，因此，比起僅僅在存在上需要作出支撐，會有更大的
21 要求。護佑（providence）比起上一章所講的甚至涉及一個更激進的宣稱：即上帝不但只會支撐受造物，還會每一天都主動導引，以及親身投入受造物的生命之中。這主張也曾經歷較早期的現代思想批判而被削弱過，也許在其中最著名的，莫過於那偉大的蘇格蘭哲學家休謨（David Hume，1711～1776）。那場爭論帶領我們回到休謨兩位前人的思想，分別一位是英格蘭人而另一位是愛爾蘭人。[1] 洛克（John Locke，1632～1704）的探究是要為正處於萌芽階段的牛頓科學（Newtonian science）提供一個哲學的基礎，在眾多其他討論中，他提出了那真正的原因的教義（doctrine of real causes）。他認為，當一樣事情有規律地跟隨另一事情而出現，就有理由將這連續出現的現象歸因於一個雖不可見卻是真實的東西，這東西就被稱為原因（cause）。對我們來說，這似乎只是一種常識的信念：將石頭擲向窗戶自然是導致玻璃粉碎的原因，縱然我們只會見到石頭和玻璃，而沒有看見一種稱為「原因」的東西存在。類似地，洛克為基督教信仰辯護而訴諸奇迹（miracle）。奇迹就是在一些事物的正常運動規則以外，直接地由上帝**導致**而出現的現象，目的是要為祂的存在提供證據。

巴克萊（George Berkeley，1685～1753）並不喜歡有一隱匿的原因存在於這種推測的思路。假設事情真的如此（我們會扼要簡述他的論據），豈不是令到上帝的存在變得多餘？因為那「原因」已經足夠可以解釋事物運作的方法，所以這是否主張甚至意味著上帝不用為世界每一天的運作而負責？巴克萊講得對，這已經遠非一件只是關乎奇迹的事情。如果上帝並非日常現實世界的中心，則祂的存在在運作上就變得多餘，再多訴諸奇迹，也不能把上帝帶回來。基於此，巴克

萊研究要廢除那隱藏的原因的必須性，他認為應該要説的是，要為事件作出説明的，就是上帝才是直接導致它們運作的原因。然而，在廢除那隱藏的原因的過程中，他用了一個論據，卻要冒將來受傷害的危險。他指出當我們看見一件事情跟隨另一事情之後而出現，然後説第一件事情導致第二件事情出現，其實我們所見到的一切，首先是一件事情，然後是另一件事情，僅此而已，完全可以不提上帝永遠同在的護佑行動。在此情況下，休謨的問題是質疑甚至於上帝是否需要存在。他主張説，我們所知的一切，只是事情有規律地發生，例如火燒和結冰。無論是隱藏的原因抑或是上帝，這位哲學家只會將一切事情單單歸因於人的心智（mind）有一種傾向，就是假設當我們經驗到第一件事情的時候，就會期待第二件事情會發生。我們可以這樣
説，明天太陽會升起是沒有邏輯必然性的；我們能夠説的，只是因為 22
在我們每天生活中都如此地發生，於是我們就期待它會如此地繼續發生而已。故此，關於上帝的問題還是沒有回答的，因為首先它未曾真正地被詢問過。休謨也曾前後不一致地主張奇迹不可能發生，因為他相信似乎事情是按著它們自己的方式而發生的。無論這獨特的信念是怎樣的一回事，他自己也知道實際上這已削弱了上帝對宇宙的護佑性管治這基督教信念。世界以其自己的方式前進，詢問它如何和為何這樣行，則是毫無意義的。

休謨的學説已證實具有很大的影響力，但其學説中的內部矛盾，以及它所依賴的那些被人質疑的假設（對其質疑真的愈來愈多），已導致不少反對的聲音出現。這是一套奇怪的哲學，竟然企圖不理會人類所努力探求的那些最深層的問題，其中一些深層的問題就是詢問事物為何會按著它們自己的方式而發生。甚至經過幾個世紀關於事物的秩序的科學研究之後，「世界是一種秩序，以及世界是事物按照已知的規律而發生的可信靠的地方」，上述這些講法仍不是自明的。肯定地説，人類仍經常依賴這樣的事實：即火會發熱，以及水對生命是必須的。但不少現在我們被告知、而出現在我們的反思中關於事物的秩

序這類事情，還是十分奇迹性的，而根據最近的理論，[2] 也許特別關乎以下的事實：即宇宙最早的擴張是非常協調的，它明顯自發地（無論這是甚麼意思也好）產生了生命發展的條件。稍為慢一點，事物便會瓦解；稍為快一點，它就會解體地散開而進入空虛的空間之中。上述的講法並非要顯明神聖的手（因著別的理由我們相信上帝），而是這看來極可能是我們這裏有一個已被賦予目的的過程。正如一位近來很受歡迎的科學家（而不是基督教護教者）所寫的：「我們真的是預定在這裏。」[3]

無論如何，為護佑而提出的更廣濶的神學實例，需要建基於一些比因果關係和神蹟這類的論據更堅固的基礎上。事實上聖經裏記載的
23 神蹟大部分並非用作叫人相信的證據。神蹟是一套更濶的信念的其中一部分，這套信念是關乎上帝所是的方式和祂在世上工作的方法。就在這裏，我們觸及基本信仰一種極深的差異，這基本信仰關乎甚麼是我們考慮要成為我們對世界理解的核心，這並非單靠論據來決定。無論休謨所宣稱的，我們的心智極其量只能夠猜想事物的意義；抑或聖經信仰所講的，萬物在創造主的管理下發生，兩者都不是自明的。若要找出兩者之間的核心問題之所在，我們必須詢問後者，為何聖經作者明確地將上述的觀點作如下的理解：他們的上帝就如他們相信的那一位。無論是甚麼原因（事實上有很多原因），他們對上帝維持事物的秩序這回事顯得很有信心（通常這是十分難贏得的信心），我們也應該對此認真深入地思考，如果只是由於他們生活在一個比我們更受威脅的世界，他們只有少量的裝置，這些裝置卻使我們或多或少能成功地避免餓死和因冷熱天氣造成的死亡。由於他們在某些方面比我們更難相信上帝的護佑，我們更應該十分留心地聆聽他們相信的理由。

## · §5 歷史的脈絡：古代 ·

在初期教會裏，護佑的教義跟創造論相似，都是跟當時世界流

行的護佑的概念對話，而且也部分地依賴這些概念，從而鑄造出來。其中兩次的相遇是非常關鍵的。第一次是愛任紐（Irenaeus）、俄利根（Origen）和諾斯底派（Gnostics）之間的對話。諾斯底派（他們有些人被概括地納入「諾斯底主義」〔Gnosticism〕的名下，但它仍是一種多元的現象）相信，如果事物真的如正統基督教所宣稱的，在一位創造和救贖的上帝的控制底下，則上帝在祂的善與惡、喜樂與受苦的分配上，明顯地顯得不公平。根據愛任紐的講法，他們於是修正教會的普遍教導，主張物質世界是邪惡的原因，而不是因為人的犯錯而造成的。他們宣稱，世界並非最高的上帝的作為，卻是一位通常被稱為「得謬哥」（demiurge）或工匠的次等的神明所造的，祂的不能勝任（imcompetence）就是這明顯不妥當的世界的成因。為了反對舊約那粗製濫造的創造主上帝，他們把基督設定為「屬精神的」（spiritual，或譯「屬靈的」）上帝，祂與這物質世界沒有任何關係，卻只是看上去好像帶有肉身，好引導那些「屬精神的」人進入 24
一更高和非物質性的救贖之中。所謂「神明的」護佑行動，只是包括將那些已被啟蒙光照的人，從較低層次的物質世界引領出來，進入一更高的「屬精神的」領域。

神學有兩個策略反對這種教導，兩者都涉及對這種教導的排拒，但最終兩者是不能共存的。亞歷山太（Alexandria）的俄利根（約主後 185～約 254）的影響力依然存在，他接受諾斯底部分的講法，承認有些人在這個世界上比起其他人獲得較差的分配，因此將這個世界內人的不同命運，歸因於靈魂在一個**先於**此世之前被造的世界裏的好與壞的選擇。相應於此，他將上帝的護佑理解成，上帝提供一個機會，讓我們更好地且最終帶有救贖性地在世上行使自由。然而，由於這似乎意味著，因為回歸整全性（wholeness）而需要在此世之後某一數量的世界的存在，因此就會造成上帝對歷史進程相對地缺乏控制。俄利根的概念得不到認同，但它的最大的弱點卻以另外兩種面貌被人發現。在他的敍述裏，人類的墮落是發生於我們這時間的世界被造之前，結果是創世記的作者所頌揚的這個物質世界的創造，變成為本質上是一件修補的工程，這工程乃由於偶然有人類墮落這事件而發生。這只是次好的度假勝地。同時由於世界的創造被構想為達至人類救贖的更大美善的工具，於是通常會有一種「靈化」（spiritualizing）的危險，產生一個單單只是「宗教性」的救贖觀念：救贖是抽離它所身處的世界的。結果是，上帝的護佑只是朝向一個在此世之外及之上的純粹屬靈秩序的回歸，由此亦帶來以下的後果，就是此世生命（即我們每一個具體地在世存在的獨特的人的生命〔particular embodied person〕）的重要性，被降低到要臣服於一個更高的目標之下。從第一章所建議的創造朝向未來而活動這角度而言，第二個缺點可以在俄利根的終末論裏找到，那是一個回歸的終末論，它談及的是回到起初而並非邁向前面以致終成的。基於此，人類靈魂的命途是要回歸到那起初的、非時間性（timeless）的圓滿狀態。故此，俄利根的護佑論以神聖教育性行動（divine educative action）的方式表達出來，這行動使重返到原初和屬靈的起點這樣的回歸得以實現。它因而傾向於將人類生命抽離此世而導引進入一更高的領域，而並非為了成全整體受造世界圓滿終成的好處著想。

相反，愛任紐由於他那上帝之子道成肉身的紮實的教義，使他更能夠堅決地肯定此世的美善，對他來說，這個世界作為被創造的，乃是上帝護佑工作的對象。他那一套我們將會在下一章談及的同歸於一的教義（doctrine of recapitulation，或譯「生命重演論」），並非將耶穌視為對在物質世界之前被造的屬靈的存在者（spiritual beings）的救贖，而是透過拯救既屬物質又屬靈、有血有肉的男女而達至的圓滿（completion）。像這些男女一樣，耶穌是完全的人，祂作為上帝的兒子成了肉身，再次經驗亞當和夏娃的故事，不過，這一次祂沒有墮落犯罪、死亡和魔鬼綑綁，卻透過祂的忠信和人性的完整性（integrity）而克勝了它們。故此，愛任紐的終末論並非一種回歸的終末論，即**回到**這世界被造之前的那種遍在的屬靈狀態的終末論，卻是一種**朝向**創造主意圖要使萬有達至完善的活動。故此，上帝的護佑有一關心此世命途的向度，而這世界的結構（以餅和酒這類物質性的實在再現）跟那些帶有他們創造主形象的人，保持解不開的密切關係。換言之，從終末論的視角來看，上帝並非提供一**空間性**（spatial）的超升好脱離物質的世界，而是提供一在此世之內和跟此世一同進行的**時間性**（temporal）的活動。

神學和世界的第二種重要相遇是神學和斯多亞主義（Stoicism）的相遇，而這次的相遇則以另一種形式發生。斯多亞學派大概都是一班泛神論者（pantheistics），他們主張世界本身就是神聖的存有，因而是世界創造其自己。他們也是決定論者（determinists），結果他們否定人的自由，故此使到「斯多亞式的堅忍」（stoical）這字成為更加流行的用語，這字的意思是指到咬緊上唇毫不畏懼地接受不能改變的命運（即「將來會怎樣，就怎樣吧」）。就好像俄利根的護佑神學所引起的問題，這問題涉及在上帝塑造世界成形的過程中，如何賦予精神和物質相對的比重，斯多亞主義則提出了人類和宇宙的關係的問題，這宇宙就是我們稱為物質世界的全部。只要看看例如基因對我們身體與性格的塑造，就不禁要問我們究竟有多少超越世界的自由？因此，不要奇怪為何早期對基督教護佑論的現代批判會偶然發現這一問題。將世界視為機器這一隱喻，當被應用在世界和有時也應用在人類之上的時候，乃主張這些人類的行動者（human agents）根本不能選擇，惟有遵從自然律的非位格化邏輯（impersonal logic）。在斯多亞學派最偉大的現代繼承者史賓諾莎和康德（Immanuel Kant）的手中，便出現了一對相反的護佑概念。正如我們提過，史賓諾莎是一位相當直截了當的決定論者，他主張我們的行動是毫無保留地被預定的。他的繼承者今日就在我們中間，主要是在生物學的圈子裏，他們 26
的學說，是主張我們的基因構造決定了一切關於我們是誰和我們是甚麼這類的事情。[4]

在這一階段必須帶出兩種評論。第一種是由達爾文（Charles Darwin）自己所提出的，他大部分理論都遠比上述所提出的是更適度的聲稱，它本質上乃是試圖說明，生物種類出現的方式，跟人類飼養員為他們家裏或農場中所飼養的動物、發展他們嚮往的特徵的方法如何相似。無論是否只是為了解除批判主義的武裝，達爾文接受上帝有可能以此方式去塑造事物或創造世界，正如稍後基督教護教者所主張的，世界能創造自己是多麼奇妙的事情，這種講法我們已經在第一章有關執行職務的創造（ministerial creation）中談論過。[5] 最終削弱達爾文信仰的，不是有關進化的事情，卻是傳統有關邪惡的難題：進化的過程涉及那麼多明顯的浪費和苦難，這並非一位會護佑世界的上帝的理想明證。雖然基督教不牽涉進化論，但也說明了一套可勝任的護佑論，就算沒有「解釋」邪惡的問題，最低限度也必須能夠指出，某些克勝邪惡的方法已經開始和承諾會實現。第二種評論是從神學的角度去思考有關進化的事情，如此一來，進化論便通常以另一種選擇而出現，是有別於聖經有關上帝護佑的教導的，它主張不是上帝而是世界，提供了我們需要的理由，解釋為何萬物會如其所是，以致護佑成為一種世界內部的機械活動或踐行，因而成為一種與神學為敵的學說。然而，這只會再次挑起我們那經常重現的問題：甚麼東西可被算為證據？而且又為哪一種護佑的概念而設呢？

故此，讓我們返回主要的論點。我們提過那些針對護佑的第一種現代的另類選擇，是一種一元論（monistic）的觀點。它們將事物的管理歸因於惟一的一樣東西或惟一的一類東西，無論那是宇宙機器的狀態抑或基因的狀態。至於在現代思潮中，那針對護佑的一元論的觀點，則是另一極端的二元論觀念（dualistic concept）。我們必須大大地歸功於哲學家笛卡兒（René Descartes，1596～1650）和康德（1724～1804），在我們存有的外在肉體的部分（存有的物質外殼），和我們的內在理性、意志、存在性（existentiality）——或其
27 他的甚麼——這些一般被類比於諾斯底派所視為的內在精神之間，作

出強烈的區別。雖然我們可能是機械地從外在被決定，但這學說仍然主張，我們的內在核心是自由的，在一些現代的理論裏，甚至主張是絕對地自由的。基於此，或至少在關於進步的現代學說的成果裏，事物的護佑性秩序仍操控在人類手中，人類透過知識和能力為事物帶來不斷進步的狀態。儘管反對它的證據（提出的是其最溫和的形式）不斷增加，進步的神話仍在垂死掙扎，正如一位同僚最近的評論，進步的神話今日主要存在於生物學及醫學的科學領域裏，甚至在稍後的懷疑主義（scepticism）中生根。[6]

很明顯這是真正的神學問題爭論之所在。最重要的問題是關乎「神明」，所指的是向萬物之所是和他們向前邁進的方式負責的那一存有（being）或力量（force）。第一種有別於傳統神學的現代另類學説，即我稱為一元論式的護佑，在一切意圖和目標上乃是與古老的斯多亞學派相同，它本質上是宇宙論的看法，其根源可以在早期希臘有關命運的概念中找得到。它以世界作為一個整體的狀態，這整體被構想為會決定不同部分的狀態，而且新達爾文決定論（neo-Darwinian determinism）在某些重要層面繼承了古老斯多亞學派的傳統。非位格性的力量決定了萬物，甚至實際上決定了神明。然而，正如那些更有見識的宇宙論者所觀察到的，上述的理論需要一重要的信仰行動，就是相信這些目標是仁慈的，或這些目標是會引導人「向上提升」的，意思是其後果是有別於普遍死亡的。那將事物的管理放在人類手中的第二種現代的看法，更加需要一種更大程度的信仰，由於信任被放置在人的自由、能力和仁慈中，肯定有一些證據是證明這三種特徵是存在的，雖然證據仍然不足，只要一瞥上一世紀的可怕和殺人歷史就可以明白了。按此看法，人[7]已經代替上帝成為護 28
佑行動的工程師，並且迄今為止，所做的工作明顯表現得有點兒差勁。至少對我來說，當現代的神明明顯地失敗的時候，那就有需要檢視，在聖經的護佑教義被簡單地取代之前，它有沒有被正確地試驗過。

## ‧ §6 聖經的考慮 ‧

故此，堅持要問的問題是：倘若世界正如我們所經驗的一樣，能解釋事物在其內發生的方式的那個整體的狀態究竟是甚麼？如果我們要發現甚麼是真正得失攸關之事，我們必須要從較闊的聖經視角去考慮這情況。我們將會看見護佑決不是只限於對受造物的支撐和維持，這的確是整體設計的部分。不過情況也同時是，上帝這位創造主並非創造了世界之後，就只留下它按著它自己的設計去運作，祂卻主動地將自己投入在管理世界的工作當中。這是我們探究的起點，我們會從這裏出發前進，借助一定數量的概念，觀察上帝跟世界所不斷建立的關係，並把這些的特徵表示出來，帶出這關係的情況的不同層面。保護（conservation）或保存（preservation），就是在我們最近對現代問題的討論中傾向考慮的事情，是同一樣的事情，並意含著上帝繼續支撐那原先被創立的存在物。巴特（Karl Barth）反對這種觀點的做法是正確的，他認為它不夠高瞻遠矚，所以跟他一樣，我們更喜歡「護佑」這字，而在下面將會說明。不過在這些概念中，那些具關鍵性的要點（the moments of truth）亦必須要被留意。那些從無有中被創造的事物，在本質上依然是脆弱的，墮落一旦發生，它經常處於返回它原本來自的虛無（nothingness）的危險之中。這就是上帝對世界的不斷關顧的一部分——祂保護世界脫離自我誘導的命運。

然而，這只是一幅較闊的圖畫的部分，若要看這幅圖畫，我們將要介紹一些通常不會被認為是核心的證據。我們會由創世記開始，它是我們這題目的一個叫人驚喜的資源，因為它替其後所有對護佑這概念的處理設下了場景。最初被造的人雖然並非身處一個不需要工作的地方，卻生活在上帝護佑的秩序底下，儘管有人認為伊甸園可以被描述為樂園（paradise）。創世記一章和二章所描述的世界是一處需
29 要工作的地方，儘管所作的不是苦工，它卻不是「樂園」。我們並非
臨在於一個空無一物的世上，它的秩序需要被完善（創世記一章 28

節的「治理」，其實意味著那裏仍然缺乏適合人居住的空間，以致使人感到不安），類似地亞當和夏娃被呼召去耕種地土。上帝的護佑更特別地在創造夏娃這奇特卻奧妙的故事中被例示出來。第一個被造的男人是不完善的（incomplete），因為沒有任何野獸是他的同類而可以成為他真正的同伴。「耶和華上帝說，那人獨居不好，我要為他造一個配偶幫助他。」（創二 18） 這兩個例子都顯示了，護佑與上帝的應許有密切的關係：那美好的世界，等待著人類居住者令它更能夠真正地讚美其創造主。然而，正如稍後我們將會探討的，在應許之下的秩序卻被那所謂的「墮落」（the Fall）破壞了，這墮落的意思是指到對上帝恩慈的應許的背叛，結果帶來道德上和物質上的連串災難性後果。

自此之後，護佑便在一個墮落的世界裏成形，上帝的目的是繼續支持及完善這個世界，故此，護佑便以保存和朝向救贖的運動這兩種形式表現出來。該隱這第一個謀殺者，乃是道德混亂的典型。他被驅逐離開其所居住的地土，不能安定地流離失所、無家可歸。不過就算在他被逐的懲罰中，他仍然活在護佑的秩序之內：「耶和華就給該隱立一個記號，免得人遇見他就殺他。」（創四 15）當混亂的力量被容許不受束縛，護佑則包含了上帝使它們免於付出它們全部代價這樣的後果，因此就算那謀殺者——那罪人中的罪魁——也得以被保護免受進一步的懲罰。另一個在古代文獻中相類似的例子就是洪水的故事，它類似地被賦予一獨特的轉機作為應許的工具。就在這裏我們開始見到，護佑與上帝終末性的目的之間的關係。洪水之後，上帝的應許再一次臨到：「凡有血肉的，不再被洪水滅絕，也不再有洪水毀壞地了。」（創九 11）這洪水代表著混亂的力量進入上帝美好的秩序中，這再次提醒我們，那回歸虛無的威脅仍籠罩在這脆弱的受造世界之四周。當上帝明顯地後悔創造了這不順從的存在者的時候，挪亞的故事就既代表了人類歷史的最低點，同時又給予一更新的應許，這應許是混亂的力量不會再脫序失控，帶來終極的破壞。

這一章開頭所討論的，尤其是機械論科學的解釋者所提出的，都冒著一個危險，就是令到護佑的教義看來最關心的，頂多是在另一
30 種沒有接縫的因果網絡中，為上帝的行動尋找缺口。我處理這問題所採取的方式，是為了要設定歷史的場景，不過我同時亦使用聖經觀念來顯明對比，這些聖經觀念跟那些指導機械科學論者的現代觀念和希臘的世界觀，極之不同。我們不能迴避哲學和科學的挑戰，因為如果上帝的所是正如在上一章祂被聲稱的那樣，祂是一切受造物的上主，而祂的行動也不能被限制於僅是「宗教的」或歷史的領域。然而，我們必須從上帝跟祂的子民同在的歷史這一角度出發，去探討護佑的宇宙性向度。歷史對我們所必須理解的護佑具有決定性，因為上帝是那一位透過祂的雙手作為媒介而行動的上帝，祂藉著個別獨特的事物或事情而工作，也由於祂為其受造物而設的終末性目的除了涉及空間之外，也包括了時間，故此，我們會從另一個不同的方向去處理這課題。

我們再一次從創世記裏獲得提示，我們便會發現揀選（election）是一個具發展性的觀念。在這卷書的進程中有一個重要的階段，即巴別塔的大動亂之後，就來到上帝揀選和呼召亞伯拉罕的事件。亞伯拉罕是使那些在巴別塔事件之後分散外地的所有地上的人，得到祝福的那一位。上帝為實現祂的目的而提供的護佑，首先是藉著具體方式表現出來，就是單單呼召一個人離開家園往異地去這不尋常的行動。永遠沒有比下列的事情更重要，就是在這脈絡裏去將揀選從決定論中區別出來。我們已經看過，根據斯多亞學派的講法，上述兩者其實是同一樣東西：護佑的意思是指到世上所發生的一切事物都是被決定的，都是按著它們之所是而成其所是。按照聖經的看法，上帝的護佑以呼召某些獨特的羣體的形式出現，為的是實現祂應許的拯救。這些人中最先的一個是亞伯拉罕。在他出現之前，持續出現連串災難，惟獨透過上帝仁慈地拒絕讓混亂強行進入而受到遏止的。隨著亞伯拉罕，拯救的故事踏出了第一步，對護佑的神學來說，這個故事就算並非惟一

的也是最首要的焦點。亞伯拉罕的故事之後跟著出場的是族長的故事，上帝並非由於他們的良善而揀選他們（事實上罕見地沒有比雅各更無賴的人），卻是因為在上帝奧祕的護佑裏，他們恰巧成為上帝旨意的工具。然後再出場的是整個行動的中心——以色列民。再一次，他們並非被上帝隨意地揀選，卻是出於上帝自己的理由：「並非因你們的人數多於別民……只因耶和華愛你們……」（申七 7～8）。我們已經看過上帝的智慧、能力和忍耐，我們這裏遇上的是祂的另一種屬性——恩慈，這是祂特別為那些冒犯上帝、人和地土，所提供的護
佑性關顧的樣式。我們發現上帝的恩慈，克制了在該隱故事裏關於人 31
類正義和復仇的嚴苛對待。在挪亞的例子中，上帝的恩慈相似地支配了祂行動的其他方式，要注意的是蔓延的邪惡似乎明顯地配受那應得的審判。藉著這新的發端，上帝對世界的仁慈關顧，透過揀選這具體的方式體現出來，尤其是透過揀選那些我們也許寄予最少期望的人體現出來。

對基督教神學而言，也就是跟我們今日所認識的猶太主義（Judaism）意見不合的地方，在於前者一點也沒有藉著拿撒勒人耶穌廢除揀選的觀念，只是認為在祂身上才可以找到以色列民被揀選的意義。在耶穌裏，上帝的護佑以決定性和位格性的方式成為獨特的行動。上帝藉著先知、祭司和以色列君王的職位，以不同方式呼召和支持以色列民履行其使命，不過卻將一切的焦點集中在耶穌身上，因此祂就是讓護佑在祂裏面找到其首要焦點的那一位。巴特指出，在創世記二十二章 8 節裏（「上帝必自己預備作燔祭的羊羔」），我們找到證據支持這樣的觀點，即是說護佑的意思並非指預知（foreseeing），而是預備（provision），它是主動的概念。[8] 新約聖經對這觀念的應用，乃是將耶穌視為上帝實現各種預期的拯救行動的羔羊，為我們提供一個例子，展示如何將焦點集中在耶穌基督身上好去理解舊約的概念。祂是上帝對其子民的護佑性對待在位格裏具體的實現（the concrete realization in person），因而將那預備性的歷史的形態啟示出來。

以弗所書將耶穌視為上帝終末性目的的中介者，正如在耶穌裏，將上帝所有分散各地的子民，就如猶太人和外邦人，都同樣地聚集在一起並同歸於一。然而，那些在基督教歷史裏被誤解的護佑性目的，會易於造成兩個悲痛的錯誤。第一個通常被認為的，就是對猶太人的排拒，結果造成反猶太主義（anti-semitism）的歷史。上一世紀就曾嘗過其苦果的滋味，惟有最近基督教神學才相對地開始承認歷史所要求的悔悟的實踐。至於第二個錯誤，乃是同一個故事的另外一面，它認為揀選是更加關心某一限定數目的人的他世命途，多過關心整個世界在時間裏，並透過時間而有的命途。惟有《威斯敏斯特信條》（*Westminster Confession*）是其粗暴的明確表達，它是其中一
32 種對現代英國新教（modern British Protestantism）最有影響力的信條，跟由奧古斯丁（Augustine）直到近世紀的西方教會的普遍性教導有差別：「為了彰顯上帝的榮耀，藉著祂的判決，某些人和天使預定會進入永生，但其他的則被預先命定要進入永遠的死亡。」[9] 針對任何使這教義偏於狹隘的做法，以弗所書以加強的語氣來說：「……他旨意的奧祕，要照所安排的，在日期滿足的時候，使天上、地上、一切所有的都在基督裏面同歸於一。」（弗一 9～10）按照這一遠象（vision），護佑就是以下的上帝行動的形式：一個具普世性與復和的設計，乃是透過時間，以及藉著獨特的人諸如亞伯拉罕、以色列、耶穌，以及那被呼召要藉著耶穌去使其生命有序的羣體等這些媒介而達成的。

簡而言之，上帝的創造涵蓋了一切的實在，從這教義的角度來處理護佑這課題，會帶來以下的提示：雖然上帝的護佑供應在歷史中成形，其工作卻不但包含了人類世界，還包括所有的受造物。它不僅像斯多亞派的理論和機械論的哲學般是宇宙性的；也不僅像那些單單建基於「救贖歷史」的理論，或那些試圖將一切實在都轉成歷史的做法，僅只是歷史性的。更確切地說，它是包含整個創造主的世界的歷史，是在時間裏並透過時間實現其終局命途的歷史。沒有其他

更好的說明勝過記載在福音書裏關於耶穌的職事。這裏提到一位有血有肉的人，祂不是由純潔無沾污的人所生的，卻是奇迹的懷孕，藉著〔聖〕靈，透過地上破舊的和污穢的物質，來使上帝之子的生命誕生。我們在談到基督論時會再討論這點。對應這點而言，可以說在耶穌的生命和教導裏，不存在精神和物質的二元論：醫治同時帶來罪的赦免，罪的赦免也會帶來不同形式的醫治，因為人的生命和所有的需要都是獨特的，但同時是整全的（holistically）；而且由於人類是由靈與肉一起組成的（我們稍後會有更詳細的討論），並非靈魂或思想（mind）只是不穩定地和暫時地寄居在肉身之內。耶穌醫治那些被描述為受魔鬼掌控的人，就是最能清楚地說明這種情況，表明耶穌才是明顯地主宰著這些元素：「……這到底是誰，連風和海也聽從他了？」（可四 41）對祂來說，人站在中心的位置，他為自己的需要和困境呼求憐憫和醫治；然而，在其他某些方面，這中心又跟外圍是不可分割的，因此，大自然世界便不可思議地、跟人類恢復他們正確 33
的命途和目的這過程結合在一起。

## ·　§7 護佑論的內容　·

在這一章裏，迄今為止我已經將近代哲學的意識形態，以及護佑出現在聖經裏佔主導地位的觀點並列出來。然而，神學無可避免必定受前者的影響，亦無法越過而不去理會當時主導著的意識形態，不能單單只是斷言神學的立場，它卻必須要批判性地跟它們打交道，好像愛任紐和俄利根以不同的方式跟諾斯底主義打交道一樣。一個仍然是非常重要的重點是，部分的福音宣稱不僅在理論層面是真確的（事實上主要也不是這樣子的），而是惟有在它如何跟世界建立關係，和如何影響世界這一層面來說是真確的——這個世界就是我們從出生到死亡在其中活出我們生命的世界。要尋找證據是一樣危險的事情，因為它可能涉及太過努力去追尋「世界」的同意，但可能實際上不應該在世界找尋甚麼。然而，如果上帝是宇宙的創造主，這又似乎肯定能夠在世界裏找到一些可以確認的標記，知道這世界是藉著祂的「永不疲倦的道」（愛任紐語）來支撐，以及藉著祂的〔聖〕靈來驅動向前的。在這裏我們必須提到，要證明休謨和機械論者絕對是錯的，這樣的證據正在不斷增加。支配今日文化力量的自然科學，其近代歷史包括了一種下列愈來愈多人認識的觀點，即在自然科學的發展中，已逐漸認識到聖經的創造觀點是其中一種具決定性的元素，這種認識其實已廣泛地接受，但遭到那些仍然盲目地支持科學與神學之間交戰的觀點的人所反對。承認物質世界被造成為好的（雖然最終是慢慢地好的）這種肯斷，正正反對來自那主張惟有心靈（mind）才是真正重要的這種哲學觀點。它的確曾經是實驗科學出現的先決條件。小孩日後發覺緊握其父母的手對自己的益處，是一個很長及複雜的故事，今日有不少好的作品提及這課題。[10] 不過這不是我們在這裏主要的關注，我們反而會小心地要求後期現代科學的兩項發展出來作證，它們鼓勵了那些維護那關於上帝對護佑性支撐萬物秩序的教義的人。

第一種是一種不斷增強的認識，這認識已廣泛地被接受，卻在生物學基要主義（biological fundamentalism）的最後哨站遭到拒絕。
34 它逐漸地認識到下列的事實：原則上我們對世界運作的知識是有限的。約化論者（reductionist）聲稱，無論是這樣或那樣科學，或科學作為一個整體，永遠都能夠解釋任何東西，不過這純粹是一種自負和守不住的講法。第二種則是不少現代科學所主張的，宇宙決不是機械式物理學的那個封閉系統，卻是在不同方面開放以致不會阻止上帝跟它交往。上帝跟世界的交往，不單在「靈性的」（spiritual，或譯「精神的」）層面，而是在一切不同的層面當中。假如事實正如不斷出現的現象那樣，那麼我們所稱為的物質與心靈，也只不過是一共通的和普遍的能量的組織的不同形式而已。由此推論下來，古典的基督教護佑的概念，尤其是在巴特中所找到的其中一種現代形式，就跟最出色的關乎世界運作的現代知識，沒有一點互相矛盾的地方，不過這種矛盾仍然通常被認定。因此，我們盼望能用兩項神學教義去接觸科學的世界。第一種是創造的教義，它發現這個世界是可以被認識的、可信賴的和遵從自然律的，因為它是一位美善和可信賴的創造主的產品。值得注意的是，法拉第（Michael Faraday）像達爾文一樣，是十九世紀後期科學發展的一個重要人物，他相信，創世記一章的真理給予他理由成為一個科學家。[11] 第二種教義是，上帝為其所創造的人的居所提供一些規律，並使它們能在一個更闊的終末性目的裏塑造其形狀和意義，而那終末性目的又能時刻不斷地取代那些規律去為萬物的整體終局命途作出準備。按照此一觀點，上帝的護佑就是既在祂所創造的世界的結構之內又伴隨結構的行動，為的是按它們各自正確的時令而支持和形塑萬物的方向，巴特用「保存」（preserving）、「同行」（accompanying）和「管理」（ruling）這些字眼來概述這種情況。[12]

所有泛神論和機械論對護佑的看法都有以下的弱點，就是將創造秩序的多樣化變得同質化（homogeneity）：只有一種因果規律的形式，而且一切事物必須要符合它。不過其實神學和經驗都不認可這種普羅克拉斯提斯式（procrustean，譯按：意思是將某一種思想扭曲來遷就另一種思想的削足就履的方法）的努力。現代物理學被迫要逃離牛頓式的同質化傾向，我們也可以類似地辯稱，基因決定論的提出者最終也會有所理解。我們實際上能否將巴赫（Johann Bach）和莫札特（Wolfgang Mozart）、莎士比亞（William Shakespeare）和哥德（Johann von Goethe）理解成單單是他們基因的產品呢？科學和哲學 35
的約化主義並非一開始就探測我們世界的豐盛和多元化，這世界愈來愈被揭示為一種含有非常多各式各樣格局的能量的混合物，這種現象對應於創造主透過〔聖〕子和〔聖〕靈而有的中介性行動的多元化，以及創世記一章所描繪的豐盛多元的世界。即使奇迹也無須被置於這格局之外，也不用顛覆世界合乎規律的行為。如果能量的所有格局都是從神聖力量的仁慈恩賜裏傾流出來，即是按照我們所見過的方式去表達，則誰人會拒絕考慮那預嚐（anticipate）創造的終末完善的能量的澎湃力量呢？而這種目標不是因果性的慣常格局能夠達到的。

重複上一章那相當綱要性且富特色的講法，我們可以再次透過回想那藉著上帝雙手而出現、既有分別又互相關聯的中介性行動來概括上述的神學。萬有在基督裏被連結在一起：這奇妙秩序和合一性的基礎，在科學家充滿奇迹的世界中被揭示出來。然而，〔聖〕靈透過基督將萬有與父上帝關連，來讓萬有各自以其自身的方式去使自己成為獨特的。這是一獨特化而非強迫性的過程，因為那一位〔聖〕靈的任務是要促使萬有能夠實現他們被造的目的。肯定地說，奇迹是一種上帝強制性的行動，但它的發生是為了克勝創造的束縛，而並非強迫正常的實在（normal reality）離開其適當的位置。這就是為何僅將奇迹的標準哲學性界說定義為對自然律的違反是不行的。「正常」的實在，是創造按照其被造時應有的行動和所是而行動和所是，並在此範圍內〔聖〕靈被差遣去達成這目的，而奇迹性事件只是對邪惡統治的違反。在第四章我們至少會對人類邪惡的問題給予更詳細的關注。現在我們必須考慮以下的事實，亦惟有從下面的事實我們才能理解護佑在我們世界的意義，那事實就是世界的當下情況現在已被扭曲，因此在上帝的供應裏即時出現的是擁抱的行動，為要**維持**（maintaining）宇宙邁向它完善的方向；並且**再次引導**（redirecting）宇宙的運動遠離分解而重回正確的命途。耶穌的職事和十字架都假設了一個跟其終局命途相爭的世界，惟有創造的中介者的位格性與主動的臨在才能夠使其救贖生效。

但為何時間這麼長？為何這麼多明顯地沒有護佑性的管理？上帝不能在這裏不負責任：作為全能的創造主，祂最終要為一切負責（「我是耶和華；在我以外並沒有別神。我造光，又造暗；我施平
36 安，又降災禍」〔賽四十五 6～7〕）。此處及其他直接提到上帝明顯及主動地對邪惡的允許的經文（例如在啟示錄六章提到羔羊自己揭開六印），是一種方式顯明那些惡人有時被棄絕於他們行動的後果。

這也可以被歸因於上帝的仁慈，給予那些惡人時間去悔改；不過明顯地，很多時要付出悲痛的代價，即有些人要承受那些惡人所帶來的邪惡代價。在這一點上，關於奇迹性和不平凡事件的觀點，是代表了上帝使萬物復和的仁慈和獨特的預嚐，因此，它們並非違反自然律，而只是最終救贖的預嚐（anticipation）。它們有自己的規律，而這規律是終末性的，藉此它們能促使上帝的計劃向前邁進，特別在一些很重要的連接點上，例如那出埃及的事件、以色列人背叛的威脅，以及那一切集中在耶穌所做過的事和發生在祂身上的事情（最重要的就是祂的死和復活）。

故此，就好像基督信仰所有的教義一樣，護佑必須要從最終目的出發去終末性地理解。就此而言，我們能夠透過如下的講法來概括護佑的意義：從終末性角度去保存。上帝護佑的目標惟有終末地被實現，其意思是首先惟有透過時間才能實現，創造需要在時間中存在及成為其自己。然而，由於終末的時間現在背負起被造的時間，創造主的目的是永遠和不斷事先地實現，就正如我們所關注的，人和事物被促使而能夠成為他們被造所應成為之所是。在這方面，我們應該很想見到，人類能成為上帝護佑性關顧行動的首要對象。他們是上帝期待能與自己復和的一羣人，使祂以下的心意能夠圓滿實現，這心意就是要創造一個會頌讚和敬拜祂的位格性的受造物（personal creature），能與祂結伴同行。由此不應引申到，我們必然帶有貶抑的現代性意味的「以人類為中心」——只會為著短線和貪婪的目的，而去搶奪和污染自然。人類的首先出現並不意味著要貶低其他一切受造物的地位，它們的被造是為了跟人類一起成為完善，以及部分地藉著人類去完善它們。耶穌的教導正正表達了這種平衡調和的狀況：「你們這小信的人哪！野地裏的草今天還在，明天就丟在爐裏，上帝還給他這樣的妝飾，何況你們呢！」（太六 30）在下一章我們會探討人類以甚麼方式處於上帝創造的中心，但首先讓我為這頭兩章的關係作一些總結。

37 在這一章的開頭裏已提出了一點，僅以上帝對一個本質上非時間性的宇宙的支持去建構護佑的概念，會跟主動和向前邁進這種來自聖經的觀念有很大的落差。這也解釋了為何我們需要在世界的創立（establishing）和甚麼構成這個世界之間作出區分，固然兩者都要透過上帝來處理。創造論肯定了「起初」一個有別於上帝的實在，透過三一上帝的行動被創立而成為其真正的自己。護佑論也假設了上述的講法，不過再補充以下一點，就是跟我們在世上一起工作的那一位上帝，同時亦會主動地關心世界不斷延續的生命。說明這種雙重關係的最理想的具體例子，就是創世記對上帝在第七日安息的描述。這不是一種粗糙的擬人論（anthropomorphism），卻正如巴特所說，這同時指出了，某些事情在當下此刻是完成的，而創造主必須要把自己區別出來，「在一無窮的生產系列中發展的世界原則〔中上帝把自己區別出來〕……就此範圍而言，第七天意味著在創造的工作和隨後的一切上帝的工作之間存在分別。」[13] 約翰福音表明了，上帝的工作會伴隨著其後耶穌在世上的工作而達到最高峯，並以一經常被引述的經文來為這主題作了直接的提示：「我父做事直到如今，我也做事。」（約五 17）正如這裏所講，這人所作的乃是順服〔聖〕父而作的，而且〔聖〕靈所作的事實上是透過祂而作的，由此看來，護佑並不單只是在行動中，更是在建構性和具決定性的行動中。

**註釋：**

1. 是的，真的有一位英格蘭人、一位愛爾蘭人和一位蘇格蘭人……而那愛爾蘭人是在他們三人中最出色的神學家。
2. 我們必須要記得，大部分科學理論是要被棄丟或大大地被修改的。
3. Paul Davies, *The Mind of God: Science and the Search for Ultimate Meaning* (London: Penguin Books, 1992), p.232.

4. 關於現代基因決定論學說的討論，一本值得閱讀的書是 Keith Ward, *God, Chance and Necessity* (Oxford: Oneworld, 1996)。
5. 一位著名的作家和神學家曾寫給我如下的一段文字：「他逐漸學會一件事情，就算相信上帝創造了少數能夠自己發展的原初形式，也不會削弱一個尊尚高貴的上帝的概念……就正如相信祂需要一次新的創造行動去填補那些由祂的自然律的行動所造成的空虛。」Charles Darwin, *The Origin of Species*, edited by Gillian Beer (Oxford: Oxford University Press, 1996), p.388。
6. 我們是否需要活得愈來愈長命、愈來愈健康？在一些流行的文學作品中讀過，有人認為答案是肯定的。現代觀點的不穩定性是透過下列的事實表明出來的：在同一張報紙內既可讀到預期在未來的人的生命周期會愈來愈長，又可讀到有機組織的「進化」對抗生素的排斥，同時包括諸如肺結核這類疾病的再次活躍。
7. 我相信有一情況是可以成立的，「人」（man）這字若並非不能替代的話，它至少實際上在某些脈絡裏，有需要指出其獨特的和普遍的指涉（reference）。這種必須性是透過它不斷在流行的演講和書寫中出現而顯明的，不管最近學術界流行的是甚麼，我會繼續沿襲這習慣。
8. Karl Barth, *Church Dogmatics*, translation edited by G. W. Bromiley and T. F. Torrance (Edinburgh: T. & T. Clark, 1957～1975), vol. 3/3, pp.3～4.
9. *Westminster Confession of Faith* (1646), III, iii.
10. John Hedley Brooke, *Science and Religion: Some Historical Perspectives* (Cambridge, UK: Cambridge University Press, 1991).
11. Geoffrey Cantor, *Michael Faraday, Sandemanian and Scientist: A Study of Science and Religion in the Nineteenth Century* (London: Macmillan, 1991).
12. Barth, *Church Dogmatics*, vol. 3/3, pp.58～238.
13. Barth, *Church Dogmatics*, vol. 3/3, p.7.

# 第三章

# 男與女

## ・§8 物質與精神・ 38

大部分宗教和哲學都假設上帝與人類之間有某種連續性（continuity），聖經卻對這種連續性有明確的否定，而大部分宗教和哲學都是一些沒有被這種聖經觀點接觸過的學問。在西方，古典和現代哲學通常都假設或主張，這種連續性是被安置在思想（mind）或意志（will）之內：有一內在核心，與外在的物質身體不同，如果能夠正確地利用這內在核心，就能把我們直接與上帝連繫，甚至在現代的版本中，我們所作的事會轉變為「上帝的工作」（the works of God）。[1] 聖經的看法確實不同，雖然它通常假設了保羅對靈魂（spirit）與肉體（flesh）之間的區分，相等於傳統哲學對精神（mind）與肉體（body）之間的區分，但實際上，聖經的情況並非如此。保羅的區分並非存有論（ontological）而是終末論的（eschatological）：即並非暫時地聚在一起的存在者中不同種類之間的區別，卻是墮落和得贖的人之間的區別。故此，為了避免誤解，我們會以舊約聖經來開始我們的人觀——人乃是被造而成為男和女聯合在一起的存有；舊約在這方面絕不容易造成誤解。

創世記關於這至為棘手的受造物[2] 有兩個互補的創造故事，在這
39 兩個明顯地為更「原始的」敍述裏，清楚地表達了受造的人類並非跟上帝、而是跟世界有一連續性。就這方面而言，神學完全沒有任何來自達爾文（Charles Darwin）及其繼承者的恐懼。亞當從塵土被造，而夏娃則從他身上的肋骨被造，這象徵了（有時被評為）兩者具有互補性，而並非任何一方較為次等或具有優越性，因為夏娃並非從亞當的頭或腳被造。這受造的人被造而為獨特的受造物，並非由於將一非物質性的靈魂安插入他們肉體之內這樣的事實，卻是由於上帝將生命的氣息吹進他們之內。值得留意的是，氣息（breath）並非思想或靈魂（soul），而是一物質性的形象（material image）。這不應僅僅被理解為後來更複雜的哲學上有關肉體和精神或靈魂之間的區別的一個原始性版本，這方面舊約聖經的其他書卷可以作為證據，因為它們類似地強調人的整全性（holistic）這樣的事實。在這裏我只需要做的事，就是去檢討窩夫（Hans-Walter Wolff）在聖經人類學研究中的某些主題。[3] 窩夫在其著作中，三個希伯來文詞彙分別各用上一章來專門討論，並指出它們各自如何被舊約聖經作者用來表述人類狀況的特徵。*Nepes* 通常被翻譯為「靈魂」，不過它首先的意思應是「咽喉」，正如「使心裏〔譯按：英譯為「咽喉」〕飢餓的人得飽美物。」（詩一〇七 9，譯按：英文聖經的翻譯為 "He satisfies the hungry throat"），由此可見，這是指到「有需要的人」，即受造物有來自上帝供應食物的需要。在另一層面，*basar* 的意思是指到物質性的肉體：「喫肉〔*basar*〕喝酒」（賽二十二 13），可被指作為一個整體的人的身體，就好像在關於婚姻的著名描述裏，男和女成為「一體」（one flesh）一樣（創二 24）。更加概括地，它指到「人在他年老體衰的時候」，無論在肉體上和倫理上，都被表徵為他同時需要倚靠物質和上帝的支持。「*Basar* 真正地指到，人是一個軟弱和無能的存在者……」，但故事仍未完結。第三個詞彙是 *ruach*，我們已經提過它可解作風、氣息和靈，而在我們的脈絡裏它乃是指到「被

充滿能力的人」，它所表達的並非如希臘的靈魂般是一件永恆的裝
備，卻是某些能夠被賜予和收取的東西，通常被視為創造主所賜的禮
物。這是我們累積至今的描述中的高峯，正如窩夫所說：「大部分處
理上帝或人的 *ruach* 的經文，要說明的是上帝和人是在一種動態的關
係中。作為 *ruach* 的人是活著的，心中追求美善，並且好比一個受權
的存在者去行動，固然以上沒有一種行動是從人自己開始的。」[4] 總
括而言，這是一幅屬靈與屬物質聯合（a spiritual-material unity）的
圖畫，一個心理生理結合為一的人，其受造的實在性，有賴於在每一
轉捩點上，藉著上帝的〔聖〕靈的支撐和賜予能力。惟有在此開頭的 40
序言之後，我們才應該轉去討論那有用卻危險的觀念——上帝的形象
（the image of God）。

在之前兩章裏，我們曾經敍述過受造世界跟其創造主的關係的兩種形式。世界之所以如其所是，乃由於它跟那創造和支撐它的那一位，在一種特別的雙重關係中：基於這種關係，世界站在上帝面前，就以上帝作為它的創造主和護佑者。創造和護佑兩者都是普世性的關係，是整個的受造實在和上帝的關係。我們現在來到關係的第三種形式，就是那特定的位格性關係，而在這種關係中，我們不能逃避獨特性（particularities）；事實上如果我們這樣做，我們將會失去所有。我們一直未能避免對獨特性所作的期望。尤其關於護佑論是建立在歷史的根基上這樣的事實，它是建基於上帝和獨特的人類所進入的位格性的關係（personal relationship）之上；這些獨特的人十分顯著地以亞伯拉罕、以色列和耶穌這些名字表示出來。根據基督教信仰，猶如根據大部分宗教和哲學一樣，不論好歹，人類這受造物有一特別的中心性（centrality）；巴斯噶（Blaise Pascal）豈不是稱呼人為宇宙的榮耀和渣滓嗎？根據聖經的講法，那中心性來自那種叫做位格的關係。我們這裏所遇見的並非一種介乎位格性的上帝和非位格性的世界之間的關係，卻是介乎位格性的上帝和同時是位格性的受造物之間的關係。根據聖經裏相當少量經文的記載（經文雖少，卻似乎對後期的

神學做成一種不成正比的很大的影響力），人類這種中心性以上帝的形象這樣的措辭被描述出來。我們必須將那最先出現而且是經典的表達全文引述出來：

> 上帝說：「我們要照著我們的形像、按著我們的樣式造人，使他們管理海裏的魚、空中的鳥、地上的牲畜，和全地，並地上所爬的一切昆蟲。」上帝就照著自己的形像造人，乃是照著他的形像造男造女。（創一 26～27）

值得注意的是，「形像」這字是加重語氣的重述寫法，它一而再地帶出作者那富爭議性的意圖。對其他文化而言，以前認為只有君王才會有上帝的形象，實際上到今日仍然如是，正如近幾年前，一些前任共產主義統治者的雕像被拆毀，那些記得此事的人就會知道，在君王支配的國家底下，他的形象（雕像）能夠強化他是上帝在地上的代表這種信息。對以色列而言，人的地位乃是歸因於男和女兩性共在一起。所有人是在上帝的形象裏被造的，正如在上面引述經文的註解
41 （gloss）所提到的，所有人的確跟上帝**相似**（like）。就這方面而言（就算肯定並非在其他方面），按照現代的隱喻，至少上帝是民主的。如果有一聖禮的實在（sacramental reality），在受造物中能夠獨特地或特別適合反映上帝的，那就是人類。

然而，這是甚麼意思？傳統上，在希臘關於人的理論的輔助底下，一直認為形象是指到人擁有理性的能力。然而，這只不過是我們曾經提及的，即將上帝與世界的關係過度哲學化的另一版本而已。無論如何，現在已廣泛地同意，只要我們的概念依據聖經，上述的講法就不可能是對的。正如愛任紐（Irenaeus）關於人的理論，[5] 在某方面結合了包括肉體在內的全人的觀念。但形象又包含些甚麼呢？很多時我們聲稱，它並非指到人類在結構上跟上帝相似，卻是跟一種接受上帝說話的能力有關，又或是某種的道德責任。無論如何，兩者都

是附加的，這並不意味著它們是對作者原意的充足描述，亦並不表示從整體聖經見證的角度就能理解其原本的意思。清楚的是，就著我們現今考察的所有觀念，某些跟上帝關係的特別形式是首要的，而我們的課本將會繼續強調這特別形式的關係。人按照上帝的形象被造的意思，是指到人跟其他一切受造物有別，以一種與眾不同的方式和上帝建立關係。因此，形象是「結構性的」（structural）這種講法，需要如下地理解：它是人類受造性的某一內在部分，是指到和上帝保持一種特別的關係，除非透過上帝的行動，否則這關係是不會破裂的。

存有與行動的獨特方式確實也涉及在內，就這方面而言，關係的另外兩種形式清楚地被識別為核心觀念。在上帝的形象中被造，這觀念首先將我們安放在跟人類建立的關係裏，尤其是在與「他者」建立的關係中——這與「他者」的關係就是男和女被造而成為其所是。其次是跟受造秩序裏其他一切受造物建立關係。在前者的關係裏，如果我們至少拿創世記二章和我們的文章一拼來讀，就會見到一種很清楚的相互交往性（reciprocity）；無論在某些後期的神學中發生甚麼事情，都不存在一種男女有層級（hierarchy）分別的觀念。然而，在後者的關係裏，卻有一種層級的分別：在上帝之下，若缺少了我們，受造秩序就不能夠完全地成為其自己。由此引申出來，它敗壞和污染的可能性是同等的大，因為下面的原則對所有生命仍是不容置疑的：最差的是來自最好的敗壞，我們稍後需要在本書再探討這課題。[6] 但
我們對關於現在通常被稱為「生態學」（ecology）的敏感度，不應 42
遮蔽我們，使我們看不見文本已經暗示的責任。也許我們在此要回想巴特（Karl Barth）對以下句字所作的註釋：「遍滿地面和治理這地」，他認為我們必須容許該文本有其自己的獨特性。它是當世界依然人口稀少且並未成為人類居所的時候，上帝所頒布的命令。[7] 不過如果將它抽離其順服上帝這樣的神學脈絡的話，則它通常被使用的方式，也許會大大地促成生態上的破壞。再者，它沒有以任何方式貶抑非人類受造物。正如我們已經提過，在上帝創造的萬物中彰顯了祂的

榮耀，**一切**都是十分好的。不過就算在生態學的基礎上，我們也不能反對人類仍有一特殊的責任和權柄，因為這是鐵一般的事實。在我們手中，一方面我們可以愛護自然並促使它成為其自己，或另一方面對自然進行掠奪和污染。正如潘寧博（Wolfhart Pannenberg）曾經指出的，聖經的命令不會做成生態的危機；惟有當現代文化開始忽略其宗教脈絡，並單單將世界看待成一座礦山或機器時，真正的麻煩才會發生。[8]

總括而言，人論的中心乃是來自我們已經簡述過的關係形式：在上帝形象中被造，是以一種跟其他受造物不同的方式來和上帝建立關係，並由此以一種有別於其他受造物彼此建立關係的方式，去跟其他受造物建立關係。正如我們已經提過的，我仍要特別強調，這並不表示在人類和動物之間有存有上的基本差異（fundamental difference in being），好像希臘思想經常傾向所主張的：思想或靈魂和上帝有某種直接的關係，但人類以外的其他受造物和動物卻不能跟上帝有這樣的關係。令到彼此有分別的，不是上述那種人類和動物之間存有上的基本差異，卻是靈所帶有的奧祕的實在性（mysterious reality of spirit），而在聖經裏這靈並非和物質對立的，但在某方面代表一種對物質的限制性的條件。正如我們已經在第一章參考過詩篇一百零四篇所提過的，野獸確實並非在上帝的〔聖〕靈的關顧以外。然而，男女兩性皆有靈這樣的事實，其意思是指到，他們的靈是對上帝和受造物的開放，而對其他受造物而言，這種開放性是否定的；這種開放性
43 依然存在於上帝的恩賜之內。[9] 我們無須否認諸如理性、意志和意識這類官能表徵（characterize）這開放性的特徵；我們只須否定的是，這類官能決定（determine）了開放性。

## · §9 位格性存有 ·

隨之而來的是，上帝的形象這教義的基調是位格的觀念，雖然上

帝和人類處於不同的層面，但他們都是位格性的。「位格」（person）
不容易界定，像我們所有最基本的分類範疇一樣，它只可能間接地
被表明出來，因為我們是要透過它去理解其他事物。這觀念的根源
在三一式神學（trinitarian theology）之內，當這部書差不多完結的時
候，我們將會討論三一神學的問題，在此我只會提及我相信它對我們
的課題所意含的意思。成為一位格人（person），意思就是要成為一
個跟其他位格有分別的人，卻又要跟他們難分難解地聯合在一起：
惟有在「關係」中成為「他者」，猶如上帝就是那一位在〔聖〕父、
〔聖〕子、〔聖〕靈那難分難解的團契中的上帝，因此，對我們來
說，成為位格的人就是我們在跟其他位格的關係中成為自己的意思。
我們已經談過，這涉及跟上帝我們創造主的特殊關係，但它的意思亦
指到，跟其他人的關係也是同樣重要的。我們每一個人之所以能獨特
地成為我們之所是，主要原因是由於我們在與別人獨特的接觸關係
中，別人不斷地塑造我們成為我們之所是。父母、兒女、戀人和朋友
在塑造我們生命的事情上都會作出貢獻，他們以各種不同的方式塑造
我們，無論對生命帶來的是好抑或壞的影響。這種分有生命的方式
（shared way of being），同樣對應於我們曾經強調的：我們跟整體
物質受造世界的連續性。我們跟所有其他存活的受造物一樣，我們透
過父母遺傳給我們的基因構造和日常的飲食，以各式各樣的方式塑造
我們自己的生命。但不等於由此可以推論再沒有其他東西構造我們的
生命，這是因為我們特定的位格獨特性是來自上述的元素，並由上述
元素構成的我們所謂的教養培育（nurture），以及我們存在於不間斷
的位格性關係這三者共同組合而成的。這樣由非常多種形式的連結關
係造成的塑造能力，可以在不同方面舉例說明：基因的遺傳可能令一
個人傾向於容易生病；然而，在天平的另一端，一個背叛者能夠使到 44
某人感到痛苦，因為生命正是這樣透過上述的傷痛關係去塑造，或更
準確地說，是扭曲他或她的位格性的存有。[10]

人類的位格性特質在我們上帝的形象這一套神學中佔有核心

的重要地位，這種講法同時會衍生出兩個容易滑脫和經常濫用的觀念——愛與自由。如果上帝在祂的三一位格性存有的奧祕裏是永恆的愛，那麼，在祂的形象裏成為位格人的意思，就是被創造而去愛：即被創造而成為與他者**有別**（from）和**為**（for）他者而存在。聖經對這方面的教導的典範，就是它第一卷書所顯示出來的、關於男女之間的關係。對應於亞當對夏娃那種心醉神迷的歡迎説話：「這是我骨中的骨，肉中的肉」，就是那段在雅各故事裏只可以被稱為浪漫愛情的奇異和令人羨慕的敍事：「雅各就為拉結服事了七年；他因為深愛拉結，就看這七年如同幾天。」（創二十九 20）但我們絕不應由此同意那種將「愛」貶為性關係的現代約化講法，無論如何它們還是很重要的，因為它們會塑造我們成為我們之所是。世上有多種不同形式的愛，但沒有一種比愛我們的仇敵來得更重要，這一種愛也是我們必須要堅持的，並非由於喜歡而愛他們，只是將他們看為同樣也是按著上帝形象被造的人來對待。我想，這就是為何在創世記九章 6 節和雅各書三章 9 節提到，謀殺和誹謗（殺害身體或品格）是兩種跟上帝形象這教義直接相連的、並在道德上被禁止的行為。若更正面地説，愛建基於上帝對跟祂疏離的受造物那實現的愛（actual love）之上：「惟有基督在我們還作罪人的時候為我們死，上帝的愛就在此向我們顯明了。」（羅五 8，跟 10 節「上帝的仇敵」作對比。）

那麼，人類就是被創造而去愛，在此涉及跟他者的關係的光譜，從婚姻到以尊重來對待那些對我們不好的人，因為各自都是在相同的形象中被造。第二種同樣遭受誤解和扭曲的基本觀念是自由。成為位格人就是有一種有別於其他受造物而存在的自由，這種自由不等同於經常在現代的論述中所意指的那種絕對的自由。現代論述中的自由是指，在某些存在的抉擇上我們是絕對地自由的，例如我們能夠選擇成為我們很想成為的人。我們不是上帝，並且正如加爾文（John Calvin）有見識地指出，從某種意義上來説，甚至上帝也並非絕對地
45 自由：「因著上帝無限的美善，導致上帝不能做邪惡的事。因此……

祂必須行善這件事不會妨礙上帝行善的自由意志……」。[11] 在人類自由這件事情上，有一種相同（其實更大）的限制，因此，我們將只從這個角度去理解自由的意思，我們就自然地回到位格的獨特性這個觀念。每樣事物的存在都是獨特的，在蒲脱勒主教（Bishop Butler）不朽的文字裏有這一句：「每樣事物就是它之所是而不是另一種東西。」沒有兩片清草是相同的，這種情況可能對也可能錯，但肯定的是沒有兩個人是完全相同的。[12] 甚至複製人（假設這已經犯上了違反上帝形象的罪）也不會產生完全一樣的人，這由於在世界之內，跟他者種種不同的關係會有差別地塑造他們，就算是一種很細微的差別也如是。事實就是，從某一意義來説，我不能自由地成為跟我不一樣的另一個人，因為我是透過基因遺傳、飲食營養、教養培育和社羣交往等獨特地塑造而成的產物。但這不等於由此就可推論，我今日或明日所做的都沒有自由，只不過我的自由只能包括我已經接受了、由獨特的遺傳而構成的那些東西。甚至這裏所用到的「我」（I）字也是危險的，由於自由也是一種關係性的觀念，我的自由之如其所是，乃來自我和上帝及其他人的關係。我們將會在後面幾章中再考察與上帝關係這問題，但它是我們人類處境一個逃避不了的特徵，就是藉著別人對我們的愛或恨的方式，我們被賦予自由或遭受奴役，由此促使我們成為或阻止我們成為我們被造要成為的人。

由此再帶領我們進到另一更重要的觀點，就是愛任紐那著名的類比：亞當和夏娃最初被造時，好像孩童般被要求去成長到成熟的狀態。這類比指出位格人是一個終末性的概念，猶如受造世界是十分好的，人類亦一樣被要求臻於完全。耶穌的説話：「你們要完全，像你們的天父完全一樣」（太五 48），是其中一句最難解和唐突的説話，最壞的是，它可能被認為鼓勵人帶有破壞性地竭盡己力奮鬥而
臻於完全。然而，努力只是人邁向完善的一部分，它既非開端亦非終 46
點，而聖經文本所指的卻是一種帶有應許的要求。最好的理解就是，將耶穌的説話保持在一種徘徊於過去的創造、當下的奮鬥和最終的救

贖這種創造性的張力裏面。以下的事實是那起點和基礎：在一種跟這位「三位位格的上帝」的獨特位格性關係中，上帝創造和保存我們成為位格人。[13] 無論我們是誰，也無論我們做甚麼，我們就是那些在祂的形象和樣式中，藉着祂的「雙手」的中介作用，被支撐以致跟我們的創造主保持關係的人。也許我們必須談及歷史呈現給我們的、那些難以用言語來形容的惡人，那些人逐漸在邪惡裏變得心地剛硬，他們可以泯沒良心地把數百萬人送進死亡，這是僅僅殘存下來的形象；不過就算是這樣，他們仍是在上帝形象裏被造的。[14] 無論如何，我們終末性的視角會重新提醒我們在希伯來書的警戒，就是我們仍未能看見萬物服在那已應許的人類支配底下：「惟獨見……耶穌……」（來二 9）。正如我們有理由將會在稍後的章節更詳盡地解釋，惟有在這裏確有一位活著和行動的人，真正地行使那已應許授予人類對受造物的權柄。作為一個整體的人類，惟有在盼望中，並且整體也不尋常地（然而卻真正地）在預期中，萬物確會按著它們應該如何發生而發生。從比較正面的角度而言，上帝的形象這教義的核心，建基於將應許給予那些相信上帝的慈愛和憐憫的人，而且單單在這方面，藉著父上帝的雙手，無瑕疵地在恩典的寶座前賜給他們，並使之完全。從這角度而言，人類正是那一位被造成為一位位格人，並被安置在地上、透過施予和接受愛而成為位格人，這種施與受是多元化地從家庭、朋友、相熟的人和仇敵，並以種種不同形式表現出來。換言之，我們被安置在地上加入彼此相愛的羣體裏，在上帝所給予的有限時間中，跟那些上帝賜給我們去愛及被愛的人建立關係。

就是在這一層面上，我們遇上上帝與人之間最決定性的差異。上帝十足十是靈，是永恆的、永活的。人類卻是屬肉體的、物質的，這意味著有限性，縱使我們能以某些方式超越時間和空間，但透過在時間和空間裏的限制，使我們仍不能將界限瓦解。正如尼布爾（Reinhold Niebuhr）所承認的，構成我們人性的內容，部分同時來
47 自我們被造的界限和我們對它們的超越。[15] 對人類來說，雖然對於空

間上的移動有很大的臆測，但空間的限制仍是無法避免的，實踐上的可能性和資源上有限的本性，使大部分人（就算不是全人類），必須住在地球而不是其他地方，這已經是不需要討論的問題。然而，時間卻是另一回事，由於人類的宗教和哲學已經明顯地發覺有困難去接受死亡的事實，在人的精神部分，某種形式的不朽性（immortality）和「倖存」（survival）成為主流意見。然而，針對這種講法，猶如針對它所假設的二元論人觀一樣，聖經給予一個很大的問號。對舊約聖經而言，死亡幾乎普遍地是指到跟上帝關係的終結，基於此，就精確的意義而言，生命的一切都告終。一個很悠久的傳統——從對創世記二章 17 節（「只是分別善惡樹上的果子，你不可吃，因為你吃的日子必定死。」）的一種很特別的詮釋中得到提示——主張亞當和夏娃本來被造時乃自然地不朽的，只不過由於他們犯罪才導致死亡。然而，聖經的整體觀點卻主張，人好像其他受造物一樣，有一個有限的生命週期（「七十歲」），生命到此就會到終結，到時上帝會收回祂那賜生命的〔聖〕靈。就新約聖經而言，這一點已經毫無疑問地，透過耶穌對其被處死的可怕預期，已表達了出來，新約的看法跟舊約的相同，除了有一限制性的條件（qualification）之外。死亡代表關係的終結，包括和上帝的關係，**除了上帝在另一層面重建關係的神聖行動之外**。上帝惟有藉著祂的〔聖〕靈所進行的一種新的和再創造的行動，當中涉及生命在另一層面的應許，才能終止那通向無情的肉身終結的道路，以及由此帶來生命的終結。我們稍後會思考死亡的兩種意義，但現在有一點是很清楚的：被造的意思就是成為有限，在時間和空間裏設下的嚴格界限，在這種限制中我們所作的反抗，只會是徒勞無功和弄巧反拙的反抗。

## ・　§10 對有限事物的祝福　・

基於此，我們所談及位格人的邁向完善，是一項有限的工作，一

定不能涉及向無限性的傾斜。事實上或應該要解除心中的偏見，以認
48 識到我們只能夠（事實上也只能意圖）在一個非常短暫的生命裏達到不多的完善。（也正如我們將會見到的情況一樣，這是我們所經驗的在人類境況中不能避免的部分，就是我們所有人在某些方面或其他方面，在所打算要達成的某些任務上都面臨失敗。）人對我們受造世界的主動回應不能跟上帝的形象這教義分開，因為當中涉及對上帝創造和護佑行動的參照。按照我們能夠做的界限，上帝以其行動來塑造我們的行動，結果導致人在世上的行動以兩種縱然相關卻又不同的方式表現出來：首先跟其他人建立關係，然後跟非人類的世界建立關係。正如我們曾經提過，禁止謀殺要說明的是，上帝的形象這教義是對道德生活帶有含義的。然而，這命令作為創世記一章 26 至 27 節教導的一部分，便是一個更廣義的文化命令。接著下來，我們要對倫理學（ethics）作出一些簡單的說明，包括那很大範圍內我們總稱為「文化」底下的各類活動，而下文也會試圖為「文化」這詞下一簡單定義。

正如我們曾經提過，跟其他男男女女的互相交往，比起遠離他們而跟世界建立的其他關係更加重要，而且更是具決定性的。在創世記一至二章裏，雖然兩章經文都以男和女這核心焦點帶出不少關於人際關係意義的暗示，但卻沒有對此作出直接的指引。然而，隨後倫理學在一個更充滿疑難的意義底下出現，因為創世記一至十一章令人難過的故事，反映了清楚明確的道德教導的需要，這也就是保羅所主張的，只因有罪惡、法律才有需要的論點。倫理學的困難和曖昧性，乃是來自我們處境的兩種特徵：第一種是有限存在者需要一衡量標準，去結構性地組織他們的生活，而第二種是若果欠缺內在和外在的約束力，我們就不會正確地與人相處。在創世記九章 1 至 7 節找到一個約略的暗示，而這段經文對後來關於神聖律法的處理很重要，因為它為全人類的行為留下了一個框架，尤其是針對人和動物的生命，這生命是上帝特殊的領域。值得留意的是，這裏是第一次被允許宰殺和吃動物；創世記一章是主張素食的。然而，食物的規則提示了，就算享

用食物的時候，動物的生命仍必須被尊重。為以色列人而設的特定教
導，是在出埃及記的十誡和聖經頭五卷書內的其他律例中頒布的，這
也為我們如何概括地理解倫理學提供了一個方向。就像創世記一樣，
這裏的教導並非直接地就被稱為「倫理學」。**妥拉**（Torah）這字被
譯成「律法」，它有一更闊的意義，遠超過我們傾向以道德這狹義的
概念所指稱這字的意思，因妥拉涵蓋了在上帝之下人類生活的整體架
構。恩典和感激是它的基礎：即是說，這並非僅是要求和約束，卻是 49
對上帝賜予整體生命純粹恩典的美善的回應。故此，妥拉既涵蓋了任
何人一般期待的那些事情，也更加特定地和詳盡地涵蓋了那從埃及被
拯救出來，彰顯上帝榮耀的那一班上帝子民的羣眾的期待。

我們在這裏主要關注的是創造的倫理，即是關注人在被造之後其的行動形式。其實可以很簡單地提出最主要的論點：創造在這方面包括了賜下時間與空間，男男女女便在時空裏面發展成熟而邁向他們被造之所是。基於此，倫理學就是導引我們在那時空裏面正確地居住。由於被造的存在者不是上帝，於是便需要有一結構，[16] 這結構就是透過被稱為兩塊法版〔譯按：即十誡〕頒布下來。重要的是，被稱為第一塊法版的是關注以色列人和上帝的關係，而只有第二塊法版關注的才是她的社羣秩序的律則。第一條誡命所禁止的，是禁止敬拜以色列那獨一的上帝以外的任何東西，這是我們受造性（createdness）的倫理核心。上帝是創造主而其他一切萬物是祂的受造物，這一點必然導致除了上帝之外沒有任何事物能配得神性（divinity）這評價。這是一位排除所有敵對者的上帝，無論是為自己抑或為其受造物的好處而作的。贊臣（Robert Jenson）談到，以色列的上帝的其中一種屬性，就是祂那種不能容忍敵對者的嫉妒。[17] 雖然這是不能否認的事實，不過似乎更好的講法，反而是透過集中在上帝的聖潔（holiness）上面來帶出類似的觀點，這是一個能帶出類似的觀點、同時卻又是較少誤導人的方法。上帝的聖潔就是祂的他性（otherness），是祂跟其他的一切受造物全然相異之處。它本身反面

地表達了抗拒一切不配得到祂臨在的事物，而較正面地說，就是為跟祂完全不同的受造物創立美善。就是這樣將第二塊法版（那些指導人類社羣活動的規則）安置在它們的脈絡裏。就正如它在利未記所意指的，上帝的聖潔需要受造物一系列行動的形式，同時包含了個人的忠誠、公正的社羣秩序，以及對土地與其受造物的尊重。

對世界及其受造物的指及，說明了這套倫理學的簡單大綱已經被擴濶到我們稱之為「文化」的範圍。這是倫理學的一部分，因為它
50 除了結合了人對其他男男女女的責任，也包括人對世界的責任。我們並非要在這裏從事關於文化的爭論，這是具代表性的現代爭論：例如，爭論是否存在一種普世性的文化，抑或不同的文化彼此之間各自封鎖起來；又或者爭論教會與文化有何關係。文化最簡單的意思，就是指到那些人類的活動，一點也不排他地包括男男女女、既在一起又個別地，藉著語言去跟呈現在他們經驗之中的世界打交道。文化跟大自然的分別是在於，它令單單由於自然律而發生的事物作出改變或變得有秩序。文化會將荒野變成花園，將空地變成居所，將森林變成沙漠。人類塑造他們的世界，而創世記似乎不單默許此事，更加給予鼓勵：事實上創世記二章將園藝（horti*culture*，編按：斜體為原文強調）當成為亞當和夏娃在他們安居的地方要履行的首要任務。

文化的目標是甚麼？讓我從終末的角度試圖提供答案，在其中，創造亦被考慮到。第一，從第一章的角度而言，我們可以說，被創造成為甚好的這個世界，在其邁向完善的進程之中，也許我們可以說，上帝的藝術工作（祂的戲劇或交響樂，當然經常要記得這些只是不完全地用來描述的隱喻而已）在邁向完成之中，文化被捲入其中。我們並非渴望（事實上我們有自由不去渴望）要達到超過我們能達到的界限，就好像不少現代人類的活動好像軟弱無力地試圖似的。我們的責任是要為到我們必須要負責的世界其獨特的部分而負責，以及為那些我們有能力完成的部分而負責。這一觀點可以透過下面第二點來加強它的意思：從第二章以強調聖靈的獨特化行動作結束這一角度而

言，我們可以說，真正的文化就是真、善、美在獨特具體事情上的成就，是對萬有的終末完成的預嚐。於此，上帝和人的行動必須要維持在適當的關係裏。如果靈上帝是父上帝在祂的創造裏促使真、善、美實現的途徑，則文化就是人類行動者（human agents）藉著上帝而能塑造受造世界，使它邁向成為它受造之所是的事務。

有兩件事情必須要交待清楚。第一，當我們提及的真、善、美，是以一種包容性的方式來談及人類正確行動的全部範圍，其意思並非要排斥有用的東西，（舉例來說，一件陶器可能非常美觀，但如果將它設計來盛載液體卻會漏出東西，就是一大敗筆。）而是要包含所有為世界及其居民服務，並為世界增值而不是令世界敗壞的東西。由此便引導我們進入第二點，所有行動不是增值就是貶值，沒有一個行動是純粹中性的，事關所有行動都會為宇宙的整個存有（the 51
overall being of the universe）帶來改變。如果在宇宙的另一面偶然發生的一件事件，能夠改變宇宙這一面氣體的行為，則每個人的行動又如何不會製造某些或其他效果，以及如果不是預嚐就必然是妨礙事物邁向完善的移動進程呢？

所有正確的文化，無論由誰人來形成，都是〔聖〕靈透過基督所賜的禮物，因而也是上帝終成行動（perfecting action）的禮物。「靈感」（inspiration）一詞（透過〔聖〕靈呼氣）在世俗和宗教的脈絡裏同時被採用，這肯定不是偶然的，因為我們聽聞這詞並不自覺地用於所有類別的事件中，舉例來說，甚至在板球遊戲中的一擊也是有「靈感」的，就好像跟一些真的有靈感出現的事情一樣。它特別被用於藝術的活動當中，在藝術中，人的經驗通常會將某一洞悉歸類為從外面而來的神祕禮物，甚至依據經驗性觀察的說法，這也會被想像成、將它約化為腦裏面的電極的一種特別流動而已。不過這只是這一點的一部分。在這方面〔聖〕靈的工作總是為此世物質性的東西賦予秩序，就好像暗示有一領域在它們之上。就是這創造，它是真、善、美得以實現的地方，〔聖〕靈賦予能力的行動有時可能會逾越平凡，甚至奇迹性地出現，但它們又並非與創造的神祕能量毫不相干的。[18]

## ·　§11 聖經與神學　·

那麼，所有文化都依賴上帝的恩賜，因為沒有一樣不需要依靠祂創造的美善。基於這個原因，當我們來到要處理文化的特定的「宗
52 教性」的一面，以及談論聖經與神學這類事情的時候，我們並非進入一個全然不同的世界，這些也是文化在世界中被塑造的途徑。我們已經提過這樣的論點，當創世紀的作者將他創造的眾敍述放在一起的時候，他會吸納一套現存共通的語言和圖像性比喻來使用。不過也可以這樣地聲稱，他利用他的材料製造了一些絕對獨特的東西，為的是要讓啟示和靈感以一種比其他更徹底的意義，來說明它們對神學來說是必要的觀念。為何會更加徹底？第一個原因是我們在這裏所關注的是關乎上帝的知識，由於祂是世界的創造者，所以祂不是這物質世界的一部分。對應於作為一個人的部分意義的私隱性來說，神學上則有被稱為上帝的隱匿性（the hiddenness of God），其意思最低限度是指到，除非祂讓自己被我們所認識，否則祂是不可知的。至於第二個原因，我們會延至適當的地方再詳細討論，不過在這裏稍為提及：由於人的罪和邪惡的緣故，如果上帝可以被人認識，先決條件是上帝應該要打破人因為抗拒祂的愛而築起的障礙。然而，在這裏我們只好將自己局限於只去簡述我們對創造主的知識，也許需要涉及我們在參考聖經的大前題下對啟示和靈感的理解。

聖經獨特的靈感（即其獨有的文化特徵）來自聖經作者參與以下這些事件之中，就是上帝以作為以色列的上帝和耶穌之〔聖〕父的這種方式，來讓自己被人認識這樣的事件。在解說這種講法的時候，我們必須避免兩種對等卻相反的錯誤。其中一種是假設聖經的這些書卷純粹是宗教文化的產物，因此跟其他類似的人類文化的產物等同。聖經自己對獨特性的宣稱，事實上是衍生自上帝對其一切敵對者的拒

絕的宣稱，並跟這種上帝的宣稱相似。它是以歷史為基礎的，這歷史是一連串以耶穌的生、死、復活作為高峯的事件，而耶穌的獨特性乃是建基於對聖經比其他一切文化產物更具優先性的肯斷之上。另一個與此相反的錯誤是，聲稱聖經這種真理會對其作為人類文化產物這一特徵作出否認。正如那一位使創造邁向完善的〔聖〕靈，儘管人有錯誤和軟弱，但祂仍透過他們的錯誤和軟弱，去給他們靈感和完善他們的工作，並仍使他們能夠醒覺到自己的能量。宣傳任何涉及〔聖〕靈會取代作者的思想和性情的聖經觀，即是宣稱聖經的文字是直接透過〔聖〕靈默寫出來而並非作者的文字，這樣的聖經觀，是要否認〔聖〕靈能夠透過促使人去言說上帝及其工作這方式而作工。這不是說作者只是以自己的能力說話，只不過為著神聖真理的益處，一方面他們的能力被增強，另一方面他們的弱點卻被超越而已。

基於此，我們所稱為神聖的啟示，是關乎上帝透過以下的方式 53
讓自己被人認識：祂在獨特的歷史脈絡中，去跟獨特的人類進入位格性的關係裏，而且明確地祂在耶穌裏讓人認識自己——耶穌就是上帝在位格裏的啟示。對應於此，聖經的默示是指到，〔聖〕靈促使那些接受神聖言說和行動的作者組成聖經的書卷，在回應啟示的前題下，這些書卷就是上帝的啟示——透過作者本身的人類方式去傳遞給隨之而來的世代。因此，這本聖經**既**是人類文化的一種形式，我們能夠用跟其他人類產品相同的方式去分析它；它**同時又是**人類文化的一種形式，能堅持超越這種分析，因為它所言說的事物一般上是超越人類的能力的。

就正如我們同意聖經是遠離直接的神聖言說，而神聖言說卻是發生在以色列和耶穌的歷史之內，因此我們也同意神學是遠離聖經的一種人類文化的形式。神學開始的時候，是要在其他事物中間為基督教信息尋求辯護，它所面對的是，在一世紀裏所出現的內在威脅及來自外在的批評；我們已經在愛任紐和俄利根的護佑論中遇過一個例子。一般來說，神學所渴望的是，要在若干方向上成為信仰邏輯（即其自身的內在意義）的一種探索。也許最核心的是，神學要尋求的是要將聖經已經講過的事物，以一種適合它所遇上的環境的方式整合起來。在一個並非藉著聖經信仰所塑造的世界裏，就好像以色列的世界和第一代基督徒的世界一樣，要求的便是一種不同種類的事業，一種特別地傾向於清楚説明福音普世性宣稱的意義的事業。正如「神學」這字所指示的，中心點就是上帝的教義，正如我們曾經提過，正當聖經中的上帝不能容忍任何敵對者，但古代的世界卻充滿這些敵對者，從神祕宗教的神話，到哲學家嚴肅且通常是泛神論的玄想。然而，再加上我們曾經提及的，這是一位藉著進入跟世界的關係，而讓自己被人認識的上帝，因著這種上帝觀而帶來的結果，就是對應於上帝行動的主要特徵的不同課題。我們已經簡述了上帝的行動的兩種形式，即創造與護佑，我們將會稍後再談論其他。神學的應許正是：它的解釋者能夠使上帝的創造和救贖的慈愛更容易理解；它的危機卻是：過於自信地尋求過多的認識。這正是為何要再次重申終末論的重要性，因為它不斷提醒我們，終有一天我們會認識今天我們被啟示的事情，而且一切我們必須期待的，只是那更清楚的洞見的預嚐。然而，如果我們一生的道路是充足地被啟迪的話，那些預嚐正是我們所需要
54 的。神學的界限提供了一個理由，説明為何它是一個信仰和行動羣體的文化事業，而並非遠離這羣體的天才個體的事業。因此在這種特別的文化事業裏，就好像在所有的文化裏一樣，我們能夠達到的，只是那些我們被賦予能夠達成之事，而且是藉著我們跟其他人一起共同參與在這項任務裏面而達成的。

**註釋：**

1. 這種幾乎具普世性的主張的現代版本，其中一個優異説明是 Edward Craig, *The*

*Mind of God and the Works of Man* (Oxford: Clarendon Press, 1987)。

2. 「人通常就是令他自己最苦惱的問題。他對自己有何想法？」尼布爾就是用這樣的字眼開始了一本二十世紀神學人論的經典巨著，參 Reinhold Niebuhr, *The Nature and Destiny of Man* (London: Nesbit, 1941), p.1。
3. H.-W. Wolff, *The Anthropology of the Old Testament*, translated by Margaret Kohl (London: SCM Press, 1973), chapters 2～4.
4. Wolff, *The Anthropology of the Old Testament*, p.39.
5. Irenaeus, *Against the Heresies*, 5. 6. 1.
6. 就正如單單在二十世紀科技力量的運用，這就是最好的例證。
7. Karl Barth, *Church Dogmatics*, translation edited by G. W. Bromiley and T. F. Torrance (Edinburgh: T. & T. Clark, 1957～1975), vol. 2/2, p.673.
8. Wolfhart Pannenberg, *Systematic Theology*, translated by G. W. Bromiley (Edinburgh: T. & T. Clark, 1994), p.204.
9. 這一種觀念不易遭受來自進化論和其他理論相同的挑戰，因為它可以辯稱，上帝在時間的進程裏創造世界，上帝所造的便在一連續性中，並且因此從受造世界的共同儲備中，受造物第一次被賦予一種有別於其他一切受造物的本性。這並非要否認，激進自然主義形式的進化論意識形態，對任何神學解說都是一個難題。
10. 這就是為何復和這觀念對我們的存有是這樣重要，可惜這觀念在現代的用語上不受重視和被誤用。哪裏沒有寬恕，那裏就有痛苦的蔓延和增長，而且人的發展成長也會受到阻礙。
11. John Calvin, *Institutes of the Christian Religion*, edited by J. T. McNeill, translated and indexed by F. L. Battles (Philadelphia: Westminster Press, 1960), 2 vols., Library of Christian Classics 20 and 21, II, iii. 5.
12. 我想，這就是一種三一論原則。每一個人的獨特性，正提示了〔聖〕父不是〔聖〕子諸如此類的事實，而且三一裏三個位格的愛，正是在祂們每一個獨特的存有中建立祂們。
13. 這是多恩（John Donne）在 *Holy Sonnets*, XIV 中開頭第一行的表達：「擊打我的心，三位位格的上帝……」。
14. 上帝最終是否放棄任何在祂形象裏被造的人，這是一個我們將要在稍後的章節會面對的問題。
15. 正如尼布爾在他整部的 *The Nature and Destiny of Man* 中指出的，現代文化未能承認人的限制，這是其中一項最使人憂慮的特徵。
16. 這結構反映了以下的事實：甚至上帝的存有也是透過上帝的位格彼此之間相愛的方式而被**結構化**（structured）。
17. 「在聖經裏……上主的屬性中首要的是，祂是『**嫉妒的**上帝』。」見 Robert W. Jenson, *Systematic Theology*, vol. 1, *The Triune God* (New York and Oxford:

Oxford University Press, 1997), p.47。

18. 雖然站在一個更受限制的角度，我們也可以類似地在這裏談及啟示的問題，若欠缺了啟示，我們就可能對其他人，以及對世界一無所知。這點在人類知識這事上明顯地反映出來，除非你向我啟示那些觸動你生命最深處的事情，否則我對你根本一無所知，但它是愛與友誼的本質，我們將自己身體和靈魂交託給他者的親切的憐憫，重要的是，這種親切的憐憫是一種既正面又諷刺地使用的表達。然而，對一切存在者來說，它是真確的，只不過是另一種形式的真確而已。以下的事是可爭辯的事情：如果世界並非以這樣一種方式被造，以致能夠向人類探索的思維放棄其祕密，則科學家就對這物理世界一無所知。所有這些事情都是依靠〔聖〕靈這創造主的恩賜。

## · §12 第一部結論：父上帝 · 55

信經的第一章，就是我信「父上帝，天地的創造者」。本書的頭三章已經用來探索這宣稱的一些核心的細節，將它們大部分的論點定位於創世記這卷書上面，雖然仍從新約聖經的視角去看它們。當論據不斷發展，關於這課題的含義就不斷地指示給我們，讓我們明白上帝的存有。迄今為止，我們可以暫時作出這樣的總結：父上帝是萬有的創造主，藉着祂的雙手——〔聖〕子和〔聖〕靈——作為中介者，〔聖〕父全能地作出中介性的工作。祂創造了一個有別於自己的世界，這事實首先說明了〔聖〕父是聖潔的，而祂的聖潔包含了祂跟其他一切存在者的全然差異和區別，同時也涉及祂嫉妒的屬性，即是對一切競爭對手的拒絕。然而首要的是，在祂的存有中的聖潔是為了受造物，而並非跟受造物對立；是在祂雙手的愛護工作成果裏面而成為聖潔。事實上上帝的聖潔在關注祂的榮耀這事情上被啟示出來，不過這種榮耀是為了受造物的美善的益處，受造物的福祉和完善源於那並非給予受造物自己的榮耀，而是將讚美、感謝和榮耀單單歸於上帝。這不應被解釋為跟有限受造物為他們自己尋求榮耀的方式相類似，因為正如我們已經提過的，父上帝一切的工作是忍耐、明智和仁慈的——祂的忍耐容許事物各按其時成為其自己；祂的智慧塑造事物成為他們自身最合適的存有；祂的仁慈給予超過他們預期和配得的時間，讓他們悔悟和改過。

第二點，創造論給我們表明上帝行動的獨特性：即其不受任何物質或限制所束縛的全然主權和自由。傳統上用作指涉這觀念的是上
帝的全能（omnipotence），我們需要繼續維持這種講法。然而，那 56
種自由和主權的獨有特徵，卻是上帝出於愛的創造工作，這是源於上帝在永恆裏的愛的，即是〔聖〕父、〔聖〕子和聖靈在共融中的愛，在共融中祂是那位合一的上帝，然後那相同的愛便會從自身傾流出來，而令到受造物因著他們自己的緣故而為有價值和美善的。這種

至高主權、聖潔，和十分獨特的愛，尤其在那些按著上帝形象被造的人裏面表明出來，即是那些被賦予能耐去回應祂的愛和分擔祂的工作的受造物，不過又絕不只限於這些受造的人類。事實上由於上帝愛祂的整個受造世界，所以受造的人被造是要在自由中去愛上帝和彼此相愛，然後在回應中轉為愛祂的世界。雖然如此，父上帝的全能，主要是在祂創造那些跟祂相似的位格性受造物的能力上啟示出來。

第三點，創造論給我們表明上帝的永恆性，而巴特（Karl Barth）意味深長地把這永恆和祂的榮耀配對在一起。[1] 這是一段很悠久的傳統，它主張上帝的永恆性等同於祂完全的非時間性（timelessness），而且引申到上帝作為創造主，不會受制於時間的束縛，這是有充分理由的。作為時間的創造主，上帝全然有別於祂所創造的秩序。然而，「非時間性」這詞負面的含義，表明了它並非最佳的方式去解釋這概念。我們關於上帝永恆性的知識並非來自對我們的時間特徵的否定，而是來自上帝跟祂所創造和護佑的世界自由地交往的結果。正如我們已經提過的，它不是錯的，事實上它需要透過我們的教義去談到，上帝忍耐地和仁慈地花時間，並賜予受造世界空間和時間，去讓它們成為其自己。因此，上帝跟受造界有別的絕對他性，對世界的完整和價值並非一種威脅，結果反而是相反的。上帝永恆性的意思是指出，在祂自己的存有中是安穩的，作為祂的受造物，上帝能夠賦予受造物它本身的安穩和完整性，並且祂能夠在時間裏及透過時間來愛護這個世界；在這之外的，我們便不用臆測。然而，這不等於由此可以推論說，關於已向我們顯明、並我們能聲稱的上帝存有，我們已經完成對此的敍述，我們將會在本書較後的進展中再豐富這方面的討論。事實上真正歷史的中心仍有待達到，除了到目前為止，我們能夠言說的是上帝的仁慈，祂有耐性地拒絕讓受造世界破壞它自己，並由此破壞祂工作的成果。除此之外，頭三章已經主要用來概述，從祂作為創造主的工作而學習到關於上帝的事情，將要來的仍有很多令人驚奇的事，由於我們的創造主仍是那一位以更奧妙的方式去愛我們的主；跟著下來我們就會談及其中一部分。

**註釋：**

1. Karl Barth, *Church Dogmatics*, translation edited by G. W. Bromiley and T. F. Torrance (Edinburgh: T. & T. Clark, 1957～1975), vol. 2/1, pp.608～677.

# 第二部

# 「祂的獨生子，我們的主」

第四章　「在彼拉多手下受難」：拯救的神學

第五章　耶穌基督的身分

第六章　「並且被造而為人」：基督的道成肉身與人性

第二部結論　子上帝

# 第四章

# 「在彼拉多手下受難」：拯救的神學

## ・　§13 罪的概念　・



大多數宗教都是拯救的宗教，因為它們都是建基於如下的信念：人類的生命——事實上，是整個世界——在當前的境況出了錯誤，而宗教則對這些出錯的地方提出調節或醫治。它們對拯救的處方主要在於它們如何診斷病情。如果是蘇格拉底（Socrates）和諾斯底主義者（Gnostics，或譯「靈知主義者」），他們以不同的方式來認為：我們被囚禁於物質和身體之內，乃是疾病的一種徵狀，而解決之道則是某種擺脫物質的方式。如果診斷出慾望乃是我們不滿的主要原因，那麼逃離慾望乃是將要選擇的道路，就如佛教的某些形式。標記著二十世紀歷史的世俗的拯救系統，許多人會說是毀壞形軀（disfigured），那情況也是一樣。如果疾病是貧窮和宗教，那麼療法將在於經濟革命和廢棄宗教。諸如此類，我們可以繼續舉出數以倍計的不同樣式。這些例子是簡化了的，並且無疑有所誤導，但卻指出了一點，就是診斷和所提出的療法是相互關聯的（correlative）：藥物對應疾病。

基督教神學對疾病的診斷，是位格存在者（personal beings）與位格創造主的上帝（personal creator God）之間的關係破裂或扭曲。這破裂以奧祕的方式把整個受造世界的結構都捲進去。「罪」是用來指稱這破裂的專門用語，我將繼續使用這個詞語，雖然這個詞語在當代西方世界使用時所引發的期望，總是無可避免地產生誤解。其中
60 主要的傾向是以之與性等同起來，這尤見於那些被小報刊物所塑造的心思。正如我們在上一章所看見的，上帝對我們作為性的存在者（sexual being）作出肯定，斷定亞當與夏娃的愛在人類景況（human condition）的特性中是核心的。並且，大眾傳媒慣常地，只是扭曲和放大某些在傳統中所找到的東西，然而這不僅是它們的錯失。西方神學傳統的其中一個主要弱點，是在於誤讀亞當和夏娃的故事，以致出現了把罪與罪的傳遞聚焦於性繁殖（sexual reproduction）之上，而不是更廣闊的人類冒犯上帝之上。在亞當和夏娃的故事之中，只在吃了那被禁止吃用的樹的果子之後（在聖經中這樹上的果子沒有被稱為蘋果，而只是果子），他們的性慾（sexuality）才成為問題。他們被誘惑者所試探的，乃是獲取那可以像上帝般能追求認識每一事物的機會，而不是在愛與自由這些界定他們人性的屬性上像上帝。[1]

罪的本性是嘗試在已經規定了的方式之外像上帝，這些被規定了像上帝的方式，因為在時間和空間上都是有限的，所以在知識及成就的能力上也是有限的。罪使受造物在思想及行動上以為它是創造主。我們像上帝，但根據保羅在腓立比書二章對耶穌基督像上帝的方式的描繪，耶穌正正是以別的方式像上帝。祂沒有抓著神性，而是為了祂所愛的，成了奴僕。但只是祂一個如此，因為直至祂為止，實情是，最終人與上帝之間失衡的關係是整個範圍的破裂：謀殺、說謊和那些所有表徵我們景況的東西——我們都知道的，都是破壞彼此的關係，並且持續下去地破壞。巴別塔的故事，那是創世記一章的拙劣模仿，並非把悲哀的故事帶向終結，而是在上帝呼召亞伯拉罕及拯救故事開始之前的暫時結束。創世記十一章開首重覆的「讓我們」〔譯按：《和合本》的翻譯是「來吧！我們要……」〕，是回應創世記一

章神聖的及帶有主權的「讓我們創造」，那是嘲弄地描繪人類無力地嘗試把自己造成與上帝同等：「讓**我們**來造磚……」，「來吧！**我們**要建造一座城和一座塔，塔頂通天……」（創十一 3～4）。罪的本 61
性包括了想要以別的方式像上帝，卻不想以上帝邀請並加力促使我們像祂的方式像上帝。聖經裏不斷重覆的偶像崇拜，包括那種實際向形象（images）跪拜的和那種現代版本：向上帝以外的事物敬拜但又假裝沒有這樣做，都被診斷為我們需要被福音醫治的罪。當我們想要從我們的生活中取代那位愛的上帝，我們以偶像來代替祂，而這偶像雖然是沒有生命的，卻會吞滅我們。[2]

回顧審視時下兩種對罪觀的流行誤解，將有助我們推進上述開場的觀察。首先是個體主義式的（individualistic）罪觀，低估了人類罪惡在本性上以社羣形式顯現這一事實；這種罪觀受到某種傳播福音的策略所推動，這種策略就是不惜一切讓每一個體都感到他們需要拯救。肯定地，罪惡以社羣形式顯現這說法，必須完全避免表達為免除個體的過錯和責任。我們對自己所做的要個別地負上責任，除非由於身體的限制或疾病的緣故，使得我們的行動不再是自己的。個體的處境是，他或她——他**及**她，以及我們一切人——雖然無可避免卻又自願地接納了我們已經領受的遺產。罪是一種社羣實在（social reality），因為我們活在自己的歷史和社羣環境中而被塑造，罪的遺產即透過我們的歷史和社羣環境傳遞給我們。如果原罪（original sin）的教義被認為是，罪乃由族類的歷史先祖透過直接的性繁殖而傳遞給今日的我們，這種診斷不免過度簡化了。但是實情仍然是，我們的社羣存有（social being）是合成肥料，使我們透過歷史傳遞下來的墮落（historically transmitted fallenness）在其中得以育養和成長。

反對個體主義式對罪的教義的誤解，引導我們進到那曾經講述的故事、其講述的方式的另一要點。我們不需要相信歷史的亞當，因為聖經的故事自身太難確定是要求如此樸素及字面的閱讀。然而，無論演化的真實進程如何——並且我們一定要記得，在動物與人類之間尋找一種真正的中間存在物，所有這樣的嘗試只純粹是猜測的——必定存在第一對伴侶或原初的社羣秩序，在其跟上帝的關係和其跟世界的關係所具有的獨特性格之上，是不同於其一切的先前者的〔譯按：指先於人被造的其他受造物〕。從這一角度來看，位格（the person）是絕對有別於那非位格的（the non-personal）；要
62 就是位格的，要就不是，因為若非以位格所是的方式來與上帝及一眾他者相關連，要麼就不是。事實上是否出現過原初災難，以致出現了我們那在表徵上乃是墮落的本性，都不能否認如下的實情：人類選擇走回頭路，聖經有時稱之為死亡，他們沒有選擇向前朝往圓滿（perfection）的路走去，而這圓滿乃是他們被造的目的。並且，這走回頭路的舉動被歷史地及社羣地傳遞下去。這種情況可由如下事實輕易地被說明：受害者經常——不是自動地或普遍地，我們必須強調，因為拯救的確發生——轉過來變成加害者。同樣地，必然性（necessity）和自由（freedom）的關係也可為下列事實所說明：我——為了讓所講的更有真實感，就讓我這樣說吧——展示自己某些過失，卻傲慢地將這些過失追溯並歸咎於我的成長所致，但一再有意地重蹈覆轍。是以，當被抽象地稱為左派和右派的，他們辯論罪行（crime）的責任是個體的或是社羣的，答案是：「兩者」。我們的社羣塑造我們，而我們的自由卻包含了那些我們用來塑造我們獨特的特殊性的東西在內。

第二個對我們罪觀的誤解衍生於如下的事實：罪有時被稱為「全然敗壞」（total depravity）。如果這意味著，因著墮落所以在人類之中沒有剩下甚麼好的，這明顯是錯的：經驗上這是錯的，因為我們在一切的人之中看見了美善的事情。神學上這是錯的，因為這否定了上帝的保守眷顧：上帝對墮落的一切後果有其護佑性的管治，並且繼後地臨在其受造物的一切善、真、美之中。罪的教義乃是，沒有任何事物可以逃得過這已經注射進整個宇宙、並散佈其中的毒藥所造成敗壞的影響，這毒藥並且藉著承繼下來的行為模式的持續性，繼

續同時注射進位格的和非位格的領域裏。即使是最利他主義的行動（altruistic act），都染有自我關心和自我尋求的色彩，即使是最忠貞的婚姻，都滲有不忠與錯誤的慾念。

不用多指出，今天人類貪婪的罪、對地球生命的急促染污和危
害，或許有過之而無不及，在在都顯明人類努力爭取的歷史性和社
羣性的成果所同時具有的複雜性及實在性。這很可能是我們稱之為
資本主義的某些形式，對人——墮落了的！——來說這是無可逃避
的，但其時下的顯現足以說明我們的主題，它是由一種不知滿足的慾
求所推動，這種不知滿足的慾求使得時下的資本主義具有社羣的和生
態的毀滅動力。關於墮落之後耕種成了重擔的苦役（創三 17～19）
的講法，再一次圖像地及毫不矯情地呈現處境。我們沒有收割我們所 63
耕種的一切，再一次這是上帝眷顧的愛的信息。我們的行動依然產生
果效，這果效標記了我們所知道的整個世界，並且事實上遠超於此。
我們知道，行動與後果之間沒有簡單的對應關係。我的罪以一切不同
計算的方式影響他者，而他們的罪對我的影響也是一樣。因此，士來
馬赫（Friedrich Schleiermacher）以下對罪的說法是正確的，即在罪
的果效上，它同時是個人的也是普遍的：「在每一個之中包含了所有
的工作，在所有之中包括了每一個的工作。」[3] 我們活在一個世界，
其散佈四周的毒藥之可以被排除，彼此之間和世界的疏離之可以被克
服，只在於透過所謂拯救，然後拯救只以相應其自身的特性——正如
我們曾經看見——的方式，而無所不在，並臨在每一個人身上。

## ·　§14 創造與拯救　·

把罪述說為同時是個體的和社羣的、同時是承繼的和總是全新地挪用的（appropriated），引導我們進入另一重要的論點。因為邪惡像癌病散佈整個身體，它同時包納著時間的和空間的向度，所以拯救的形態只能是包含時間及透過空間，特別是社羣的時間和空間而成

形的，因為疾病及拯救的醫治同時就是在這些按照上帝形象創造的人身上成形的。除此之外，指出拯救乃一終末的概念，不會叫讀者驚訝，或許在這角度來講，最好稱之為「救贖」（redemption），指的是把奴隸從捆綁中最終「買贖回來」。這樣的事情只能由一位在我們「之外」（beyond）的來完成，這是上帝最終的及帶有轉化功能的禮物。對應於這洞見，我們必須拒絕所有對拯救僅只是心理學的閱讀，就如感到被拯救，和擁有被寬恕和釋放的經驗。[4] 事實上，這很可能是事情的一部分，但必須持守的是，從終末的角度來看，拯救意即安全地抵達命途的終點，而所有其他的徵狀與彰顯，或多或少，不過是路途中的驛站而已。這是我們被造的目的，以愛任紐（Irenaeus）美妙的分類來說：

> 64 人首先是被創造的；既然被造就應當成長；既然強壯就應當豐盛；既然豐盛就應當復元；既然復元就應當被榮耀；既然被榮耀就應當看見他的上主。[5]

據此，拯救意即完成那早已為人類設想的。然而，由於罪的緣故，最終的圓滿只能透過買回、救贖而達至，這是顧及受造物被設計的命途及其從其命途歧出（fell from）的方式。

我們思考這一事情所在的時間格局，使得對罪與拯救之間的關係所作出的了解方式極之不同。如果我們也問及其與永恆的關係，就更為複雜了，但由於篇幅緣故，我們在這裏只能簡要處理。無論如何，這問題有需要被提及，以便指出難題的複雜性。上帝是永恆的，也是時間的創造主，而因此並不受限於我們受造物所採取的路途。這樣一來，很可能就是，如果我們視上帝為一只全能的眼睛（an omnipotent eye），從外邊看見整個歷史的進程，我們必定會說：上帝預見墮落，因而很可能意想過其出現。這種做法是在沒有證據底下的猜度，並且，雖然不能否認當中確有真理的影子，但是正如曾經說過，了解上帝與世界的關係，與其視之為作家或編劇那樣以祂的筆來寫作故事，更合適的是上帝容讓祂的角色依據他們各自的內在邏輯來發展。

正如我們已經看見，故事預計的終結，乃是把圓滿的「藝術作品」呈獻給它榮耀的創造主。這裏我們必須持守兩種互有張力的觀點。首先是那在傳統中廣被承認的宣稱：耶穌所成就的拯救，更勝過最初創造的榮光。那麼，跟著下來的問題是否就是：墮落乃好事，因為如果邪惡不給予耶穌機會，耶穌是不可能到來的？然而，第二項需要在心裏持守的就是，邪惡一定不能以任何方式被證立或讓我們看來是善的原因。它可能**有時**是為善的，如地震或鐵路災難帶出人憐憫和膽量的素質，或處死上帝的兒子以完成人類的拯救，可是這並不能除去其作為邪惡的素質。「人子必要去世，正如經上指著祂所寫的； 65
但賣人子的人有禍了！那人不生在世上倒好。」（太二十六 24）作為死亡的工具——死亡把人的生命導致失敗與虛空——邪惡只能是被克服的東西。這就是為甚麼要直接拒絕著名的拉丁說法——因著這一說法自身的緣故——翻譯出來為：「啊快樂的錯失，如此偉大，實在配稱為救贖者。」（“O happy fault, that merited such and so great a redeemer.”）人在悲慘和奴役中所受的捆綁與限制，沒有甚麼是快樂的，正如我們不能說患病是為了獲取更多快樂，因為我們痊愈後將多麼強烈地欣賞健康的好處。

然而，過度轉向另一邊又會扭曲了我們對在時間中發生的拯救的了解。如果耶穌在其生、死、復活和升天中所完成的，某程度來說並非從起初就是內在於神聖旨意的，那麼我們對上帝、對待事物的方式就會有一奇怪的看法。事情是否如下所述：上帝對祂的世界露了一手，我們稱之為「創造」，然後因為失敗了，於是差派祂的兒子來收拾殘局？這意義有時被稱為洗碗水式新教（dishwater Protestantism），而天主教的古典神學家亞奎那（Thomas Aquinas）[6] 也曾提出類似的版本，它的好處是強調基督的絕對中心性和祂所完成的。但由於許多原因，這樣做卻是不會成功的。其中之一是它低估了如下的事實：拯救是始於對亞伯拉罕的呼召和揀選以色列，這些不能視之為只是背景，而該是具有構成性意義的事件。最後更為嚴重的是，這種神學冒上把創造從拯救分割開來的危險，使得拯救完全徹底地成為另一樁事業，這看來彷彿拯救既是出自創造但又遠離創造。然後射燈落在靈魂的拯救而非身體的拯救，男與女從其物質的環境中被拯救出來，而不是認為男與女是物質環境的一部分。在這裏本質乃在於基督論。如果創造是在、透過和為基督（in, through and for Christ），那麼創造與拯救之間的連續性，就較我們先前批評的理論其所容許的更多了。兩者之間的互為關係，早在四世紀的亞他拿修（Athanasius）已經表達過了。耶穌基督是上帝的兒子、上帝的創造的中介，祂回到祂自己的領域去重新宣告獲取這備受解體威嚇的世界的主權。[7]

因此，我們將要求一更為充分的模式來解説拯救與創造的關係，如果我們要合理地對待上帝工作的統一與多樣。我們只有提出恰
66 當的問題才能找到答案，這答案在較早篇章的問題中已被預期了：上帝創造的目的是甚麼？有兩個主要的答案可以提出來，第一個已經對西方基督教造成巨大的和極惡的損毀效果。它傾向認為上帝的目的在本質上是彼岸的（otherworldly）和狹義的屬靈的（spiritual in a narrow sense）。上帝創造，然後拯救人類種族有限度的餘民，以致在天堂上有足夠的靈魂，填滿墮落天使離開後所留下的空間。[8] 而實現這目的的方法就是耶穌的死和有限數目地揀選那些被命定要被拯救的。肯定地，這看法有不同的變化，但只需要某一種特殊版本的説法已可説明情況。要説的就是，直到現代對這觀點的反動為止，中世紀的天主教和新教的主流教導，都是揀選有限數目的和拒絕大多數的，以致他們要進地獄。無疑，這個教義時下流行更多豐富多姿的版本，特別是那種傾向認為上帝的心意是所有人都被拯救的觀點。然而，錯誤仍舊，而這就是在本質上彼岸和過度靈化（overspiritualizing）的拯救觀，強調靈魂在另一個世界的命途，犧牲的是身體與靈魂一起在

這個世界的結構中被救贖。我們將再次在其他處理終末論和復活的篇章中遇到這個問題。

最近其中一個針對少數被預定得到拯救的理論而作出的偉大而大方的回應，是出自巴特（Karl Barth）的，這很值得簡要地審視，因為它把傳統倒轉過來，卻完全沒有採取我們這裏研究所倡議的立場。巴特維持揀選教義的核心性，事實上他確立它為上帝首要的工作，首要若非是執行上的意思就是在意圖上如此。根據巴特，上帝在創造時的目的，是要有另一位格的受造物（personal creature）被造以致與祂團契相交：「在一切能夠說出或聽聞的詞語中，最好的乃是：上帝揀選人，上帝也是為人的，祂是那位在自由中去愛的。」[9] 揀選教義遠遠不是所懼和所恨的，它說上帝在基督裏已經揀選了人類種族，整個的揀選以致人類可以跟其創造主進入愛的關係之中。因此，世界被造是預備舞台讓上帝的愛可以展現，那是一個讓上帝愛一 67
切受造物這一宏大的目的可以成形的地方。這是對前人先輩的看法作出巨大改進的成果，即或有時這看法被說成，開啟了微小的可能性容讓人類自由的存在，從而使得有些人最終會轉身背向上帝而選擇拒絕上帝。但這中間仍然有一岔子。其餘的創造就單單只是為此目的而被造：其餘的創造以某種方式成為人被揀選的工具，而非整個偉大設計的一部分嗎？或許對巴特來說並非完全如此，但最少我們可以說他留下了令人存疑的空間。

因此，我們回到如下的立場：上帝創造以致祂所創造的整個世界應該圓滿而使其喜悅並榮耀祂。在這圓滿終成的行動者之中，核心的是根據祂的形象所造的男人與女人，他們被呼召為受造物及在受造物中間履行特別的責任。正如我們看見，這責任是由一種倫理所構成的，而此倫理乃是為活在地上而設計的，同時包括了社羣的和文化的領域。因為與創造主敬畏的關係失敗了和繼而社羣的、文化的和生態的失序，所以需要所講的拯救。而創造給予拯救對應的形貌，這形貌在本質上要被了解為上帝的活動，藉此而逆轉那後退運動所帶來的解體及虛無，以及恢復創造原初邁向圓滿的運動。[10]

基督論是這看法的中心，因為正如我們已經看見，基督是創造的中介，祂來到祂自己的世界，好再創造它。這意味著我們可以為了自己而接受「快樂的錯失」的神學（“happy fault” theology）當中那些具關鍵性的要點（the moments of truth）。救主的來臨事實上的確完成較原初創造所成就的更偉大的事情，因此那不僅是一修補的工作，這是常有的說法，而是高峯的開始。關於這一議題我們將在討論基督位格的篇章有更仔細的討論，在這裏可以指出的是那種被接納而有時被稱為蘇格徒基督論（Scotist christology）。即使沒有墮落，基督是否仍會到來？在神學中假設問題是危險的，因為神學關心的是上帝已經做了的，而不是以上帝可能會做來取而代之。但是這個案例中的問題可以讓我們帶出曾經發生過的事情的重點。上帝為其受造物作工的方式，涉及基督在內，基督是那位透過祂，上帝創造並**在一切情況下**繼續維繫宇宙的存在，並因此祂會到來——即使罪也不能支配祂來臨的**形式**。然後，以艾雲（Edward Irving）的說話來講，罪與惡
68 是道成肉身的**形式**因（formal cause），決定了其在耶穌的受苦與死亡之中所採取的形貌。[11] 但動力因（efficient cause）——那是關鍵所在——乃是上帝為其受造物所付出的愛，這愛根植於祂的本性，而在基督裏開始、延續及終結。因此，如果我們對拯救還要說些甚麼，對一切拯救都依於其上而轉動的十字架還要說些甚麼，那就是這些都是植根於上帝的愛。祂恩慈地拒絕容許受造物毀滅其自己。加爾文（John Calvin）曾經引述奧古斯丁（Augustine），這是一個西方神學的教父訴諸於另一位教父，確立如下的觀點：「並不是因為我們透過祂兒子的血而與祂和好之後，祂方才愛我們。反之，祂在世界被造之先已經愛我們了，那是說，我們跟祂的獨生子同時已經是祂的兒子了——在我們還沒有成為甚麼東西之前。」[12] 是以，十字架並非如某些神學所倡議的，基本上不是懲罰的，即或懲罰的調子不可避免，正如在最自由的社羣秩序之中懲罰必然存在。在這章餘下的篇幅中，我

們將探討上帝的愛的永恆目的在歷史中實現時的形態。

## ·　§15 應許的子民　·

雖然我在這章開始時已經提出，創造主與人類受造物之間的異化疏離，破壞其餘一切的受造物，但看來很少人會懷疑聖經的作者只在他們相信上帝已經著手克服罪這一亮光底下，來確認罪的本相。保羅只在耶穌基督的福音底下來談及罪，只視創世記為對亞伯拉罕及其後裔的呼召的序言。而正是從亞伯拉罕開始，我們出現了救贖的歷史和社羣面貌如何對應它所要修補的境況的記述。至少後來的解釋者如保羅，會把上帝給亞伯拉罕的應許了解為一個應許，據此一個民族——亞伯拉罕的後裔——會成為地上萬民（all the peoples）得到拯救的來源。普遍的終結會由特殊的手段而達成，換句話說，藉著在時間裏面實現於（社羣的）空間。

上帝藉著連串的應許或約而使得其恩慈和拯救的行動透過時間 69
來促成其目的，但亞伯拉罕的呼召既非此中應許的首先也不是末尾的。我們已聽過某些應許如給挪亞的，創造會被維繫其穩定性，但是在亞伯拉罕的呼召中我們卻是首先遇上一個超越了創造時所賜予的祝福。並且從亞伯拉罕開始，我們向前移動，透過以撒和雅各，通過在埃及的約瑟，通過摩西而給予整個以色列民族一個呼召。他們藉著出埃及並在西乃山上被賜予律法而被塑造成他們之所是。無論如何，以色列了解及活出其呼召的方式，呈現了一個既混亂胡塗又複雜的故事。特別在耶穌時代之前的年間，在以色列人中間，對民族應該邁走的方向，出現了極端差異的了解，在頗為狹窄和較為普世的解釋之間浮現了衝突。新約時代的猶太作家首先訴諸於更為普世的路線來解釋耶穌的意義，特別是引用以賽亞書所結集的先知講論（prophesies）。以賽亞書四十章至五十五章的四首「僕人之歌」（Servant Songs），其真實的歷史指涉可能是某一特殊個體或以色列整體，提供了一個架構用來繪畫耶穌的圖像：「使以色列中得保全的歸回尚為小事，我還要使你作外邦人的光，叫你施行我的救恩，直到地極。」（賽四十九 6）新約的宣稱乃是，在那真的以色列人，即拿撒勒的耶穌基督，那應許已成為具體實在了。

但是我們不能直接跳躍至耶穌基督，因為以色列被教導要在上帝及世界面前整理其生命這過程，還有許多要說的。以色列可以透過多種途徑——上帝賜予的制度（institutions）——來維繫她與她的上帝的關係，以及抑制邪惡在社羣和倫理中的影響，這邪惡是由於人僭越其受造性（createdness）的限制而被縱容及放肆橫行。妥拉（Torah）是眾多途徑的核心，同時包括了道德及社羣的教導，以及我們可能錯誤地分別出來而僅以之為宗教的東西。這也就是說，為了社會的福祉而設的律法和為了宗教禮儀而設的規矩，是並排而置的，因為它們彼此倚待及互為要緊的。以色列就如所有社會，她的生活有著宗教、道德和政治向度，可以說，相應於這三種向度的職位，乃是祭司、先知和君王，他們在以色列歷史中的不同階段都具有不同的主導性。然而，他們所有都同樣直接指向以色列跟上帝的關係，以及基於與上帝的關係而來的社會秩序。他們被呼召出來，為的是維繫以色
70 列對約的忠誠。在君主王國之中——這正是以色列所成為的王國——君王的作用是在內則施行公義，在外則敵擋外來威脅保護領土。這正是以色列王在以色列宣稱其為獨立時所做的，或應該做的。好的君王會以上帝為首並帶領以色列順服上帝，又在列國之中活出她那獨特的呼召，至於壞的君王則會追隨外邦人而陷進宗教上的姦淫背道和社羣的不公義，這兩者在先知眼中乃是一種罪的兩個面向。因此，我們來到維繫以色列的忠心（loyalty）的第二種制度。事實上，先知預告災難，有時則宣告拯救乃災難的另一面，但這樣做是為了呼喚以色列盡上她那約的責任。先知不單說，並且行動，一如後來耶穌所做的，他們把他們的教訓跟充滿政治含義的象徵行動和神蹟醫治結合起來，他們是先知，因為他們被上帝呼召出來要在社羣中同時說出及行出真

理，這些真理原來都已被唾棄否定了。

在我們的世界之中，我們對相對等的君王及先知都較為接受，但對第三種制度卻接納程度較低：祭司及其所負責的禮儀。然而我們要指出祭司及其獻祭把我們帶到事情的核心，這不單指以色列跟上帝的關係，而且是我們自己的關係。獻祭有並且有過無數作用及意義，獻祭本身見證了它自己包含一切的特性，在它自己的概念多樣性之內包含了我們跟上帝和跟世界之間的關係的許多面向。其核心就好像：那些把動物帶到祭壇前的，或是把一個銅幣投進奉獻箱之內的，他們付出了他們自己的某些東西，正如我們所說的，那是他們的實質生命中的某些東西，藉此，即或是多麼微少地，改變我們世界的形貌。在特殊的宗教處境中，一次獻祭重整了上帝與祂的子民的關係。以色列的獻祭是給上帝的，由上帝所設立從而作為祂跟祂所揀選的子民的關係的一部分，並且由此而使得他們的生命在跟上帝的關係和彼此的關係上獲得調整及再調整。跟獻祭這意念相通的是交換的意念，我們將在稍後遇上這一意念。我們以某些東西換取另一類東西，一個錢幣換取一磅蘋果，以死換生。上述所講的獻祭要關心的乃是生命，因為以色列的上帝是生命的上帝。所有生命都是祂的，而禮儀是指向上帝跟受造物、人和非人的活潑關係，祂特別保守這一切。罪意味著死亡的管治，那麼上帝的行動乃是設計用來恢復生命的。

相對於其他用來講述上帝護佑的恩賜制度和拯救的行動的形
象來說，獻祭概念的價值在於它不能被限制於僅是社羣和人類的領 71
域。正如我們已經看見，這已經很重要了：在上帝的目的和人的叛逆中，人是核心的。然而，我們也看到，成為人是要具體化的（embodied），與野獸有連續性，人事實上是出於地上的泥土而被造，獻祭提醒我們，事實上也是建立我們：我們跟我們活出自己生命的廣闊世界具有延續性也有投入性。這提醒我們自身的生態的建構，提醒我們如下的事實：我們所做的既會彼此影響也會影響我們所屬的世界。再者，獻祭也同時讓我們注目到：我們被呼召要把受造物在感恩中呈獻歸回上帝，以及我們離開上帝救贖的行動，就沒有能力把自己作為聖潔和為上帝所接受的活祭獻給上帝（羅十二 1），這是我們和世界當下的本相。

正如先前所見，如果罪破壞人與上帝的關係，帶來個人的、社羣的和生態的連鎖失序，所有我們曾經簡要地述及的制度，都有分參與緩和罪的影響、限制邪惡或疏導其影響以致減少傷害。它們幫助我們明白甚麼是被稱為罪的第二序性質（the secondary qualities of sin），這是疾病底下所浮現出來的徵狀。君王和先知提醒我們罪以無法（lawlessness）和不公義、壓迫弱者和偷盜鄰舍財物的方式出現。（加爾文正確地評論，沒有履行幫助我們鄰舍實際上就跟觸犯這正面偷盜的律法不徨多樣。）[13] 我們需要政府和先知，因為我們沒有在愛鄰舍和與鄰舍團契相交中生活。祭司與他們的獻祭提醒我們——無論我們把他們傳統所獻祭的以甚麼形式再現——我們的失敗來得更深層次，而出錯的不僅在社羣秩序上，並且我們共同有分於如下的敗壞：威嚇一切生命、阻止人成為聖潔、阻止真正讚美上帝的文化、阻止事物變得整全和美好。

## · §16 拯救所成就的 ·

人的這種失敗與地上的敗壞，如何可被改正過來？受造物的運
72 動如何可以從解體中逆轉過來？福音書教導我們，透過律法、獻祭和先知的教導而來的善，可能正是人類境況積累下來的悲慘所需要的，如果人類的境況要被醫治，沒有甚麼比得上上帝永恆兒子的位格的和拯救的臨在（the personal and saving presence）。這是說，與上帝和好是與人和好、與環境和平相處的必要條件。沒有把人與上帝的關係處理妥當，其他的一切都不會發生。這一點可以正面積極來講。在耶穌的位格，並且透過祂歷史事業中的不同行動和階段，祂賦予了以色列的職分和制度出色和確定的意義，就是為失喪的男與女開啟了一條

新的和確實的道路，讓他們可以與他們的上帝和創造主和好，讓他們可以有路回到祂那裏；以色列的所有職分都聚集於祂的身上，舊的酒袋被新而叫人興奮的釀造所破開了：在祂的位格中祂是先知、祭司和君王。這是為甚麼牛頓（John Newton）在他著名的詩歌《我的先知、祭司和君王》（*My prophet, priest and king*）中慶祝耶穌，是那麼的喚發性的；我們一切與創造主的關係都在祂裏面聚集起來。[14]

新約使用一連串的方式，從圖像到較為概念的，[15] 藉以讓神學使用來建立一廣闊範圍的形構，以表達那被稱為耶穌的人其同時具體化和所成就的拯救的途徑。我們從一個同時顯明拯救這主題的舊約根源和其隱喻的豐富性的形象來開始討論。贖罪是一個金錢形象，可從其今天商業的使用而得見。根據舊約，買贖者是家族中緊接著被賣者的那一位，他的責任是把那些在戰爭中被擄而成為奴隸的人買贖回來。被稱為第二以賽亞（Second Isaiah）的先知把這種語言轉嫁到上帝身上，祂作為「家族中緊接著的一位」或救贖者，將會把他們從被流放在巴比倫為奴的處境中釋放出來。當我們來到新約，記在心裏的是上帝作為救贖者，祂為人的罪付上代價，這是重要的。但是祂是透過耶穌的生，特別是祂以死來完成的，耶穌是上帝付上的「贖價」（ransom）。這個意念有兩次是明顯地出現的，其中之一是在馬可揭發耶穌的門徒從爭議當耶穌榮耀地來到時誰為大的記述中：「因為人
子來，並不是要受人的服事，乃是要服事人，並且要捨命作多人的贖 73
價。」[16] 在以賽亞書之中，上帝是那位付出贖價的，以及這是一種對付代價的隱喻式描述，這些事實都提醒我們，我們能夠做的都是有限的。我們必須既不在上帝和耶穌之間挑撥，也不提問代價付給誰，就如曾經有人問過，是給上帝呢還是邪惡呢——而且，有些時候答案更差勁。耶穌祂那生命的禮物，同時是上帝拯救祂那些被奴役的子民的贖價。

這一行動的兩面對我們下來的第二種說法也十分重要，兩者之間具有密切的關係。在講到人的境況時我們經常使用軍事形象，

舉例來説，我們會説贏了一場道德的仗，或是論到托爾金（J. R. R. Tolkien）的《魔戒》（*Lord of the Rings*）時，我們説那是對善反抗惡的永恆之戰的文學性描述。在舊約，在出埃及記，以色列從埃及被解放出來這事件，經常被描繪為上帝不單戰勝法老，並且戰勝自然的力量。上帝的右臂在詩篇中被形容為已經因著帶領以色列走過紅海而得勝。在新約中，耶穌在〔聖〕靈的能力中成為上帝親身的右臂（God's right arm in person）。書信經常形容十字架為巨大的鬥爭及勝過那束縛人生命的力量——保羅有時所講的「掌權的與勢力」（principalities and powers），我們在討論終末論的篇章中必定會思考其特性。明顯地，它們被打敗，但並非是被廢棄的意思，因為這勝利是要在人類持續地與那惡爭鬥的亮光底下來了解，而事實上這勝利是被強化了的：「因為我們並不是與屬血氣的爭戰，乃是與那些執政的、掌權的、管轄這幽暗世界的……」（弗六 12）。然而，無論怎樣，它總是勝利，但在甚麼意義上呢？

答案要在耶穌生命的樣態及其所成就的來尋找。祂的事工始於與試探爭鬥，祂勝過試探在於權柄和能力的根源使得祂能夠活出祂當活出的那種生命。路加在他的福音書第四章所講的故事是耶穌抵抗試探的後果，這後果指明藉著祂的勝利——典型的「道德的勝利」——祂贏得了真説話和有效行動的權柄。事實上，正如先知，經常發生的是藉著言説而產生有效的行動。通過耶穌對上帝的順服，貧窮人和
74 被排斥的人在天國中被賦予一席位，患病的被醫治及阻礙人發展的罪被寬恕。在我們的文化中，我們可能對鬼魔（demons）這意念感到困難——雖然我們在二十世紀的歷史中經常遇上魔化（demonic）的事情——但我們可以從耶穌跟其敵人的其中一次相遇而窺見事情的核心。耶穌被指控使用鬼王（the prince of demons）的能力來趕出污鬼。祂答道——訴諸於常識——如果事情真是這樣，魔鬼的國度要分裂了，自己攻擊自己，就如工頭傷害工人。寓意是耶穌不是黑暗之主，而是較之更強的，祂的醫治就是明證（可三 22～30）。總的

來説，上帝終末的勝利始於耶穌的事工。藉此人勝過邪惡，在一場只由順服上帝而獲取能力來發動的戰爭，上帝管治一個被奴役的世界業已開始了。鬥爭以十字架為高峯，因為那裏是邪惡勢力的頂點，也是耶穌要逃離這個戰場的最後試探，但祂卻勝過了，因為祂拒絕做出任何違背祂父親心意的事情。祂的「道德的」勝利乃是上帝拒絕使用武器，但卻有效地勝過敵人的道路，正如在托爾金的現代神話之中，佛羅多．白健士（Frodo Baggins）只因拒絕使用戒指的能力，所以勝過索倫（Sauron）的權勢。耶穌的勝利是神聖的勝利，得勝在於透過人的忠誠和徹底全然的不妥協，這只有藉著那加力的〔聖〕靈才能成事。勝利，始於耶穌的生，而以祂的死為高峯。

然而，故事還有另些向度，可以帶領我們更深入地了解邪惡被人的行動——也是上帝的行動——勝過這題目的奧祕。罪的許多徵狀來自未能遵行律法，沒有無條件地只愛上帝，以致也不能愛我們的鄰舍如同自己。這裏我們涉足的是公義（justice）的領域、上帝和人的公義的領域，以及這兩種公義可以怎樣實現及彼此關連這問題。我們已經看見妥拉遠超過律法的意思，同樣地，對聖經來説，公義有更為廣闊的意義，而不只是公平（fairness）和對犯罪作出恰當的懲罰。整全地説，神聖的公義指的是上帝統治受造物的實現，意即上帝的企劃——一切受造物應當圓滿終成——實現，因此要頌讚祂。在這一角度來看，人的不公義使得世界及構成這世界的人及物在朝向圓滿方向運動一事上，受到阻礙滯後。然後，如果耶穌是要把上帝的目的體現及落實，那祂的行動某意義來説就是成就一再調整、再建立上帝祂那對世界的公義的和恩慈的統治。

因為我們在這裏一直關心公義，以保羅的話來説，耶穌「生在律法之下」，那麼，耶穌是受到制肘的，在一個墮落的世界之中，祂是受制於其不公義。祂以律法之子而被養育成人，祂持守律法，教導 75
律法，有時祂權威地解釋律法，並且最後祂接受其錯謬而受審判，即或看來是合理的。祂在上帝的律法底下以犯人的身分走上十字架。作為被呼召「成就一切的義」的一部分，新約視耶穌為接受律法這懲罰性後果，因為透過接受死亡，祂的而且確地也代表並代替他者接受人沒能按照律法而活的後果。這並不表示上帝懲罰耶穌而不懲罰罪人，而是上帝在基督裏完成了交換：那位沒有「犯罪的」〔譯按：英文原文作「不知罪的」（the one who “knew no sin”）〕——我們在稍後的篇章會檢視查考這說法的意思——為了我們而「成為罪」（made to be sin）（林後五 21）。因為在福音書受難的敍事中，大家都明白耶穌在死前的猶疑遠不是生命結束前的自然畏縮。那種恐怖是，祂所進入的死亡乃是人與創造主割裂的果子。耶穌所死在其中的空間，乃是一處上帝業已收回其愛的臨在的地方，後果是：耶穌承受上帝對罪的公義審判，以致他者並非從一切的審判中得到釋放自由，而是從那引致死亡的審判中被釋放出來。

福音書的作者及使徒的普世信息是：耶穌的死是根植於上帝對受造物的愛——祂的恩慈憐憫——而不是在於祂那懲罰的公義。我們將會在另一章討論懲罰在神聖和人間秩序中的位置，如果真有位置的話。這裏要説的是，無論以甚麼形式也好，持守事物公義的秩序是很重要的，必須維繫不墮。如果違反律法，不能糾正過來——如果受害者被殺害、強暴和詆毀中傷，不能得值平反——那麼這最終是一個不公義的宇宙。在這裏，我們因而必須簡要地涉及另一些神聖屬性，把這些屬性組合起來建立一幅聖經向我們呈現的上帝的圖畫。我們已經看見，從人類傾斜邪惡這一悲慘故事開始，上帝的行動已經為其因著憐憫恩慈而拒絕容許邪惡毀滅一切所表明。我們也看見，上帝的公義基本上並非祂那懲罰的行動，而是祂想要看見正直恰當（right）倡行。但是如果我們對聖經的整個信息真誠的話，我們同時需要容讓上帝的咒詛也是祂跟世界打交道的一部分。[17] 咒詛是神聖的愛被拒絕時的表現方式，咒詛包括拒絕那些置自己於上帝的愛之外的人的任何舉
76 動。咒詛是上帝的愛的一種作用，其之所以是懲罰的只在於它接受背叛違反律法必須承受某種後果，然而，這些後果在實現時已經減輕了

許多。（在一個愛的家庭中，懲罰有其作用，這可以是一個恰當但有限制的類比。）可是，懲罰並不能使其自身成為目的，而是一種手段為救贖罪人成就更偉大的目的。這涉及某些看法，因此我們再次要回到耶穌在行刑前的恐怖驚懼，祂所遇到的驚恐乃是上帝的全然拒絕，這種拒絕臨到祂跟前，對他來說是不相稱的。然而，祂忍受了這可怖的經歷，以致我們不需經受這死亡的審判，這其實是我們偏行己路很邏輯的結局。

在耶穌忍受神聖咒詛之中，祂正正是轉化了懲罰的邏輯。結果是上帝開創了一條不以報復來撥亂反正的道路，而是藉著承受邪惡的後果，藉著祂自己右臂的行動。有時我們說我們為了某些很想要的東西而「把自己的右臂押上去」。上帝在基督裏也為我們付出了祂自己的右臂。另一種對這情況的解釋是，這神學骨子裏是堅信邪惡只能被善勝過，因為嘗試以更大的邪惡去勝過邪惡，只是重蹈覆轍。這樣的解釋同時顯示神聖行動及與由此而來的倫理的特性，但是，可悲的是，坐言總是不能起行。因為上帝在耶穌裏以善勝惡，所以那些跟隨祂的人都當如此行（特別參羅十二 21）。要使處境真的改變，就只能是惡被**勝過**（overcome），即是說，嚴肅地對待事情，採取行動讓某些更強的取代了惡的實在。說上帝會寬恕可能只是抽象地真確，正如有人如此反對，但追問誰首先製造困難可能更為瑣碎無聊。寬恕之所以產生果效，只在於寬恕改變了那產生冒犯的境況。

如果我們正確地了解如下的意念：耶穌代替罪人承受上帝那律法的審判，那麼我們必定不能把這意念抽離第四個形象及概念的含義來了解。正如耶穌的生和死是上帝救贖和解放的行動，這行動是（1）同時為一次神聖與人對罪惡的克勝，以及（2）同時為上帝的公義行動和人的公義行動，所以（3）這行動同時為神聖的與人的獻祭。這事情的兩面都可由下列經文被帶引出來。首先是約翰著名的句子：「人為朋友捨命，人的愛心沒有比這個大的」（約十五 13；也參保羅及其他使徒大量相對等的經文）；第二是保羅同樣的獻祭的表

77 達：「上帝既不愛惜自己的兒子，為我們眾人捨了，豈不也把萬物和祂一同白白地賜給我們嗎？」（羅八 32）耶穌的自我給予同時也是上帝的給予，這給予在時間中表達、實現，而給予和接受這樣的上帝的命令，乃是永恆地有效的。

在舊約中祭司是那位向上帝獻祭的，他代表人把人的禮物帶到上帝那裏去。在這個事物的新秩序之中，祭司**是**（is）祭物而祂給父上帝的禮物就是祂自己、祂自己的**生命**。這種面貌輪廓，希伯來書的作者很精彩地表達出來。作者所寫的耶穌是永恆的兒子、創造的中介，祂作為人不是獻上動物為祭，因為這「不能從死行中潔淨良心」（來九 14，譯按：此處按根頓所引經文直譯），而是一個向〔聖〕父完全順服的生命。拯救的奧祕乃是那些因著自己不聖潔的生命而置自己於生命之道的外面，如今可以藉著跟這人的關係來到上帝面前作祂神聖的子民。這個結果——我們會稍後更仔細地處理——是一種對獻祭的新的了解：不是獻上已死的動物，而是愛任紐所說的，一個真實地活著的人。保羅在經文中總結，那是我們已經讀過的，以人的生命去回應乃是「**活**祭，是聖潔的，是上帝所喜悅的……」（羅十二 1）。再次，我們來到一個重覆的主題：我們受造物的目的是我們整個位格——身體與靈——都圓滿以致可以同來頌讚上帝。基督教神學的拯救論其核心在於：因為子上帝在此之前已經藉著獻祭，又代表我們並在某層面上代替我們獻祭，所以祂是我們信仰的「先鋒和圓滿終成者」（pioneer and perfecter），我們可以在一切的事情上倚賴祂。早期基督教的著作《致丟格那妥書》（*The Letter to Diognetus*）總結了耶穌生命和十字架所具有的拯救奧祕，沒有比這書所寫的更好了：「啊主為甜美的交換……眾人的罪都被隱藏在那義人之中，當那一位的義（the righteousness of the One）使眾罪人稱義之時。」[18] 但這位看來是混雜的存在者，同時為上帝永生的兒子和人類到上帝的道路，究竟是誰？祂是誰和祂曾經做過甚麼又常做甚麼，將會是下兩章的題目。

## 註釋：

1. 在園子中，蛇的現身意含著邪惡以某種方式叫人墮落。蛇從哪裏來？我們頂多只能猜度，但邪惡在本性上乃是非理性的，意即一旦被解釋，邪惡就不再是如其所如意思的邪惡。或許我們都不應該對邪惡作出任何解釋。
2. 想想金錢的力量，雖然其力量不斷增加，但只是紙張的移動，甚或比紙張更缺乏實在性，可是仍然形塑我們世界許多發生的事情。
3. F. D. E. Schleiermacher, *The Christian Faith*, translation of 2nd edn. by H. R. Mackintosh and J. S. Stewart (Edinburgh: T. & T. Clark, 1925), p.255.
4. 據說巴特在回答敬虔類型的問題「你何時得救？」時，他的回覆是：「在各各他。」
5. Irenaeus, *Against the Heresies*, 4. 38. 3.
6. Thomas Aquinas, *Summa Theologiae* 3a. 1. 3. ad 2.
7. Athanasius, *On the Incarnation of the Word*.
8. 見 Anselm, *Why the God-Man*, 16～18。
9. Karl Barth, *Church Dogmatics*, translation edited by G. W. Bromiley and T. F. Torrance (Edinburgh: T. & T. Clark, 1957～1975), vol. 2/2, p.3.
10. 我們可以稱這為「原初的祝福」（original blessing），雖然這不是通常要講的意義。
11. G. Carlyle, ed., *The Collected Writings of Edward Irving in Five Volumes* (London: Alexander Strachan, 1865), vol. 5, p.10.
12. John Calvin, *Institutes of the Christian Religions*, edited by J. T. McNeill, translated and indexed by F. L. Battles, Library of Christian Classics (Philadelphia: Westminster Press, 1960), vols. 20 and 21, III. xvi. 4, 引用自 Augustine, *John's Gospel*, cx. 8。
13. Calvin, *Institutes*, II. 8. 45.
14. John Newton, "How Sweet the Name of Jesus Sounds."
15. 所有的都以不同的方式包含二者在內。沒有純粹的概念、完全沒有圖像式隱喻的內容。想想，舉例來說，即或是看來是如此的：「實體」（substance）也不是這樣子的。但也沒有形象僅只是「圖畫」（pictures），因為它們都是以其所有的複雜性來了解人類境況的方式。
16. 馬可福音十章 45 節，比較提摩太前書二章 6 節和羅馬書三章 24 節，那兩處所用的希臘文稍有差異。
17. 我要感激麥根多希（Andrew Mackintosh），他指出了這一章較早的草稿，沒有就此有任何直接的討論。
18. *Letter to Diognetus*, 9. 5.

# 第五章

# 耶穌基督的身分

## ・ §17 設定場景 ・ 78

近來的神學著實是一致地同意強調耶穌的人性（humanity）有其重要性，即或是尚未同意哪一種方式處理這一議題是最好的。許多人口裏經常投訴，特別是那些想要強調古代和現代處境有道鴻溝的人，指出古代的神學是「幻影說」（docetic）。即是，把基督說成只是好像人。當然這在前現代並非經常出現的事情，任何人只要看過中世紀的神蹟劇（mystery plays）或畫廊的繪畫，就可確知。然而，真實的也是：傳統中大部分所呈現的都是神聖的基督（divine Christ），恐怖地審判活人死人，較其人性更為鮮明及印象深刻，這都可以在早期的基督教藝術及後期的音樂作品如在安息彌撒（Requiem Mass）中的《憤怒的日子》（*Dies Irae*），清楚可見。當我們思考基督的位格——祂身分的問題，基督的審判是我們要緊記於心的。縱然只是因為其所描繪的審判方式含有得罪冒犯的原因，而這有時也是福音所要求的。（肯定地，福音必然地涉足於道德及知識的冒犯。它得罪我們許多的深層直覺，認為我們生命和死亡的意義的關鍵乃在於一個人在十字架上的死亡。但重要的是，這得罪是真實的，而非某些誤導或不相干的得罪。）

另一引致現代世界感到被冒犯的是「兩性」的教義：根據傳
79 統的語言，基督曾經是「一個在兩性中的位格」（a person in two natures）。有時這引致以為耶穌是一種由兩種相反的實在（realities）緊密地縫合一起的混雜存在物，就如半人半馬的怪物，這樣一來就引致兩個位格而非在兩性中的一個位格的看法。這種早期已經出現的教導被標貼為「涅斯多留主義」（Nestorianism），而官方的拒絕接受則防止了有人口講及筆錄其為真實的主張。舉個例子，當有人提出，耶穌疲倦和哭泣，祂是以人的身分來作出這些行動的；而祂行神蹟或寬恕罪時，祂是以上帝的身分來作出這些行動的；我們可能很接近這種跨越兩界的言說。當我們言說耶穌之時，原則是把聖經對祂的描述存在心裏，因為當我們閱讀之時，毫無疑問我們會遇到某些非比尋常使得這人差不多任何標準都不符合，但這種不尋常並非某些使用兩性〔譯按：指神性與人性〕語言的方式所意味著的。這裏所講的那一位，祂是一個單一體（unity），如果祂作出神聖行動，祂就是以一個真正的人來實行的，即使我們可能想就此有更多其他的言說——正如我們對其他事物的言說那樣子。

我們的題目特別困難，因為**歷史的**基督教其真理倚賴於認信拿撒勒的耶穌是上帝永恆的兒子。這個主要的歷史的根基由兩個事實提供：從最早開始，耶穌已被認信為上帝的僕人，以及祂的門徒敬拜祂並準備為祂而死。同樣地，對那些作出這樣認信的人來說，主要的**神學的**根基可以在我們上一章的審視中找到。基督教是拯救的宗教，其性格跟其教導是不可分割的，這教導是拯救，是由我即將撮述的這人的事業所傳遞的（mediated）。「事業」（career）一詞的意思是指發生在耶穌身上的事情和祂曾經做過、正在做著及將要做的事情；從祂由馬利亞所生，中間經過祂教導和行動的生涯，然後到祂的死、復活和升天，包括了當中蘊含的應許，就是這同一個人將會在榮耀中再來完成在創世時已經開始的工作。正是這事業——以敘事來出現——

成為上帝同時逆轉罪和邪惡所積累的歷史，以及重建受造物向著應許的圓滿邁進的運動。因此，基督教信仰的神學核心是在如下的肯定中尋到的：這歷史的人物，為人所唾棄和拒絕的，是跟——同一位格（the same person）——上帝永生的兒子等同的，上帝藉著祂來創造世界。據此，祂在地上的事業必須被了解為上帝在其世界的位格性行動（God's personal action in his world），要更新和完成已經開始了但又受到阻礙的創造的計劃。耶穌的工作是父上帝透過〔聖〕靈圓滿終
成的工作的方法，來重建受造物的**正當性**（rightness）。為了顯示這 80
如何可能，我們將引用基督教傳統十分贊同許可的資源，當中也訴諸於聖經的。因此，我將從討論聖經某些要點開始。

正如我們已經看見，聖經主要是敍事，因為它呈現了一個穩定的和已經建成的受造世界，以及在這世界舞台發生的護佑和拯救的歷史。同時也因為我們在這裏，關心的是上帝透過時間和在空間裏圓滿終成世界，所以實情仍然是，敍事是我們主要的關注。在舊約和新約的書卷之中，技術性地稱為上帝在世上的**經世**行動（the economy of God's action in the world）的行程被攤開出來。[1] 在這裏，被稱為上帝的故事和世界的故事，並非平行地被述説，而是一種互相交織一起的述説，以致常常很難把這兩股線條分割開來。線條之所以清楚分明，如我們所見，是因為受造秩序有其自身獨特的實在，跟上帝的實在不一樣。但是兩者依然互相交織在一起，因為受造秩序的獨特實在，是來自上帝對世界及在世界（towards and in the world）的保守。並且，根據我們這一章的目的，這兩者在上帝呼召及涉入以色列民的故事中就互相交織在一起了。我們可以說，以色列為基督論提供了邏輯，以致舊約設置了架構，在當中讓耶穌自己及其第一代的解釋者明白祂的意義，而看來正是如此。

近幾個世紀花了不少努力，特別是通過歷史研究福音故事和其背景，來重建耶穌的故事。然而，在這方法底下出現的耶穌仍然面目模糊。羅馬天主教神學家泰利（George Tyrrell）並非倡議嚴格的傳

統主義（traditionalism），卻因著十九世紀所重建的耶穌「只不過是自由新教面孔的反映、從深井的井底中所看見的」，[2] 而作出了著名的從一邊擺到另一邊的舉動。對近代作出類似的嘗試也可以用上同等的批評：馬克思主義者（Marxists）找到的是革命的耶穌、女性主義者（feminists）發現的是女性主義的耶穌，而某些其他現代西方的思想家則按其自己的形象找到一個政治正確的耶穌。肯定地，也有更為謹慎和神學有據的嘗試，但如果他們要想越過對著鏡子作出自戀的
81 反思，那麼他們必須持守如下事實：真正的耶穌（1）曾經為以色列人的經卷所塑造；（2）被祂的第一代追隨者以他們的眼光來解釋；以及（3）反過來成為祂追隨者解釋那些經卷的門匙。我們可以探究一卷具有重大決定作用的經書的身分，這就是由敍事與先知教導所收集而成的以賽亞書。新約聖經充滿對此書的明顯及隱暗的引用；很清楚，以賽亞書曾經及仍然是了解耶穌的門匙，藉著以賽亞書的亮光，耶穌的容貌變得清晰而不再像大多數現代歷史所重建的那樣模糊和充滿爭議。更甚的是，這些重建，更關注的是正確地繪畫出一更為仔細的圖畫，而不是傳統教義的撮要表達所提供的圖像，這就使得傳統所重視的耶穌的猶太性（Jewishness）變得不必要了，也使得不必太過憂慮於把耶穌從其歷史處境及成形中割離出來。我們將在下一章回到這一難題。

最早聖經喚起對耶穌含義的注意，是在見證（eye-witnesses）仍然活躍的時代中發展的，這種見證以兩種重疊但又互有分別的方式出現。首先是簡要地對故事及其意義作歷史的撮述。如果使徒行傳中的演說——不能最終建立但仍是近似的——真實反映出基督徒意圖記錄的早期基督徒的宣講，我們就有一個關乎早期對復活的回應的標記。[3] 使徒行傳二章 20 節至 24 節講述了一個同時是耶穌和上帝的故事。謀害耶穌這邪惡的人為行動，同時根據上帝的目的而發生，以及被上帝把耶穌從死人中復活中得到逆轉過來。使徒行傳同一章後來就以三一詞彙來解釋這一事情：「他既被上帝的右手高舉，又從〔聖〕

父受了所應許的聖靈，就把你們所看見所聽見的，澆灌下來。」（徒二 33）加拉太書四章 4 節和哥林多前書十五章 3 至 5 節指出這一敍事的不同面向：「及至時候滿足，上帝就差遣祂的兒子……」、「……基督照聖經所説，為我們的罪死了，而且埋葬了；又照聖經所説，第三天復活了，並且顯給磯法看，然後顯給十二使徒看」。較長的是腓立比書二章 5 至 11 節，把神聖的行動和人的事業的故事緊密地揉合交織在一起，這兩者都是不能解開和無窮盡的資源，當中同樣具有深沉的洞見及學術的議論：

> ……耶穌……他本有上帝的形像，不以自己與上帝同等為強
> 奪的；反倒虛己，取了奴僕的形像，成為人的樣式；既有 82
> 人的樣子，就自己卑微，存心順服，以至於死……。（腓二 5～8）

耶穌，祂是真正的上帝，首先取了奴僕的形象，然後在走上十字架的道路中，其作為表現了僕人的樣式。

福音書，特別是頭三卷，為這些認信補上了敍事的細節。每一卷福音書都有其自己的神學視角和著重點，但全是把耶穌的人性生命描繪為拯救世界的神聖行動。這些福音書都認為主要是受難的故事，再加上序言與結語，這尤可見於馬可福音，它以耶穌注定要死亡來開始，顯明於他的第一句説話和第一個行動所引起的衝突。特別當耶穌宣告寬恕罪時，冒犯就被認定了，這是對神聖特權的傲慢，而後來耶穌強暴地清理潔淨聖殿，同樣讓人感到得罪。馬可福音以肯斷耶穌作為上帝兒子的含義來開始，並且後來轉移到在外邦人口中出現了這重要的認信（可十五 39）。馬太福音和路加福音追溯耶穌的故事的開始而直至祂的出生，也同樣顯示耶穌神聖的兒子身分的重要性。對他們來説，形構耶穌的獨特含義是核心的工作。路加終結前的那一節報告了門徒敬拜已升天的耶穌，而馬太則以復活了的耶穌的宣告：已經

擁有上帝所賜給的「一切權柄」，作為結束。馬太福音十一章 27 節對產生三一樣貌的上帝觀具有重大的含義，跟使徒行傳所見的相似：「一切所有的，都是我父交付我的；除了父，沒有人知道子；除了子和子所願意指示的，沒有人知道父。」（太十一 27）無論這些說話是否真的出自耶穌的口——而且誰知道呢？——它們都是表明馬太對耶穌的含義的估量。

常常有人注意到這——「從馬太的天空而來的約翰的雷電交加」——看來是回應約翰福音所說的某些事情，這些經文正正是撮要了約翰福音中大部分的信息。在這裏要論辯的個案並非建立在耶穌的宣稱正正就是福音書置於其口中的說話，雖然我沒有合理的理由去懷疑約翰寫作時手上所有的歷史傳統的真確性。這福音書的神學的核心乃是出自其獨特的角度，那就是從那些在耶穌所具體活現的亮光中活過的人的觀點，來看耶穌，特別是透過〔聖〕靈所教導的耶穌來看耶穌。那位為朋友而哭泣的耶穌，也同時是那說出：「還沒有亞伯拉
83 罕就有了我」（約八 58）的一位，祂也是被認信為「上帝的聖者」（約六 69），並且在祂復活之後，多馬亦認信祂為「我的主！我的上帝！」（約二十 28）這些正正是跟希伯來書的神學相平行。希伯來書跟約翰福音一樣，在序言裏記述了耶穌作為人的行動和受難，認定這記述乃是創造及維繫世界的那一位的事業。

這就是新約第一組經卷對耶穌的含義、祂故事的撮要的提醒。早期見證的第二種方式經常是片斷式的信經式認信，這些認信所勾劃出的含義都不比故事更多，而特別在其主要作為人的行動者這方面的含義，亦是如此。羅馬書一章 3 至 4 節把耶穌在人方面是大衛的子孫跟其作為上帝兒子的神聖意義平行起來。同樣重要的是哥林多前書八章 4 至 6 節，這認信在耶穌的亮光下對一個舊約的認信——也許可以說這是古典的認信——作出註解以致解釋，就是「上帝的一」（the oneness of God）。申命記六章 4 節對律法的述句：「以色列阿，你要聽！耶和華—我們上帝是獨一的主。」其後，保羅在哥林

多前書八章 6 至 8 節註釋：「然而我們只有一位上帝，就是父—萬物都**本於**祂；我們也**歸於**祂—並有一位主，就是耶穌基督—萬物都是**藉著**祂有的；我們也是**藉著**祂有的。」這解釋的重要性幾乎沒有被重視。耶穌死後不消許多天祂被置於父上帝的旁邊，微妙地以其跟世界的關係而被分別出來，但也清楚地給予祂同等的神聖本性及地位，撇開某些註釋者的宣稱不談。後來新約的認信——我們不能仔細地檢視——強化及擴展耶穌的地位，但從來沒有否定他們所講述的乃是成為人的耶穌。祂乃是那位父上帝的創造之工的中介者，祂為了拯救世界而成了肉身。

> 太初有道⋯⋯萬物是藉著他造的；凡被造的，沒有一樣不是藉著他造的⋯⋯道成了肉身，住在我們中間，充充滿滿地有恩典有真理。[4]

然而，正如批評者會提醒我們，這些不同的表達並沒有一致性（uniformity），因此不能說存在一種單一新約基督論（a single New 84
Testament christology）。但是，這也不能跟著說存在多樣的基督論，這樣的普遍神學結論不可能作出。主要在於要帶引出來的是哪一種的統一性（unity），也轉過來在於支撐研究的是哪一種的神學。我們既不是在福音書中、也不是在我們對上帝的了解中尋找一種純粹數學的一。正如我們所見的，這是因為上帝跟世界的關係——藉著這一位上帝——以許多不同的行動和形式來實現。就此而言，我們不應期望所有認信以全然相同的方式來描述耶穌。然而這些文本其信息精簡地被撮述出來，的確有共同的特色。首先是所述及耶穌的一切，甚至是最高舉的，沒有任何東西這些作者會考慮跟以色列的一神信仰妥協。申命記對「上帝的一」所作的範疇的見證（categorical witness）乃是一（oneness），這一無可匹敵，並非純粹數學的一。根據舊約的教導，上帝跟世界以許多和不同的方式連結起來，而現在則要由在耶穌身上發生及通過耶穌而發生的事情來予以界定。正是耶穌祂透過〔聖〕靈，現在位格地傳遞神聖的行動（now personally mediates the divine action），這行動在舊約以不同的詞彙用語來述及，講及的是上帝的話語、律法、智慧、榮耀和名字。

第二個所有新約對耶穌見證的共同特色，乃是堅信〔聖〕父的拯救行動的生效，並非只由故事的某些部分產生的，而是耶穌整個故事，包括出生、事工、受難、復活、升天和在榮耀中的再來，使其發生作用的。一切神學、故事都各有不同，在張力和衝突上彼此的細節也有異，但卻具有一個共同的地方，就是難以理解地都收集了這在人類歷史中的獨特片斷，並且認定對整個受造世界的含義和命途是有確定性的。撇開這一點，在書信和福音書中講述耶穌的獨特意義，都沒有抽離那位傳遞拯救行動的行動者（agent）的人性。那位教導、宣告上帝國度的臨近和在〔聖〕靈的能力中施行醫治及神蹟的，真正地及確定地乃是一個人，所做的沒有不與舊約所記載的偉大人物相一致。正是在這裏出現了一種平行，一方面是學者[5]所講的基督的圖畫
85 （*Christusbild*）：指的是耶穌生命的歷史狀況；另一方面是基督的教義（*Christusdogma*）：即教會所撮要的神學。這就好像腓立比書二章的認信所講的兩面，基督的圖畫和基督的教義是一個眾多歷史事件的連結的兩面。人的事業其本身就是上帝的拯救的行動。第三個特色是，基於上述所講的，所有文本共同之處在於它們都建基於兩重敍事來評估耶穌的含義，這兩重敍事指的是，耶穌的故事同時是上帝在世醫治和拯救的故事。是以，第一代神學家就致力在這一非常不同的世界中撮述及維護這一故事，他們在這一世界當中祈禱、生活和思想。

## · §18 基督論的架構 ·

正如我們知道，新約有兩種互相重疊的形式用來描述耶穌，那

就是常常是片斷的信經式認信，以及敘事。這一節我們要探討的是在聖經中找到的信經式認信的撮述，因為它們促使在一世紀教會生活中發展得更為豐富和系統的信經。然後我們才在下一節檢視某些當代對基督論的敘事的使用。這樣看來好像在我們討論這話題的工作上走回頭路，特別是在考慮到愈來愈重視聖經中的敘事，以及嘗試關注恰當地對待耶穌的人性。但這裏有其原因。聖經從來不會無預設或無期望而被閱讀，即或在研究文本時這些預設或期望可能被埋藏起來或經過修正。現代的讀者傾向透過所謂「眼鏡」來接觸聖經，這眼鏡或是由現代對信經的批判所塑造，或是由或多或少對信經常有信心的期望所塑造，認為這些古代的撮述對我們了解聖經是不可少的。我採取後者的進路，因為我相信教義在一個被敵視及常被誤解的環境中——可以說正如我們今天的情況——致力形構信仰的含義，他們已經奠下了解釋聖經的指引，這是我們在危險的處境中所忽略的。另一優勢是，這進路不單讓我們遠離非批判地透過傳統來閱讀，還更幫助我們在更為廣闊的視野底下來分辨傳統的弱點，以及現代基督論在那些地方需要修正或補足傳統所說的。審視某些已經發展的道路，是以，是了解這一困難及複雜的題目所必須的工作。

我們需要作出兩個初步的提點。首先要關注的是異端的觀念。 86
這不是一個時下流行的觀點；事實上，它常有不可救藥的政治不正確，當然這樣說可以出於善良的原因。在基督教歷史的很長時間之中，它成了政治的並且是神學上的概念，並且不恰當地被用來迫害那些被認為犯上異端之罪的人，他們常常冒著被燒死的危險。對於異端，首先要說的是，作為一個神學概念，它所指的是那些內在於基督教的教導，但卻被基督教內部判定為扭曲信仰而不再是真正的基督教。因此，在神學討論上這是不可廢去的。因為福音宣稱為真的，所以其真理要求維護自己及反對那些被判定為假的教導。[6] 敵對版本之間的爭論（例如達爾文的〔Darwinian〕或馬克思的理論，正是同樣情況），甚至延伸到建構關於拯救教義特性的差異這個範圍時，也要加入它們的闡釋者一些較具意識形態的觀點。然而，第二個討論異端的主要原因，在這裏乃是其正面積極的作用：表明堅實的思想、激發神學通透地思考信仰對了解上帝、世界及在其中的人的生命所涵蘊的含義，正是討論異端所能作的。

第二個初步的提點是，在頭五個世紀及其後對耶穌的含義的爭議之中，有兩個原則是很脆弱的，而現在也是這樣子。這兩個原則同時涉及拯救的實在（the reality of salvation）。首先的原則是，因為只有上帝能夠拯救，那麼作為上帝在行動中的耶穌的實在，必定要在對祂的教導中以某種方式保留這一看法。與此聯結一起的，同時包括相信福音是通往完全及真正拯救的道路，以及堅信人類境況的嚴重性要求有一徹底根源的行動。早期教父也相信聖經中所教導的耶穌的神性，這並不減輕這一原則的重要性。他們相信他們是從聖經中領受這原則的，並且這原則轉過來提供一鑰匙讓他們閱讀聖經。這並非一種
87 論辯的循環過程，像在對話傾談中兩個觀點彼此豐富對方。聖經的教導在有關福音的特性及其所生起的生活方式的亮光底下，得到澄清。第二個原則也包含了聖經中上帝的本性及上帝行動的方式這兩方面深層的假設。這就是，除非耶穌也是完全的人，否則拯救再次不受保證。這一點在全書到目前為止的討論中都經已被提及，現在只是在另一層次上予以重覆。上帝的行動不是對抗世界，也不是強迫它，而是關注建立一個真正的世界。基督論的重點是，如果人要被糾正歸回其正確的狀況，那麼就要內在於人類的處境中來工作，考慮人的自由而非強迫人符合一個有異的模式。這兩個原則透過堅持執行新約的教導而被保存下來，我們對新約的教導已經看過了，那就是耶穌是上帝永生的道親身成為人（Jesus is the eternal Word of God in person），但其人性並不在任何方面較我們小，事實上，祂才是更真正的人。

在古代世界，一如我們的世界，這兩個原則跟某些深沉的假設處於敵對關係，這些假設認為必須在某些是人性的東西或神聖的東西之間選擇，或是置之於神聖的與人性的之間。我將稱這為二元論

（dualism），意即其為一視神聖的與人性的乃**對立**領域的假設，神聖與人性只以邏輯矛盾的關係來連結起來。如果説耶穌同時是人性的和神聖的，那就不單只冒犯我們對耶穌的感覺，更是背叛了邏輯。這本書以創造論來開始，部分是想表明這類二元論是不必要的及錯誤的。上帝創造的行動，正如在創世記六日的空間運動所表達的，祂並非一位跟被造世界負面地關連起來的上帝；反之藉著自己位格性地（personally）投身於世界之中而賜給世界其特有的面貌，而且，我們可以説，這種投身和參與是非常徹底的。再者，因為上帝藉著祂雙手作為中介來創造，這兩手也顯明祂位格性地參與（personal involvement）物質的世界但又與物質世界不一樣。這就為了解如下的教導建立了根基，或至少不會立即拒絕如下的教導：這雙手其中的一只透過另一位的行動而以位格人的身分臨到世界之中（present in person in and to the world through the action of the other）。

在早期異端之中，就有兩種分別地違反這兩項原則。首先是伊便尼
主義（Ebionism），或是相似的但更為細緻的嗣子論（adoptionism），
教導的是耶穌並非上帝親自成為人（God in person），而是先知中最偉
大的一位，或不過是一位上帝所收納的人而為祂的兒子。第二種是
幻影主義（docetism）——「看似一主義」（seeming-ism）認為耶穌
只是看來像人，但在實在上是一神聖的存有（divine being），不過假 88
裝為人。在早期被稱為「信仰規條」（rule of faith）或「真理規條」
（rule of truth）的信經條文之中，這兩種異端都被如下的兩重設計所
排除：肯斷耶穌基督永恆地乃是〔聖〕父的兒子，祂成為人，為自己
取了真實的人身（human body）。在俄利根（Origen）時，耶穌的受
苦已經成為難題中的關鍵所在。希臘哲學跟基督教神學同樣都教導上
帝是「非情的」（impassible），不受制於那種衝擊我們人類身體的
激情（passions）。柏拉圖（Plato）曾經教導，希臘的詩歌所顯示的
諸神是受制於嫉妒、憤怒和性的激情，對教育年青人不大恰當，必須
以一更為超升的和哲學性的神明所取代。然而，把這種要求轉成抽象

的原則，結果發明的神明，並不能容許自己被愛和憐憫所觸動，而這卻是我們所看見的聖經的上帝的特徵。尤其是，這對上帝的兒子在十字架上受苦的這事實，很難公平地予以對待。但這受苦卻是對福音書所了解的拯救十分本質性的。幻影主義解決這難題是辯稱耶穌內在的神性並沒有受苦，受苦的只是那不真實的外殼。但這答案並非解決問題的答案。

如果我們要想維繫這雙生的原則，以保證拯救為真正的，那麼兩項神學的原則就必須堅持。首先是上帝的非情只在下面的情況底下才可以持守，那就是祂的存有（being）受到十字架所危害，以致並非祂的拯救**行動**（action）的存有，而是十字架成了在祂能力以外卻又發生在祂身上的事情。於是，歷史控制上帝，而非上帝控制歷史。在這樣的角度下，神學需要非情性的教義（the doctrine of impassibility）以保障如下的原則得以維繫：聖經的上帝是不能被擺佈的，祂的基本的存有是穩固可靠的。但是，第二點就是，這教義不能過度推廣延伸，產生二元論，這會把上帝從其與世界打交道之中排除出去。如果一個嚴謹的非情的教義掌控著基督論，那麼就會出現不同形式的扭曲聖經的教導。在耶穌基督裏，即或是祂在十字架受苦，我們所遇見的乃是上帝永生的兒子，祂也是完全和真正的人，而祂的人性並不會威脅祂的神性。總的來說，在異端之中我們會遇上那些被抽象的哲學所操控的神學，這會對十字架所發生的事情帶來偏頗的判斷。面對這樣的威嚇，教會經過很多辯論，以及一些不光彩的政治行徑，出了三個主要的意向。在某些角度來看，這些傾向全都是從二
89 元論裏衍生出來的，它們因為上帝的兒子是天地的創造主的右手，所以拒絕接受祂能夠位格性地投身於受造物之中（to involve himself personally in the creation）、卻無損或毫不威嚇其永恆的神性。

第一個意向嘗試把上帝的兒子置於創造主和受造物之間而為中間物，好避開公憤。這是因為要持守永恆的上帝是免於與世界互動的，所以互動只能由那位像上帝但又不是上帝的來執行。這種思想被

稱為亞流主義（Arianism），在亞歷山太的亞他拿修（Athanasius of Alexandria）那裏遇上了知識上難以對付的敵手。亞他拿修重大的貢獻在於上帝論，他了解到如果福音是真的，那麼上帝不能猶如希臘人所說的，祂只是一位絕對超絕及單一的存有（absolutely transcendent and unitary being），與受造物斷絕關係。他其中一個論據是反二元論的，大概是他的主要反對派，無論是右邊的還是左邊的都接受同一的假設：救主的人性屬性把祂的神性否定。[7] 然而，正是這一假設需要被拒絕，這是為了維護神學的趣向：上帝並非白紙一片的單一體（blank unity），祂以自己的能力進入世界進行拯救，卻沒有犧牲而是表達其神性。神聖的存有可以是分享的存有。亞他拿修從他在聖經及教會所看見的有關事情來開始辯論，從而拒絕他的論敵那種沒有考量基督的位格而得出的上帝信念。他正面的論據大意是聖經向我們顯示的是：基督施行的乃是創造和拯救的神聖行動。只有上帝能夠創造和拯救，所以接著的必須是子上帝跟父上帝同樣是完全神聖的。

亞他拿修的神學在公元三二五年的尼西亞會議（the Council of Nicaea）得到確認，包括其教導：子上帝與父上帝「在存有上為一」（one in being，或譯「本體上為一」）。雖然這花了一段時間才廣為接受，或者說，其含義方為大家明白。但回應常常以過度的方式出現，這個個案也是一樣。亞他拿修神學中對基督神性的看法，有助產生第二個想要逃避耶穌同時是上帝和人的這一反感的教導，在這一逃避之中，救主的神性強烈地被強調，致使祂的人性陷在被其神性吞噬的危險之中。這把我們引領至第二類型的異端，就是亞波里拿留（Apollinaris），他教導的教義被後來的解釋家稱為「神聖的入侵」 90
（divine irruption）。耶穌乃上帝對世界的入侵以便拯救，但祂非常強力地入侵，祂奪去了耶穌的人的思想或靈魂。[8] 亞波里拿留主義因而遭受反對，因為再次正確地要辯稱的乃是，除非我們的整個人性被上帝的兒子披戴，否則就不能被醫治。在稍後的世紀，事實上甚至到了現在，亞波里拿留有其繼承者，傾向過度強調在基督裏的神性。

這種教導通常被稱為「一性說」（monophysite），有時則帶有誤導性地稱之為「幻影說」，泛泛地說，這是一種轉過頭來強調神性的趨向。這樣一來耶穌就成了單面的，祂的人性變得無甚價值。再一次，必須在神性與人性之間作出選擇，而這次的結果是人性要讓路。

直到現在為止，我們可能這樣想，還是不錯吧。但在一更為明顯的二元論之中還有第三個難題。我們可以同時反對亞流的看法——耶穌是完全神聖的，以及亞波里拿留的觀點——祂是完全人性的，但卻仍然遇上困難。主要的難題在於耶穌位格的統一性（the unity of Jesus' person），當我們提問在十字架上發生了甚麼事情的時候，難題就浮出來了，這看來威嚇到上帝的非情性。如果耶穌是上帝永生的兒子，我們豈不是不能說：當祂受苦時，上帝也受苦？其中一個答案後來被稱為涅斯多留主義，就傾向認為人性的耶穌在十字架上受苦，但上帝的兒子或道仍然是「謹慎地遠離」（cautiously remote），這是其中的一個說法。因此，第三個異端認為或意涵著兩個位格，差不多是並排存在的；上帝的兒子或上帝的道**寄住**（lodged）或安置自己於人的身體之中，而不是真正地**成為**（become）人。因此，這種傾向對基督的位格的真實性（integrity）有所威脅危害，基督不能被設想為一混雜物，而在聖經中我們遇上的乃是一個統一位格（unified person）的耶穌基督。[9] 我們必須對「位格」和「本性」（nature）的語言說些甚麼，這在早期的論辯十分重要。

一切基督論，無論古代的或現代的，都在我們所界定的三個方向中傾向某一方向，對神性或人性或位格的完整性做成危害或非難。在公元四五一年的迦克墩會議（the Council of Chalcedon）中，有提出嘗試確立排除三個異端的原則：一位基督乃是（1）與父上帝在存有上為一；（2）與我們在存有上為一，只是沒有罪；（3）在同時保
91 有神性和人性的「本性」的完整性底下，而說「合而成為一個位格」（concurring into one person）。[10]「位格」這述語因而是指耶穌基督的統一性，而另一個述語「本性」指的則是我們遇見的那一位祂真

正地及嚴格地所是：同為神聖的和人性的。正如我們所看見的，「本性」的語言是危險地誤導人的。這詞語在這樣的脈絡及處境中最好了解為一動詞式形容詞（verbal adjective），而非名詞。本性不是分離出來的東西，而是拿撒勒的耶穌祂那完全的神性和完全的人性的方式，神性與人性是在關係之中的，這點稍後我們會探討。迦克墩的定義從來沒有被教會每一流派所接受，但卻成為有關的量度測杆，因為正如我們所見的，如果我們同時肯定聖經和其中對耶穌所作的宣稱是真的，我們就需要上述有關主要教義的三項原則。雖然這也引致無窮的爭辯，且常常落在看來只是抽象的討論，即使對那些想要忠於這一教義的人來說，也不免如此感覺。難題是甚麼？這可透過檢視某些自宗教改革（Reformation）及啟蒙時代（Enlightenment）以來所生起的爭議而細看，這兩個運動對許多世紀以來，已為大多數西方基督徒所接受而為信念所不可質問的基礎，以不同的方式提出了問題。

## ·　§19 教義的難題　·

現代世界的難題在於教義（dogma）的概念和性質。對於宗教改
革來講，他們對教義的懷疑並不徹底，這運動的主流也沒有質問任
何信經的條文。宗教改革家所反對的是只對教義作出教導和辯護，他
們所懷疑的只是他們在中世紀時的前輩。因此他們期望回到更為直接
的聖經的教導，教會的教導既支持聖經的教導又為聖經的教導所支
持，而較少引向知識的複雜性，卻更多指向心靈。宗教改革時期很少
爭論基督論，除了在以下的一方面：在主餐中基督臨在的問題。路
德（Martin Luther）和信義宗（Lutherans）傾向一種較為一性說的方
向，例如，路德堅持基督藉著其可以臨在任何地方及每一地方，即
「無所不在」（ubiquity）的能力，而以其身體和寶血臨在。這在於
強烈高舉基督的神性。因為上帝能夠臨在每一地方，也因為基督是 92
上帝，他們就持守必須跟著說基督能夠臨在每一地方。加爾文（John

Calvin）對此反對，認為因為基督曾經是人，且繼續擁有一個人身，它就像一切的身體，必須被安置在某一處地方，所以不能無處不在。我們在這裏不能探究這一論爭的所有細節，但必須提及這一問題，因為它在歷史中有一滲透的影響，我們將會看到這情況。然而，在進到這方面討論之前，我們要看看另一對現代基督論具有更為拆毀性的影響。

啟蒙時代對整體的教義深深地懷疑。它對人類發現真理的理性（reason）能力具有莫大的信心，而這理性在原則上對任何以傳統名義為權威所教導的東西，均予以懷疑。[11] 啟蒙運動正是把基督論的和三一論的教義置於最嚴正的理性批判底下，結果是回到二元論去，而這正是我們審視過的異端的根源。正如啟蒙者所宣稱的，因為「上帝」與「人」是不相容的謂詞，所以按照自我矛盾的原因，這正統教導要被拒絕。有些時候，這種拒絕甚至在基督教神學自身的內部中發生。是以，神聖的基督傾向被耶穌這人物所取代，祂是一個老師或榜樣，但卻不是一個施行拯救的。然而，這並沒有徹底失敗，因為再一次，否定信經或教導有助完成一個有用的目的。藉著暴露傳統中的弱點，批評者讓我們注意到忽略了的事情，需要通透地思考。其中之一就是救主的人性，在教義的發展中有些時候毫無疑問地是受到損害。無疑〈迦克墩信經〉已經教導主在存有上是與我們同一的那一位，祂是完全的人，只是沒有罪。無疑〈迦克墩信經〉的繼承者經過長時間的艱苦爭鬥，好保存這教導，這段嚴峻的智性發展我們沒有時間去細究。只是在歷史中對福音書所描繪的人物卻沒有給予充分的重視，這種失敗因著對聖經新的批判性研究的發展，逐漸顯明出來，而得到惡報。

這種弱點在我們所講述的路德式基督論中惡化起來，這是因為現代的爭論——大多數都在德國發生——常是以這一傳統為名而展開的。假如我們嘗試把兩種進路不失張力地持守：強烈地肯定耶穌的
93 神性，和現代根源於聖經的新約進路，從而對耶穌的人性作出相對

的肯定（counterassertion），那麼，要不是加添些甚麼就是設計些甚麼，好叫兩者得以和平共處。其中一個可以考慮的設計，並且也可以幫助我們了解問題的核心，就是**虛己**（kenosis），這是從腓立比書二章 7 節所講的耶穌「倒空自己」（emptied himself）而來的。正如我們見過的，那是或多或少地同時指向兩件事情：耶穌基督的成為人及祂走向十字架的過程。然而，在早期的現代神學之中，這是用來解決一個永恆位格成為人的事情中所涉及的改變。我們將在下一章探討「成為」（becoming）這一事情。在這裏我們只限於對在基督裏的神性與人性之間的關係（the relation of divine and human in Christ）的思考，即以傳統的語言來思考祂的神性與人性。我們的考慮涉及檢視另些傳統的神性的屬性：上帝的不變性（immutability）或不易性（changelessness）。一如非情性，這是一個基本的神學概念。聖經的上帝是可靠的，可信賴的，忠於祂的應許的，雅各書的說法是：「沒有轉動的影兒」（雅一 17）。如果我們倚靠祂，那祂的存有或旨意就不能被祂以外的東西所威嚇危害。舉例來說，如果永恆三一上帝的存有是可以改變的，那麼我們如何可能信靠祂對於世界的穩定性或將來萬有的復活所作的應許？用我們正在討論的教義來說，我們必須因此而說，這樣的獨特歷史行動所表現的改變，意謂著對上帝來說，這只代表其不變性的外在工作或表現，而不是推翻上帝的不變性。這樣子，跟著自然是發生在耶穌身上的事情，都真的是上帝的作為，在耶穌身上發生的事件中，上帝沒有背棄祂自己最真實的實在，祂一貫地仍是創造和護佑的那一位。

然而，如果不變性這概念用得太僵化，那它就會排除了我們對了解上帝（特別是了解上帝的兒子）那一連串我們稱之為耶穌事業的事件的決定性意義。如果我們以絕對的意思來解釋這概念，那很可能得出一種神聖的僵化，使得子上帝成為人不可能不跟祂的神性互相矛盾。但是，如果我們忠於聖經所表達的上帝，我們必須容讓上帝有其彈性來跟祂的受造物建立關係，這或許是誇大一點來說。一

且受造物可以向上帝言說，而事實上這是被鼓勵的，那麼僵化的不
94 變性就被排除了。[12] 在所有早期教父之中，亞歷山太的區利羅（Cyril of Alexandria，約主後 375～444）對我們遇見的難題提供了最可能的解答。他不單只說及在十字架上基督「非情地受苦」（suffered impassibly）[13] ——這吊詭使他可以說道：苦難是真實的，但卻沒有委曲子上帝作為一個位格的完整性，他也提供了一個解決不變性的謎團的答案。上帝的確有虛己（emptying）的行動，這是往人類這下層的移動，但這**虛己**並非要**剝奪**（depriving）〔聖〕子的神聖存有，而是以歷史的方式在其中「加添」了東西，使其豐富起來，我們大可以這樣說。[14] 從另一角度看，我們可以說〔聖〕子的屬人事業濃縮地代表了某些在時間中的事物：「上帝的道來到我們的領域，在此之前祂也不是遠離這領域的。」[15] 這是創造的道，「祂總是臨在人類之中」，現在又以拿撒勒的耶穌的位格臨在（present in person）。[16]

現代的虛己論完全是另一回事，其設計乃在於逃避那種對神人聯合於一個位格之中的挑戰。這理論有許多不同的形式，但普通來說它們持守如下的看法：救主放下祂自己某些或所有的神聖屬性，好能成為人。它們失敗乃在於把耶穌轉成了無能的神明，而非在行動中的子上帝。永恆的〔聖〕子在許多版本中成了時間的和神話的訪客，從來沒有一刻是祂自己的真身，只有當祂安全地回到天上祂才恢復祂完全的神性，大概可以這樣說吧。可是，如果基督教信仰是真的，這歷史的「神一人」位格必須視之為上帝的實在的**縮影**（concentration）——子上帝在祂那本質上是不變的能力與愛——以位格臨在祂的世界之中，再者，祂的人性必定是恆久的而非時間的「添加的」。

這樣簡要地討論基督裏的神性與人性所得出的結果，可以透過兩個例子顯明，帶出上述的要點。首先的例子是來自富希士（P. T. Forsyth，1848～1921），他可能是對虛己論作出較合理的掌握的神學家，主要是因為他的上帝觀念：能自由地自我約化（self-reduced）而至人

的境況，這有助我們把道成肉身視為上帝完全的愛的表達，而非視之為除去某些抽象的神性。他這種看法很值得引述：

> 因此，我們在基督裏擁有的，遠多於兩性的共存，或是它們 95
> 的互相滲透（interpenetration）。我們在這一單一非受造的位格之中所擁有的，是兩個位格性行動或活動（two personal acts or movements）的互相濡化（mutual involution）……。[17]

把耶穌視為兩個行動或活動的結合有很大的幫助，雖然我相信下面的說法會更好：我們有的是一個單一的位格性行動（a single personal action）——這是屬於耶穌基督，在肉身中的上帝的兒子的——那同時是上帝的行動和那位完全是人的行動。這一思考讓我們進到第二個例子，這指引我們離開信義宗人士引起的難題。這集中於另一概念，任何嚴肅地處理我們的題目至少都會提到的，就是所謂的屬性相通（communication of attributes）。[18] 信義宗的論據是深植於傳統之中的，大概是如果上帝和人是真的聯合於基督的位格，那麼必定是神聖的特徵與人的特徵互相分有，任何我們歸之於其中的一「性」（nature）必定也歸之於另一面的。舉例來說，如果人的耶穌死了，那麼在上帝那方面必定可以從某方面來說祂也死了；如果上帝是全知的，那麼某意義上耶穌也是一樣。在很大程度上這是對愚蠢問題的答案，但卻有助信義宗的敵對者產生一種看法以顯示為甚麼這是對愚蠢問題的答案。在這裏的討論我們並非要捲進尋問有關兩個彼此分離的「性」之間的關係，因為「性」——重複我們講了幾次的一點——並非事物，而是指向耶穌之所是及行動的方式。這樣的看法，因此，表明在這個個案中討論的不是「屬性」相通，而是行動相通。這一看法已經在這一章中含蓄地援引：聖經所呈現的耶穌的行動，同時是上帝的行動和一個人的行動。這怎樣解決基督整全性的難題呢？這帶領我
們回到位格這概念。[19] 在耶穌基督那裏，我們遇上一個單一的位格， 96

祂的行動同時是人的和神聖的，不是把兩個只有外在關係的量的東西粗糙地縫補在一起。下面是區利羅的進路：「……我們不把福音書中的我們救主的道分配給兩個實體（substances）或位格……必須把福音書中所用的一切表達歸於……一個位格，那是成肉身的道的位格的一位，因為根據聖經經卷主耶穌基督只是一位。」[20]

因此，我們在結束這一階段的討論時，講一講或許在教父的看法中最重要的觀點。耶穌是一個位格，因為祂是子上帝與拿撒勒人耶穌的實體的（hypostatic）或位格的聯合。就像我們已經探討的每一事情，這也是根植於上帝對祂創造的愛，在耶穌是一個位格這事件中，祂對創造的愛顯明於其落在喪失及危害的景況中。這需要的嚴重性，表明了只接受一個好人，祂是單單由進化的歷史而來的，顯然是不足夠的。我們不是被宇宙或歷史所拯救，而是被它們的管治的主和佈置者，即在位格中的上帝（God in person）所拯救。是以，上帝永生的兒子藉著增添人性到自己的存有之中而倒空自己，順服〔聖〕父並為祂的〔聖〕靈加力，以致披戴祂自己的人身，成為（become）人，就是「神一人」，那位我們拯救的行動者。祂因而是那位同時是子上帝，以及，用教父所採取的聖經表達來說：人子（the Son of Man）。但是這事情怎麼可能？一個神聖位格所披戴的肉體怎能是真正的人？這是下一章的責任。

**註釋：**

1. “Economy”：字面意義指的是上帝組織祂的家園的方式。
2. 引自 D. M. Baillie, *God Was in Christ: An Essay on Incarnation and Atonement* (London: Faber, 1956), p.40。
3. G. N. Stanton, *Jesus of Nazareth in New Testament Preaching* (Cambridge, UK: Cambridge University Press, 1974), chapter 1.

4. 約翰福音一章 1、3、14 節。比較哥林多前書八章 6 節；以弗所書一章 3 至 10 節；歌羅西書一章 15 至 20 節；希伯來書一章 1 節，十三章 8 節；啟示錄一章 7節，二十一章 6 節。
5. Werner Elert, *Der Ausgang der altkirchlichen Christologie* (Berlin: Lutherisches Verlagshaus, 1957), pp.15～19.
6. 透過公共法律程序或任何形式的暴力強制來反對異端，從來都是不對的。可是，任何志願會社是否有其需要和權利，去排斥和懲罰那些被判定把自己置於羣體之外，則是另一回事。偉大的神學家通過論辯來駁斥異端，但也需要承認，有些人也採取跟耶穌上十字架的行為不一致的其他方法，那是召喚天使的軍隊來抵擋他的壓迫者。
7. 「因為猶太人說：『人如何可能是上帝？』而亞流（Arians）說：『如果祂是從上帝而來的上帝，祂怎可能成為人？』……因此兩邊否定道（Word）的永恆性和神格（Godhead），這是在於救主所取了披戴在身的人性屬性……」，Athanasius, *Against the Arians*, 3. 27。
8. G. L. Prestige, *Fathers and Heretics* (London: SPCK, 1940), Lecture 5.
9. 這種形式的二元論至少表面上接近經常所發生的，這可見於其說法：「神性」（the divine nature）做其所做的，而「人性」（human nature）則做另外一些的。
10. 「……而非分離成為兩個位格，卻是同一位子，獨生的，道上帝，主耶穌基督；正如眾先知論到他自始所宣講的……」，〈迦克墩定義〉〔譯按：即今常稱為的〈迦克墩信經〉〕。
11. 極為諷刺的是，這因著其本身的特性而成為權威和傳統的啟蒙運動，產生了反動，就是一連串對教義更為反傳統的思想，寬鬆地可總合稱之為「後現代主義」。
12. 舉例來說，上帝應許回答祈禱，顯明了以某種方式男與女都被包容進祂那對宇宙所作的恩慈的管治之中。
13. 這是把玩希臘詞語：*apathôs epathen*。
14. Prestige, *Fathers and Heretics*, Lecture 7.
15. Athanasius, *On the Incarnation*, 8.
16. Irenaeus, *Against the Heresies*, 3. 16.
17. P. T. Forsyth, *The Person and Place of Jesus Christ* (London: Independent Press, 1909), pp.343～344。富希士繼續寫道：「……一方面是人的獨特性，另一方面是上帝的獨特性；一方面是永恆上帝所給出的主動的生產，另一方面是那成長中的人的被動的接收；一方面這是通過一個肉身的人指向上帝在歷史中長遠的行動，另一方面則指到由耶穌的神性內容所不斷挪用的人的道德成長，因為祂成了上帝在人身上完全的行動的一個完全的器官。」

18. 拉丁原文為 *communicatio idiomatum*。

19. Bruce McCormack, *For Us and Our Salvation: Incarnation and Atonement in the Reformed Tradition* (Princeton, NJ: Princeton Theological Seminary, 1993), pp.7～8。我十分感謝這篇作品，它帶領我回到那我曾在亞歷山太的區利羅所找到的答案，我相信區利羅是解決之道。

20. Cyril of Alexandria, "Third Letter to Nestorius," in *Creeds, Councils and Controversies: Documents Illustrative of the History of the Church 337～461,* ed. J. Stevenson (London: SPCK, 1972), p.284.

# 第六章

# 「並且被造而為人」：基督的道成肉身與人性

## ・ §20 子上帝的「成為」 ・ 97

聖經已經簡潔地說明道成肉身的教義：「道成了肉身，住在我們中間……」（約一 14）。我們在上一章已稍為探討過這道是誰。首先，祂是上帝永恆的道，與〔聖〕父永恆地在一起的。第二，祂是拿撒勒的耶穌，福音書對祂有相同的說法，我們現在就要把這些說法織造起來而成一融貫的圖案。信經以如下的字眼來形容事件的發生：「祂被造而為人」（He was made man）。這種表達的形式不應更改為「祂成為人」（He became man）或「祂成為一個人」（He became a human being）。理由是，這看來是冒犯的過去事件將會讓我們看見當中所涉及的某些東西。首先是「人」（man）這字同時包含了特殊的人與普遍的人。這是一個特殊的人（a particular human being），祂以自己的方式擁抱普遍的人，包括男人與女人。保羅及其他基督徒思想家把其中普遍的道德和社會含義引申了出來，這開展了一個在教會中朝向男人與女人平等的運動的時代。不幸的是這十分
短暫，因為早期基督教神學受到希臘對身體懷疑的思想，以及亞里士 98
多德（Aristotle）認為女人內在地是低於男人的教導所污染。[1]

認為「祂成為人」或「祂成為一個人」的説法並不充分的第二個原因是，這兩種説法同樣提出一種正正是早期基督論非常小心地避免的看法，那就是當道成了肉身，意即是道的本性改變了，道以某種方式改變性質（transmogrification）而成為某些別的東西。這會把道成肉身的教義變成宗教的神話。根據宗教神話的看法，其中一位神明穿上某種時間的服裝，以致可以跟人類交配，或是甚麼的。「祂成為人」這一表達的微妙之處，在於它很可能建立某些看法從而避免神話式的改變，人的耶穌並非成為某些跟道異質的東西，而是上帝的道親身臨在（the Word of God in person，或譯「上帝在身位中的道」）。道在拿撒勒的耶穌身上成為肉身，乃是把在存有（being）上是永恆的、根植於上帝與世界延續的關係之中的這一種關係實現出來。正如我們所見過的，基督是創造的中介（mediator），祂是父上帝所藉著來維繫一切受造實在（created reality）的一位。子上帝與世界已經並且總是具有關係的，而現在即獨特地採取了在位格中臨在（personal presence）的方式來表達這種關係。[2]

無論是甚麼原因，而事實上也有一連串的原因，神學已經發現很難對基督的人性作出完全公平的對待。歷史耶穌的追查見證了對耶穌人性的實在作公平對待的真實焦慮，因為其追查方式越過了〈迦克墩信經〉（Chalcedonian creed）那僅僅只是教義撮要所講的。我們在上一章已經指出過，這追查的失敗是很諷刺的，它經常把耶穌表
99 達為一神聖化的人（a divinized man），或是某種理想的人物，而不是福音書中有血有肉的人。這樣一來，我們如何了解道成肉身呢？一方面，我們必須從開始就接受我們將永不完全徹底地了解其人性，不像某些機械裝置那樣。值得懷疑的是我們是否可以透過原子與細胞而不理會事件的奧祕就可完成對耶穌人性的了解呢？我們必須常常緊記祈克果（Søren Kierkegaard）的警告，就是當永恆的東西與時間的東西相遇，某些不可避免的事情發生了，這些事情使得一切人類邏輯都會落空。如果這是上帝，那麼這上帝必然是不可被思想的，一切想

要滲透進這不可被思想的上帝的嘗試都將失敗。然而，另一方面，這也不是說它會推翻一切邏輯。在較早一章我們所看過的亞他拿修（Athanasius）的上帝論所具有的含義，就是上帝把自己屈尊於我們人類景況的邏輯之中，事實上，這是為了拯救，並且，也因著啟示；上帝藉著這樣的方式好叫我們可以同時與祂相遇和認識祂。正如上帝在以色列身上所作的，祂在拿撒勒的耶穌身上，內在於我們的架構中展示祂自己的邏輯，並藉著祂的〔聖〕靈使我們按著祂的和我們的限制來明白這邏輯。這裏指涉及〔聖〕靈是重要關鍵的，因為每一事情的發生只在於〔聖〕靈的行動，而也只可靠著祂的恩賜按著事情本身的方式才能明白得了。如果我們想要明白先是耶穌，然後是人對祂的回應是怎麼一回事，那麼〔聖〕靈的核心地位不容忽視。

「祂因聖靈從童女馬利亞成了肉身而為人」。像許多信仰的教義，這也受到敵對者缺乏恩慈的對待。這教義有兩個可能的作用，但彼此不相容。首先是視之為基本上是要把耶穌的人性跟我們的人性分別開來。在這裏我必須清楚表明我跟羅馬天主教神學的差異，以致可以同時指出是甚麼議題仍然叫教會分裂，以及有甚麼在神學上是危機四伏的。教導馬利亞是無沾污地懷孕的，這在某種意義上表明她的存有含有對罪的免疫力，以致救主同樣地也對罪可以免疫，但卻妨礙了耶穌人性的教義可以具有踐行拯救功能的意義在內。毫不稀奇的是，馬利亞逐漸取代耶穌而成了人敬拜的焦點。結果是她的兒子被置換成一可怕的審判官，而卻可向兒子的母親懇求恩慈，這明顯地與聖經的宣稱矛盾：祂是那位在〔聖〕父面前代表我們的。反之，我們必須注意這教義的第二種作用，就是表明耶穌的人性較平常所容許的方式更徹底地與我們的人性有其連續性。這一點可以從反對另一扭曲的看法而得以了解。這是在近幾個世紀的新教神學中找到的扭曲看法，當中 100
童女生耶穌的教義已經調度成用來神蹟地證明祂的神性。然而，這教義必須至少——若不是更多地——關注耶穌的人性，一如關注祂的神性那樣。

為了表示怎麼可能達到這目標，讓我們從闡述所謂的道成肉身這教義來開始吧。我們已經看過精確的宣稱：道成了肉身（the Word became flesh），因此我們可以借著保羅與此平行的肯斷來擴展其意義：「及至時候滿足，上帝就差遣祂的兒子，為女子所生，且生在律法以下……」（加四 4）。我們在這裏必須強調文本當中所著重的事實，乃是上帝在時間裏並透過時間來實現其目的（in and through time）。這裏有兩點評語。首先是，雖然保羅沒有指向任何在這從上帝奧祕地差來的事件之外的奧祕，但是他也沒有——跟其他新約作者一樣——把耶穌的出生歸因於一個人類父親的作為。我們不能把太多東西讀進這經文，但如果事實上耶穌是由童女所生，那就不過是強化「及至時候滿足」所要講的。更新受造物只能始於上帝新的及神蹟的行動，這就是讓我們的人性更新，我們的人性早已經是陳舊污穢了。如果巴特（Karl Barth）對這一點所作的評語是真的，那也可以接受。巴特的看法是在這童女生子的事件中，上帝不需要男性，男性傾向以為一切都要倚賴他主動的行動方能成事。[3] 但在耶穌的成長及出生中，上帝開展了只有祂才能作出的行動，特別是在事情既定的情景底下。

從保羅的「生在律法之下」生起第二個評語，而這必定包含至少一個指涉，就是在身體中和在社會中的生命其整個的情景。這孩子生而為以色列人，這民族背負著墮落的人類生命的應許與重擔。在社會中的位格生命（personal life）需要一個身體，而這也是隱含的，因此「為女子所生」正正就是其所說的，耶穌的肉身包含著物質這一事實乃是一個示例，表明一切生命都是出自泥土的。因此，耶穌的生命像每一個人的生命，都是獨特的，而這樣的意思必然涉及一個特殊的基因——在耶穌的情況中則是**猶太人**的基因——遺傳。耶穌的身體不是預先造好的圓滿肉身，從天而降，從而避免了涉入罪與邪惡的混亂之中。事實上，祂「從天上」（from heaven）來到，但祂來到這個祂要拯救的墮落世界的方式，只能是完全在物質的世界中具體
101 化（embodiment）其自己。只有這樣我們才能討論這裏所提出的主

要問題：如果耶穌的身體事實上並非由毫無沾污的物質，而是由確定是沾污的物質所構成，這物質與我們的物質是同樣的，那麼祂分有人類的境況包含了甚麼在內？祂是否像我們一樣，會有犯罪的傾向（liable to sin）？

有兩節經文可以幫助我們勾劃出一個答案。羅馬書八章 3 節，保羅說，上帝差派祂的兒子，「成為罪身的形狀」（in the likeness of sinful flesh），和哥林多後書五章 21 節：「上帝使那無罪的，替我們成為罪」。這兩個表達都涉及耶穌參與人類墮落的境況，若果參照其上下文，看來是指向耶穌的出生、生活，以及罪的結局：死亡。罪身的「形狀」（likeness）也可以對日後的信經表達：「在凡事上與我們一樣，只是沒有罪」作出同樣的解釋。無論如何，完全的參與人類的境況是明顯地被肯定的。祂不單只完全是人，並且在某些方面也分有我們墮落的境況。這情況就像福音書所描繪的某位人物，祂的生命與腐敗的社羣秩序的生命連結起來，祂的行動使得腐敗的境況惡化，一如祂所醫治的。

這本書從開始就要辯說，要掌握上帝在世界中的多重行動的形貌，一種三一式中介的神學是不可少的。關於第一隻「上帝之手」——常常指的是三一中的第二位格——我們必須重申祂是上帝**內在**於世界結構之中參與的核心。如我們所見，這參與在耶穌的出生到了高峯：「及至時候滿足」（加四 4）。但是沒有上帝另一隻手其同等及同時的活動，在一位上帝的單一行動之中出現，我們既不了解上帝在世界的普遍行動，也不明白上帝特別在耶穌裏參與世界這一事件的意義。我們必須現在稍停片刻，好勾劃某些將要在最後一章講到上帝論時要進一步演繹的東西。因為〔聖〕子和〔聖〕靈都是父上帝的行動，基督教神學差不多從開始時就辯說祂們也是內在於上帝的永恆存有之中的。上帝在祂與世界的關係之中是怎麼樣的，在祂永恆的存有之中也是怎麼樣的，因為在上帝之所是及祂的所為之間並沒有任何縫隙，不像上帝與墮落受造物之間的情況那樣子。因為〔聖〕父的行動是透過〔聖〕子和〔聖〕靈，所以〔聖〕子和〔聖〕靈相應地是內在於上帝永恆的存有之中。跟著的是，在上帝內在的存有之中〔聖〕子跟〔聖〕父的關係，是透過〔聖〕靈的某種方式而得以成就的。我們可以說，〔聖〕子是藉著〔聖〕靈實現及圓滿終成〔聖〕子跟〔聖〕父之間的愛而得以成為〔聖〕子的。只有這樣，三位才真的是合一的上帝（one God）。

102 如果我們把這看法應用到我們那特殊的個案，我們將看到〔聖〕靈在時間中所作的，乃是祂在上帝的存有之中永恆地作出的。在馬太但尤其是路加所記載耶穌出生的故事之中，明顯地表達〔聖〕靈的中介行動。正是父上帝藉著〔聖〕靈的能力，在馬利亞的肚腹中為祂的兒子塑造了一個身體，使得**這**人類肉身的樣式成為原初被造時的情況，但又有別於一切其他受造的個人與事物。這裏有兩個特徵要同時在張力中被持守。首先是，讓我們重覆一次，耶穌身體的物質是來自我們及其他受造活物被建構起來所共有的材料。道成為**肉身**（flesh）。正是在這角度底下，艾雲（Edward Irving）使用了讓人誤解的語言並且付出代價，講及基督的「有罪」（sinful）或「墮落」（fallen）的肉身。[4] 因為犯罪和墮落的是人而不是肉身，或許如下的說法可以把論點講得更完全充分：〔聖〕靈用來建造〔聖〕子的身體的物質跟構成其他人類個體的是同樣的敗壞物質。在早前的篇章中我們注意到希伯來文的肉身指的是「軟弱和貧困的人」，救主所披載（assumes）的正是這種肉身。約翰說：「道成了肉身」，他或許正是說出了這一重要的觀點。耶穌，一如所有人類那樣，需要神聖支撐承托和指引的人，祂在肉身上分擔著一切的軟弱和需要。然而，第二點是，〔聖〕靈的行動是更新的行動，因此使得那為長年累月積聚的敗壞所標記的進程，終成圓滿起來。世界的重新創造於是開始了，但卻首先只以更新一個墮落了的生命作為代表的樣本。〔聖〕靈是使拿撒勒的耶穌成為祂所是的特殊的人的那一位。因此我們來到耶穌出生之後的生命。

## ・§21 死亡與國度・

當我們開始要說到生命的時候，必須不惜一切避免講及一種無須努力，可以免去一切人類生命那種為掙扎求存所標記的生命。反之我們必須認識到，耶穌的整個生命都背負著十字架。再次有兩點
要提出。首先是涉及對如下問題的回答：這人如何可以仍然是路德 103
（Martin Luther）所講的「恰當的人」（proper man）：完全的人（fully human），但仍然是真的活在上帝為一切男人與女人所設定的命途之中。而答案是：透過〔聖〕靈，〔聖〕子與差遣祂的〔聖〕父維繫在一個恰當的關係之中。我們應該小心如下的看法：耶穌是被造、祂的「神性」（divine nature）以某種方式擺佈。祂**曾是**（was）道，但道成了真正和完全的人，子上帝自我倒空而進入肉身的境況，但仍然完全是祂自己。因此我們得出結論，藉著〔聖〕靈的能力成肉身的道仍然忠於〔聖〕父，而同時為真正的「軟弱和貧困的人」。

第二點同樣是對一個問題的答案：耶穌在這種情況之中與其他人成為一體所分有的是甚麼？而答案是：祂透過時間及藉著〔聖〕靈的引領活出祂那作為人的呼召。希伯來書對這兩重的關係的奧祕作出了具主導性的闡述。作者說耶穌在一切事情上像我們那樣，只是沒有罪（來二 17，四 15），而「他雖然為兒子，還是因所受的苦難學了順從。他既得以完全，就為凡順從他的人成了永遠得救的根源」（來五 8～9；注意作者把耶穌的順服與門徒的順服平行地論述）。這看來是把看法收窄至那奇怪的宣稱：耶穌在祂的受難和十字架上成為完全，但應當注意到希臘文所翻譯的「受苦」（suffering）一詞的較為廣闊的意義，這會得出一較為寬闊的角度。如果把「受苦」翻成「在祂身上所發生的」——即祂在整個職事中所背負的十字架——那麼我們會明白到，當〔聖〕靈讓祂順服父上帝之時，耶穌的人性是在其整個生命過程中被圓成的。因此，一個叫人滿意的耶穌人性的述說，必須注意到祂那特殊的人的事業其起始、延續和結束。

我們可以從路加認為值得我們聆聽的耶穌童年片段開始。根據這位傳福音者路加來看，耶穌即使是因著其識見而叫有學識的博學之士稀奇，但祂後來還是「順從他們〔引按：指祂的父母〕…… 耶穌的智慧和身量，並上帝和人喜愛他的心，都一齊增長。」（路二51～52）福音書對那位同時與上帝與祂自己子民活在一種特殊的關係作過廣泛記載，這是其中呈現的一部分。整個敘事向我們表明一個被〔聖〕靈引領的人，而我們在所有福音書都記載的片段：耶穌被施洗／浸約翰施洗／浸，得悉很多這種引領的面貌。施洗／浸約翰宣告
104 上帝對不順服的以色列的審判，而正當耶穌接受這一審判之時，我們讀到〔聖〕靈降臨在祂身上（太三 13～17）。這就是說，耶穌接受與在審判底下的子民連成一體，乃讓〔聖〕靈這位〔聖〕父所使用而讓耶穌在母腹中形成其身體的，可以完全位格性地臨在（personally present）耶穌身上。

這受洗／浸、呼召及恩臨只有在稍為停留下來，以勾劃出兩個焦點方才可以明白。這兩點各以不同的方式而為終末論的，藉此耶穌這一不平凡的生命因而可以被窺見。首先是死亡。過去已經注意到受難的敘事在福音書對耶穌的呈現中扮演一個突出的地位。從最初開始，正如在出生敘事中已經顯示的，耶穌因著政治的圖謀而步向死亡，但這也是出於神聖的旨意與准許。在墮落的世界之中，死亡是人與上帝的審判相遇的地方。死亡之後，不是或者不只是上帝對人類邪惡的神聖審判，而是死亡自身是一種敗壞的審判形式，這就是為甚麼保羅認為死亡是必定要毀滅的最後敵人（林前十五 26）。死亡阻礙上帝為受造物定下的目的，故此是要被克勝的終極敵人，而耶穌就打開雙眼走進這死亡之中。

第二個焦點正正與第一個焦點相一致。在近幾個世紀已經十分強調的，就是對上帝國度的宣講，乃是耶穌的言與行的中心所在。至少從十七世紀開始，國度的終末性格已經備受爭議，因為很清楚，福音書的教導——在某些意義來說——就是在耶穌身上天國已經——根

據不同的解釋有不同的程度——臨近、期盼、開展或實現。至少對我來說，這看來首先指向上帝對受造物的管治的入侵，而其次則是國度概念的核心性，在耶穌的教訓與活動中要求這入侵有兩種特徵。首先是耶穌在祂的言說與行動中重建上帝管治祂的受造物的主權，這是面對受造物曾經拒絕並繼續拒絕上帝的主權這一事實而實踐的。第二是耶穌所發出的終末音調。在上帝的適當時間與適當進程中，這裏所再次肯定的將會完成。創造的企劃再次為其原初的中介者藉著成為人而擔負起來。我們帶著這兩個重點就要勾劃出敍事的模樣。

耶穌受洗／浸的後果可以通過這雙重焦點——死亡和國度——來了解。因為祂住在死亡的世界之中，祂的生命不是自動成為聖人，取而代之的是，祂被試探不再成為祂被呼召所要成為的那一位，沒有這其中一個場景我們不可能開始認識祂。福音書作者引用以賽亞先知 105
所講的上帝的話語，來解釋耶穌的受洗／浸：「你是我的愛子，我喜悅你」（可一 11，參賽四十二 1），這話語向那位自願把自己屈身於施洗／浸約翰那先知的和終末的審判底下的耶穌，宣告其兒子的身分。當耶穌聽到這宣告時，〔聖〕靈**催促**（drove）祂——這是其中一個記載（可一 12），可能包含著強迫的語調，要祂到沙漠去受試探。沙漠是以色列在歷史中受試煉的地方。對希伯來書的作者來說，耶穌的試探非常重要，很明顯是祂學習順服的中心所在，因為這試探涉及至少兩個層次，成為真的以色列人是甚麼意思，以及順服上帝而非魔鬼是甚麼意思。總的來說，試探及其後果指明了耶穌被呼召而要活出的兒子身分的意思：祂之為兒子乃在於順服，而不在於亞當式的自我肯定。因為亞當墮落，所以耶穌站起來並走向上帝。這也把耶穌無罪的問題帶出來了。再一次，在傳統中有兩個對立的解釋。第一個解釋可以由一句拉丁文句子所描述 *non potuit peccare*：「祂是**不能**犯罪的」（he was unable to sin）。這表示因為祂是上帝的兒子，也就是說，祂在構造上不能接受魔鬼對祂所作的殿頂下躍、萬國榮華和能力的試探。

這一立場的弱點是它會削弱耶穌完全的人性。難道在試探中沒有露出至少一點兒的線索：人性是以某種方式被神聖者所推動以致祂是自動地免於作出錯誤的舉動？但如果試探是真的，而如果在祂死前一晚那種逃避死亡的試探也是真的——而路加則把這兩者連結起來——然而，難道我們一定不可以逃避這一提問嗎？正如我們所曾看見，在耶穌之中的兩性不是意指互相敵對的原則。祂的行動是上帝的行動，**只**在於這是那位完全的人的行動，而不能說任何可能削弱其人性的東西。然而，第二個傳統所提出的選擇，同樣是有困難的。如果我們說 *potuit non peccare*：「祂是**能夠**不犯罪的」（he was able not to sin），我們會有同樣的難題。一個人，即使是這一位，能否以自己的力量而沒有神聖的恩典底下，成就上帝的旨意？這在墮落後的人類肯定不是普遍的情況，無論我們對人類墮落前的能力作出怎麼樣的假設都沒有幫助。就我們所在的境況而言，我們就是需要強烈的事實：成肉身的道像我們一樣，如果祂仍然要成為信實的人，如果祂要真的成為我們信仰的起首和先鋒，就要得到神聖的幫助。我們是否可能提
106 出第三條公式：「祂是**被加力**不犯罪的」（He was enable not to sin）？這是說被〔聖〕靈、上帝一切終成圓滿行動的中介者所加力。[5]

如果我們採取這一路徑，我們將會明白到耶穌的職事乃是真正以色列人的職事，祂完成祂〔聖〕父的旨意，這是因為〔聖〕靈讓祂**作為兒子**真正地連繫於〔聖〕父，祂是從〔聖〕父而來並且要歸回〔聖〕父那裏去。因此，祂的行動有兩個層次需要被了解。第一個層次是父上帝自己諸行動——恩慈、保守、救贖、寬恕、更新、醫治等行動——的中介性。這耶穌是一位終末的先知，背負沉重的行動去完成、被賦予能力與權柄去行奇事——如潔淨聖殿——結果是依於祂的地位而成就。在這樣的角度下，祂做的每一事情都是上帝的工作，因為祂是上帝永生的兒子但成了人。這不是本章的主要重點，本章是回答那些認為一切都是真正的人的成就這一問題，也就是第二層次的問題。

在耶穌的所作和所教之中，這為〔聖〕靈感動的先知集中自己於律法賜予者、先知、君王、祭司和事實上以色列的智慧教師的工作。這些人的工作全都在祂身上聚集起來。祂對頭三位的工作的繼承可以從閱讀福音書而得到明確的認識：耶穌傳遞律法、上帝與以色列立約的關係和祂對以色列和世界的管治。第四位祭司的身分將在下一節思考。至於第五位智慧教師讓我們可以講論耶穌的人的職事的性格。舉個例子，為教會所採用的比喻其獨特的性格，很明顯在記錄時部分已是如此，這些比喻顯出祂是屬於舊約傳統之中的智慧教師。不單如此，祂是浸淫在創造神學的書卷之中的。如華生（Francis Watson）所顯示，福音書的作者在他們記載耶穌生平、職事和教導之中，引用或指向整個創造的七日故事。[6] 這一點讓我們明白耶穌的教導與行動、在萬有中重建上帝對其世界的管治這等工作的某些整全的性質。如果我們忠於創造神學，創造是為一切事物形成基礎的，我們必須堅持如下的洞見：作為上帝國度的宰相，這人重建上帝對墮落受 107
造物的命令，這不僅是宗教的或靈性的。耶穌醫治有病身體和心靈的行動，顯示出上帝的保守是為了在世界之中的整全的人。這在某些記載關乎耶穌對邪惡於人生命那種解體扭曲的作用所生起的完全憤怒及對當中的受害者的憐憫，十分顯明突出。（有人曾經描述馬可福音中的耶穌像一個脾氣暴躁的信仰醫治者；我們可以説，這是上帝在行動中的烈怒。）在這樣的情況底下，神蹟並非那些魔鬼試探耶穌要祂所作的，而是攻入敵人對人和自然牢固佔據的領域的行動，以期盼預見他們終末的救贖。

路加福音四章提出，耶穌勝過試探的結果是，祂同時能夠説出真理和醫治有病的。因為祂順服，所以祂被賦予權柄。醫治，以及所謂自然的神蹟，證明耶穌對受造世界種種情況模樣具有權柄。在這裏，創造的主來到祂自己的領域來重新宣告祂自己的主權，把一個被捆綁以致解體的失喪世界救贖回來。醫治那些被鬼魔勢力掌控的，見證了更大的捆綁領域，不僅只是心理層面的。要注意的是相平行的情況，就是現代醫療也是尋求不同的化學及心理學方法來醫治精神的疾病（the mentally sick）。同樣地，從整全角度來了解人，我們不需要在如下的診斷之間作出選擇，就說是抑鬱吧，無須在社羣和心理的成因和人腦化學成分不平行之間二選其一。兩者都可以是遠離創造主的病徵，而這只能在神學上才能完全了解。在平靜風浪一事上，耶穌的表現好像是一種驅魔的作為，這是另一種方式表示了人的生命跟其世界是錯綜複雜地交織在一起的，兩者的墮落及醫治只能回到他們創造主的主權底下才能明白（太八 26～27）。然而，如果從這裏往前推進而至一種以政治的或生態的看法，來了解上帝成肉身的兒子的職事，則是錯誤的。基本上耶穌不是一位政治改革家或生態遠像者，而是那宣告及實現上帝和好的行動的一位。一種正確政治的和生態的倫理，只能是這福音的結果，而非其證成或判準，因為世界跟上帝的關係必須主導我們對世界之內的諸種關係的了解。因為耶穌是其所是，而且因為耶穌藉著〔聖〕靈而順服那位，那位就是耶穌要把祂自己一切的行動都指向祂，以祂為指涉——注意耶穌祈禱的取向，特別是在祂職事落在危機之中——耶穌職事的首要目的是呼喚墮落的受造物歸
108 回上帝。與上帝復和是重建世界之中的秩序和自由的條件。

那麼，在甚麼意義下，這是無罪的那位的工作呢？正如經常被問及：耶穌有過「犯罪的衝動」（sinful impulses）嗎？這要看是甚麼意思了。如果為了應酬祂可以敬拜魔鬼這提議——使用墮落世界的武器來獲取權力和影響力——乃是一個犯罪的衝動，那麼祂確曾如此。但問題不在於應酬甚麼，而在於所應酬的是否已經陷入罪所包含的情況：與上帝關係破裂。「在凡事上與我們一樣，只是沒有犯罪」這認信的重點是，帶來救贖的那一位祂自己並不需要救贖，但卻在死亡的領域中以得勝的姿態存活，祂是死亡的征服者。

在結束這部分我們對耶穌人性的討論時，讓我們稍為述及兩件事件，都是頭三卷福音書的作者特別著重以致用來解釋故事的。所記載的故事的轉折點是，耶穌向門徒提問他們以為祂是誰，而彼得其後

的認信：祂是以色列的彌賽亞（太八 27～33 及相平行的經文）。這是轉折點，因為它清楚表明耶穌走向十字架，這十字架早在故事開始時已經蘊含著。耶穌堅持祂的彌賽亞身分包括了受苦與死亡，這是完成受洗／浸和試探的信息，受洗／浸和試探早已指向祂的受苦與死亡。彼得嘗試勸阻耶穌走向耶路撒冷的死亡，這代表了重申魔鬼對耶穌的提議：祂應該做一個有別於被〔聖〕父的〔聖〕靈所引導的上帝的兒子，因為接受這樣的提議將使耶穌不再順服踐行祂獨特的呼召與遠象（vision）。跟著是登山變像這一奇特的片段，代表了上帝同時確證受洗／浸，以及第二次拒絕試探的後果，這拒絕是指責備彼得勸阻這行動所代表的試探。但彼得的罪沒有否證他認信的真理。他是門徒中被賜予先見的視象（advance vision）：救主終末的榮耀，這視象在舊約兩位人物摩西和以利亞的臨在下被給予，後來這視象為耶穌從死人中復活所確實：「這是我的愛子，你們要聽祂。」（可九 7）變像並非通常所認為的一種宗教經驗，而是啟示的事件，顯示了耶穌走向死亡的路程；撇開一切表象，這是一條王者通向榮耀的道路。〔聖〕父在耶穌的受洗／浸中向祂所宣告的：「你是我的愛子，我喜悅你」，現在被確實了並且填滿了內容。那位走向自己死亡的，是上 109
帝永生及所愛的兒子，祂是那位走向拿取自己寶座的王，並且祂的話必然會被聽見。

## · §22 祭司身分的實現 ·

為〔聖〕靈引導的人，被提升所到的地方不是榮耀，而是十字架。或者這樣說，使用約翰福音那漂亮細緻的記載來說，祂是在十字架及通過十字架及其結果而被提升至榮耀那裏去。這是祂拯救工作的一個獨特的地方，因為這個地方把祂之前所走過的一切都聚集起來。順服〔聖〕父的旨意——如果並非時常和普遍如此，但在這個情況中確實如此——引領祂走進死亡。正如我們曾經看見，新約所呈現的死亡乃是上帝的兒子進到時間和歷史這一運動的核心，上帝在當中開展受造物走向其最終救贖的運動。歷史地說，這是耶穌受辱的和政治的顛覆行動的結果。藉著祂那蘊含神聖權柄以及威嚇事物秩序的話語與行動，耶穌自己乃是反動的催化劑，藉此把祂帶往十字架。這是上帝的護佑行動，但正如我們看見的，卻沒有以任何方式終止其為自願性的人的惡行。然而，對我們來說，這事件的確是引發如下的問題：當耶穌走向自己的死亡時，在神學上發生了甚麼事情？

在迦克墩會議之後的好幾個世紀，一個常被爭辯的問題就是，在耶穌的行動之中神聖的與人的意志之間的關係。如果〈迦克墩信經〉是對的，即耶穌基督在存有上是一（one in being），又同時與父上帝及我們一起，難道我們不是被迫要說，祂也同時具有神聖的和人的意志嗎？教會的決定是，祂的確如此，並且有很好的原因。祂必定有神聖的意志，因為要成就的是上帝的意志。但如果祂並非同時具有人的意志，祂就不是自由地行動，因而也不會是真正的人。肯定地，說及在耶穌中有兩個意志是危險的，正如說兩性的情況那樣。對我們來說，用一個相當用膩了的隱喻來講，這看來是精神分裂的（schizophrenic）。但是我們可以在古代教會的決定中確認真理的元素，如果我們回到其所指向的聖經文本，這文本是歷來辯論的中心。在客西馬尼園之中，耶穌祈求祂能離開臨到的死亡，但卻說：「不要從我的意思，只要從你的意思。」（可十四 36）祂祈禱的結果是，祂自由地、**自願地**（willingly）接受祂所相信的〔聖〕父的心意。很清楚，這裏面涉及兩個意志，而其中一個接受另一個意志的決定。可
110 是，這不是說在耶穌**自己裏面**有兩個意志，而是在祂的職事生涯中作工的兩個意志，即祂的意志和祂〔聖〕父的意志。成肉身的道，透過〔聖〕靈及伺候的天使的幫助，接受了〔聖〕父的旨意而走向十字架。〔聖〕父的旨意的成就，是藉著成肉身的〔聖〕子在〔聖〕靈的能力底下所運用的自由的人的意願而得以實現的。我們再次引用富希士（P. T. Forsyth）的看法，他對我們所關注的動態關係有很相近的

表達，他講及藉著在人類反叛的情景之中作出道德的爭戰，從而「再征服」（reconquest）一個轄區，即使這轄區是在祂自己之內的，事實上，這轄區「在權利上已經總是屬於祂的」。[7]

我們需要〔聖〕靈的神學，好能對上述事件及繼後事件有所了解。十字架是順應上帝的保守、以色列和羅馬的政治及耶穌自己的行動的邏輯而來的。這是神聖行動與耶穌的人性決定兩者的滙聚，好堅持面對墮落的政治及宗教勢力。十字架作為耶穌受洗／浸的完成，它代表了祂跟以色列，並終極地與一切落在與其創造主作出自我致命分離的男人與女人，完全地連合起來。十字架是作為審判的死亡的領域。〔聖〕父離棄〔聖〕子於十字架之上，以致祂可以在究極之深處分擔我們的境況。當耶穌離世，祂「交出祂的靈」（gives up his spirit），或是，有可能的是：「交出〔聖〕靈」（the Spirit）。（福音書就此有不同的表達，但卻容許兩種解釋。）兩者都指向同一事情，因為一個喪失其靈的，就是進入上帝缺席的領域，那是死亡的陰間掌權的地方，而在那裏上帝的〔聖〕靈也被挪去。在這裏我們要注意那種意味著上帝在十字架事件一事上是被動的各種表達，正如近來某些草率地講述上帝受苦的言論那樣子。事實上，在父上帝身上的確發生某種受苦，因為祂棄絕、「犧牲」祂的兒子。然而，如果我們進一步認為這是不自願的受苦，那我們就冒犯了非情性教義（the doctrine of impassibility）的真理了，並且冒險地把上帝置於歷史那難以預測的變化之下。耶穌的十字架是上帝的大能與智慧（林前一章至二章），上帝的大能行動，讓祂在祂兒子的位格中進入邪惡的領域以克勝它。藉著〔聖〕父棄絕耶穌，上帝的拯救目的得以完成。[8]

這樣描述十字架，其意義在於它在軟弱人看來是能力的行動 111
（林前一章至二章），可以與敵人匹敵的力量，除此以外別無其他。這宣告的有效性由耶穌從死人中復活來顯明。這也是由〔聖〕父藉著祂的〔聖〕靈來完成的。這是終末的行動，轉化耶穌的身體至一境況，就是受造物在時間終結之時最後全部會被帶領進入的境況。因此這是生命對要來世代的期盼，既不是像拉撒路的甦醒，他醒後還是再死（約十一 1～44），也不是非物質的靈魂離開了物質的身體。簡要來說，這是透過轉化而成的終成圓滿，是始自耶穌成孕以更新這個受造世界的最終完成。復活的耶穌又吃又喝，但也奧祕地超越正常的時間與空間的界限。對這事情作出本質的了解，保羅的看法正中要害，耶穌不是非具體化，而是被提升至一新的形式的具體化（a new form of embodiment）（林前十五 42～53）。正如頭一個從死人中復活，耶穌仍然是一個肉身的人（bodily human），雖然是奧祕的，並且因此而為其他人復活的應許。

我們將在稍後的篇章中討論這應許的含義，但在這裏必須為此建立基礎，這基礎就是復活對耶穌自己的意義。開始時讓我重覆如下的要點：靈上帝是上帝**超越及朝向**（over against and toward，或譯「對立及朝向」）其受造物的秩序的終末行動的中介者。很多經文指出上帝藉著祂的〔聖〕靈的中介行動（the agency of his Spirit）把耶穌從死人中復活，例如羅馬書八章 11 節：「那叫基督耶穌從死裏復活的〔聖靈〕」，以及彼得前書三章 18 節：「按著肉體說，他被治死；按著〔聖〕靈說，他復活了」〔譯按：此處翻譯按英文原書並對《和合本》稍作修改。英文是“He was put to death in the body and made alive by the Spirit”〕。這些引用的經文其要點都被新約談及上帝的能力、榮耀和能量，就是談及〔聖〕靈的方式這一事實所強化。當我們讀到保羅所說的：「〔聖〕靈是叫人活」（林後三 6，譯按：英文為“the Spirit gives life”，《和合本》為「精意是叫人活」，但細字卻作「聖靈」），我們應當記得以西結書中枯骨的偉大視象中那〔聖〕靈復活的行動。然而，有一節經文可以幫助我們總括耶穌生涯的意義，正如我們曾經勾劃出來：「祂被〔聖〕靈稱義，或被確立」（提前三 16，譯按：此處按原書英文翻譯，英文為“He was justified-or vindicated-by the Spirit”）。[9] 這些詞語是在對耶穌從道成肉身到祂被提升到榮耀中的生命的撮要中出現。它們都是故事中的基本部分，因此這些字眼顯示出那位受洗／浸，以致「成就一切的義」
（太三15，譯按：英文為“in order to fulfil all righteousness”），所
作的正正如此。祂現在所「遭受」（suffer）或經歷的，乃是上帝對 112
祂整個生命的意義所作的宣告性確認。這裏的耶穌乃是一位公義的和
真正的人，為終末的〔聖〕靈的行動所確證。

在結束這一段探討耶穌基督人性的教義的光亮旅程之前，我們還要多走一步。耶穌的復活是祂特殊人性的延續，而非廢棄，這可由其升天而得到證明。在思考這事件的含義時，我們必須把來自時空的和氣象學的形象的擔憂置於一旁，某些講述確是埋藏著這些東西。升天這象徵是設計用來顯明事件的奧祕與應許。約翰福音中的耶穌解釋了，祂持續的含義在於祂脱離祂在歷史中臨在的方式。新的時代在於耶穌的缺席，繼而祂終會在榮耀中再來。現在耶穌的含義則由〔聖〕靈所傳遞（約十六 1～16）。我們將在稍後的篇章中討論缺席和臨在的難題。然而，身體的離去（bodily departure）這一點在希伯來書已經道出了：那位已經回到「〔聖〕父右手」的，現在永恆地與普世地成為人來到上帝面前的通道。耶穌的含義由其升天而成為普遍的，但祂仍然如其所是的那樣子而為特殊的一位（particular person）。

重點是這樣子的。我們已經看過，獻祭這意念對人類生命在世界之中被帶領回到與創造主的上帝建立健康的關係其所通過的道路，是核心性的。對希伯來書來説，耶穌是惟一的真正祭司，祂作為祭司，獻上的不是一連串的祭物，而是祂在對上帝的順服及對人的愛之中的整個位格。因此，該書作者的論文是擴展「被〔聖〕靈確立」的説法。耶穌的整個生命表達出祭司對受造物應有的職分，乃是創世記一章 26 至 28 節所勾劃的那種對人的呼召；這是對那些按照上帝形象所造的人的呼召。希伯來書的作者寫道：「只是如今我們還不見萬物都服他〔人〕。惟獨見……耶穌」（來二 8～9），祂的生命和死亡都是祂把自己賜給出來的，同時是**獻給**（to）上帝並且也是**為了**（for）那些按照上帝的形象所造的。祂的整個生命和死亡就是向其

創造主獻上一個受造存在者的榜樣。祂是上帝卻成了人，祂以祭司的方式把愛的創造主與敵對的受造物連結一起。祭司的身分現在成了恆久的和永遠的。在下述的經文中，我們可以注意到〔聖〕靈在所發生的事情中的核心地位：

> 113 若山羊和公牛的血，並母牛犢的灰，灑在不潔的人身上，尚且叫人成聖，身體潔淨，何況基督藉著永遠的靈，將自己無瑕無疵獻給上帝，他的血豈不更能洗淨你們的心，除去你們的死行，使你們事奉那永生上帝嗎？（來九 13～14）

耶穌那同為祭司與祭牲的行動，是為了更新人心——有時是我們那壞到極點的人性的器官——而作的，以致它能夠自由地向上帝獻上它自己。希伯來書的作者沒有想望在這事件之中否定以色列傳統的意義，而是把以色列的傳統完全集中在這一個人身上。這一切的後果就是人對永活的上帝的事奉，而這將是這本書下一部要做的。然而，在這之前，我們先要把好些線索組合起來以完成這部分的討論，也好豐富我們在追隨上帝的創造、保守和救贖行動的道路中所建構的上帝論。

**註釋：**

1. 不單使徒行傳表示女人進到基督徒羣體的領導位置是很自然的，而且當保羅辯論女人在領導崇拜時的角色——在被審視的經文中，他很清楚地預設這一點——達到結論：「然而照主的安排，女也不是無男，男也不是無女。」（林前十一 11）現代的提議要把性別語言從神學中移除，是一個恰當的嘗試，以重建早期基督論的邏輯，只是這並非達至其目的之一條理想途徑。
2. 祂披戴肉身這一事沒有讓祂變成某些跟祂自己不一樣的東西，而是跟祂之前的一樣。祂是被披上這肉身的，而下述的表達：「祂成為」和「祂被造成」，一定不能了解為道被看為是被造的，而是道作為一切萬有的創作者（Framer of all），後來被造而為大祭司，這是藉著穿上一個生出來及被造的身體……。（Athanasius, *Against the Arians*, 2. 8.）

3. Karl Barth, *Church Dogmatics*, translation edited by G. W. Bromiley and T. F. Torrance (Edinburgh: T. & T. Clark, 1957～1975), vol. 1/2, pp.192～194.
4. 見 Colin E. Gunton, *Theology Through the Theologians* (Edinburgh: T. & T. Clark, 1996), chapter 9。
5. 我這說法是借用司美立（Tom Smail）的。
6. Francis Watson, *Text and Truth: Redefining Biblical Theology* (Edinburgh: T. & T. Clark, 1997), pp.237～239.
7. P. T. Forsyth, *The Person and Place of Jesus Christ* (London: Independent Press, 1909), p.308。我是選擇地引用的，免得好像在提出採用一種富希士所解說的虛己論概念。
8. 這在三一上帝的存有之中沒有出現過裂縫，像某些近來講到〔聖〕父的「喪親」所意味的。這是因為這仍然是〔聖〕父、成肉身的〔聖〕子和〔聖〕靈的協力行動。任何提議在上帝的存有和行動之中出現衝突都削弱了這一切。
9. 這裏我是借用 Lyle Dabney, "Justified in the Spirit. Soteriological Reflections on the Resurrection," forthcoming in the *International Journal of Systematic Theology*。

# 114 · §23 第二部結論：子上帝 ·

耶穌的職事生涯是上帝獨特的行動——這是上帝自己——也是一個真正的人的生命；我們有的是一個真正的人的生命，這整個生命都是上帝在世界中的行動。對此我們同時能夠和不能夠明白。能夠，是因為我們能夠在耶穌的職事生涯中看見，上帝那建基於創造論的在世界及向世界的行動，其邏輯已完成了。事實上，雖然基礎是在創造論，我們現在之所以能夠了解這基礎的意義，只在於透過子上帝在肉身中位格性臨在（personal presence）的亮光。不能夠明白，因為這是〔聖〕子成為**完全的**（fully）人，是不可知的上帝，這不可知不能為人的思想所識破，惟有藉著〔聖〕靈的恩賜。這就回到第一章所勾劃的上帝的不可知這概念的兩面。上帝讓祂自己在祂兒子及透過祂的〔聖〕靈而臨在，因而是可知的。但奧祕是，這可知性（knowability）雖然是真實的，卻永不能被解釋或測度。

我們在本書開始時已經看見，子上帝或道是上帝內在於受造的實在（created reality）的結構這種參與的焦點，但卻絲毫無損或危害祂的本質存有。耶穌是上帝永生的兒子，祂向人性的景況倒空自己，成為貧困好叫祂的受造物成為豐足。這是子上帝以身體的形式完全的臨在，但卻沒有**放棄**（abandonment）而是**表達**（expression）〔聖〕子永恆的存有。然而，我們不能以牛頓力學（Newtonian mechanism）的概念解釋這事情，不能視空間與時間是一個容器，而上帝——即管這樣說——把手伸進這容器之中。而是，宇宙要被了解為一個能量的系統，這系統是由三一上帝的能量所生發和維繫的。上帝的能量藉由〔聖〕子的工作而被表現出來於受造秩序之上，〔聖〕
115 子藉著〔聖〕靈因而能夠將其存有集結以致可以成為時間的，但又仍然是永恆的。在這種能動之中，非情的成為有情的、永恆的成為時間的，但仍然是真正的自己。

正如在第一部結束時相關的一節中說到上帝的永恆——祂跟時

間的世界之關係——因此這裏順著秩序講論祂的無限（infinity），因為我們的主題是，上帝進入空間但仍然是無限的。我們已經查看過的行動表明上帝究極地是跟我們的空間性有所分別的，但分別的方式又不是叫祂跟我們的空間完全陌生：「祂到自己的地方來……」。因此，上帝臨在特殊地方的能耐，是基於祂的全在（omnipresence），我們已經在祂的護佑行動之中，看過這種與每一事物的動態關係。富希士（P. T. Forsyth）對這一點講得很好：

> 全在，作為對空間的絕對獨立，意即上帝不由空間所牽制，但卻能夠進到空間的關係之中而不被這些關係所束縛，能夠在限度中存在而沒有失去自由或終止而為上帝 …… 如果創造主不能進到受造物中間內住，祂的無限性就會被空間的一切能力和向度所剝奪 …… 如果無限的上帝是這樣被構成的，祂就不能以一個有限的人那樣的方式來生活，那麼祂就不是無限的，在祂能力的無限之中，仍是有限制的。[1]

在這一歷史的人物中，我們遇見了那在行動中的上帝其無限性與全在。

那麼，子上帝與父上帝如何分別開來？祂像一個人類父親的兒子那樣，位格地（personally）以致「生成地」（genetically）只與〔聖〕父關連起來。傳統說祂是被生的（begotten），不像人的孩子在時間中出生，而是在永恆中被生的，因為〔聖〕父和〔聖〕子之本性同為永恆的和不變的。在這關係中也有相互性（reciprocity）的分兒。〔聖〕子從〔聖〕父衍生其存有，而在這種情況下〔聖〕父也只能以**這個**兒子的父親而為其自己。[2] 在我們所遇見的這一位自我賜予與重修和好的拿撒勒的耶穌這一人物之外，沒有另一位上帝。這樣的想法顯明了這樣的一種玄思神學（speculative theology）的要點，也有助強化富希士的觀點：在歷史中發生的，都根植於上帝那永恆的和 116

無限的存有。子上帝是在世界中行動的上帝，因為祂是上帝存有的永恆構成元素。這對人的生命有很多重要的含義，舉例來說，這可從巴特（Karl Barth）的論點的後果而得見：這一切顯示了像上帝那樣真正謙卑的，才是至高的。[3] 正如我們所見，人的問題是怎樣才能正確地像上帝那樣在世界中生活。子上帝的自我降卑表明貧困和軟弱的，較富有的和有能力的更能在世界之中真正實踐上帝的工作，理由只是因為他們沒有把他們的能力跟上帝的能力混淆起來。特別是〔聖〕子的存有塑造我們對榮耀的了解。如果上帝的榮耀沒有在這個世界的權能中反映出來，而是在耶穌基督的面容中反映出來，那麼我們就回到我們的論點，終末地思考，上帝的榮耀乃是受造物實實在在地服事，亦只有如此受造物才成為真正的自己。服事這位主，並非成為奴隸，而是自由的。

**註釋：**

1. P. T. Forsyth, *The Person and Place of Jesus Christ* (London: Independent Press, 1909), pp.309, 314～315.
2. 在這角度下，〔聖〕子**是**被動的；或者說，更好一點，祂是被動的以致祂可以主動，通過〔聖〕靈，而為〔聖〕父的〔聖〕子，而為那位傳遞〔聖〕父在世界中的創造和救贖的行動的。
3. Karl Barth, *Church Dogmatics*, translation edited by G. W. Bromiley and T. F. Torrance (Edinburgh: T. & T. Clark, 1957～1975), vol. 4/1, pp.190～191.

# 第三部

# 終成因：「並在聖靈裏」

# 第七章

# 基督教羣體與人類社會

## · §24 一些從基督教歷史中學習的教訓 ·



正如我們所見，靈上帝是受造物的終成因（perfecting cause）。父上帝在時間裏及透過時間，透過祂兒子和〔聖〕靈，使得特殊的行動、事件和事物可以發生，陶器的小片可以變成貴重的和付出自己的行動，成為自己，並因而成為對一切事物最終圓成的特殊期盼；父上帝藉此而終成其受造物。在新約之中，很多地方都涉及〔聖〕靈對教會和對特殊的基督徒的工作，這些基督徒在眾多受造物中間是突出的，他們能夠在上帝終成一切之中有分參與。把教會連繫到終成的概念，在現代世界之中很可能引起一陣空洞的笑聲。難道〔聖〕靈不能在這個古舊又看來在歷史中失去誠信的建制以外有更好的工作嗎？在這本盡可能精要地講述教會信仰的作品中，我們不能花太多篇幅為那些應該活出其本性但又沒有的事物作出道歉。然而對於這些東西——至少在西方那裏——如何及為何如此，必須有所談及。

耶穌復活的效果是讓那些曾經跟耶穌直接一起生活的人，相信耶穌那具有普世性（universal）的深遠意義：耶穌的深遠意義從耶路撒冷延伸至地極。耶穌是否想要某些好像教會的東西浮現，其實不得

而知。（路爾士〔Alfred Loisy〕的著名說法是：「耶穌宣告天國，
120 那就是已經來到的教會。」這是一種帶有冷嘲熱諷的說法。）[1] 肯定地，耶穌的焦點是在於呼召以色列成為上帝真正的子民，這是沒有甚麼好懷疑的，而很可能揀選十二門徒這一象徵行動是緣出於此的。然而，復活把事情置於不同的亮光底下，而早期基督徒就在這新建基於福音的普世性的信心底下，出發征服世界。他們把信心、祈禱和聖潔的生活結合起來，有時聯同無情的組織和出眾的知識能力，結果就成就了某些東西。從四世紀開始，教會也藉著不斷抓緊政治權力的統治以達到其目的，無論怎麼說都好，這也不是全是壞事。而現在我們卻全面攻擊昔日教會與羅馬及拜占庭帝國的相安無事。這種和解受到世俗學者的批評，是因為這引致藉著強制力而強迫接受〔基督〕宗教、殺害猶太人、迫害早期的科學家如伽里略（Galileo Galilei）——他是教會自己的虔敬信徒——藉世俗法律處以野蠻的懲罰，以及對穆斯林和其他宗教進行戰爭的迫害。在教會內部也出現愈來愈多的攻擊，認為這是淡化福音，直接跟耶穌自己的行為相衝突：耶穌拒絕使用武力拯救自己脫離死亡。

然而，在這事情之中，引用王爾德（Oscar Wilde）的說話，真理很少是純粹，也永遠不會是簡單的。在量器的另一邊還有許多事情。一方面，西方許多舉世無雙的文化，包括科學、藝術作品和美得難以匹敵的音樂，還沒有算上醫院和教育機構，其起源或多或少都直接來自基督教信仰的影響。另一方面，我們也不能常常說，那些意識到自己是無神論者的政體大規模殺害以百萬計的人民，以及我們那些把個人的、社會的和生態的傷害強加至世界之中的世俗文化，同樣地表明，無論這宗教的傷害怎麼樣，它的排斥拒絕已經產生了可怕的邪惡。然而，撇開這一切，沒有作者應該著手研究教會這題目而不理會歷史對教會的磨練，以及沒有尋求避免把任何人的組織建制理想化，特別是任何意識到自己是基督教的建制。

事情若要推進，現在就要弄清楚其原則。首先的原則帶領我們

回到〔聖〕靈的教義，〔聖〕靈在開始時已經與我們同在的了。在曾 121
經講過的〔聖〕靈的終成及特殊的活動這考量下，我們不應因為發現〔聖〕靈的工作是聚焦於教會而感到驚訝。這並非說——像經常認為的，即使沒有真的如此教導——〔聖〕靈被教會以某種方式被擺佈，以致教會所作的乃是〔聖〕靈所作的。反而是，〔聖〕靈首要的工作是在特殊的人類個體及普遍的人類羣體的生命之中，實現那上帝在基督的十字架所完成的實在。藉著呼召祂的成員離開黑暗進入上帝的光明——這光明在拿撒勒的那人的面上反映出來，〔聖〕靈聚集一羣子民於復活的耶穌的身邊，這些子民的**惟**一被召要作的，乃是讚美那位創造他們的。這「惟一」不應被了解為狹窄的意思。它包含有意識的讚美和著意的敬拜，而這敬拜是要被帶進羣體生活及個體行動的種種形式之中。

第二個原則是關乎從〔聖〕靈呼召中流溢出來的社羣生活的形式。正如我們知道，因為人的生命以社羣形式為其本質，並且因為人活出他們的墮落的地方也是社羣的，因為這一切，那麼重建的地方也是社羣的。以色列常常提醒我們這一點，但也要注意彼此之間重大的差別。教會有別於以色列，在於不能把教會等同於任何單一的民族或政治的實體。如果我們嘗試如此實踐，那麼信仰中的個人的向度與社羣的向度之間的關係，就會不斷地被扭曲。西方歷史中有兩個明顯的危險走向：視教會為民族生活的表達，而結果是狹窄化其普世呼召及責任；以及視教會為一已經給予出來的建制，每個個體只是參加建制而已，卻不是視之為一社羣（society），即其獨特的實在是由在當中的特殊子民來形塑的——這是指其「橫向」的層面。在西方的基督教之中，我們經常在一個學說中看見這兩種扭曲彼此組合結連一起，個人主義與集體主義互相並排。在這樣的佈置下，個體或多或少活在一種與集體的身體隨遇而安的關係之中，這集體的身體經常被等同為教牧（clergy，編按：或「聖職人員」），而不是讓當中的子民聚集在一起而成為一個社羣，讓社羣塑造他們又讓社羣被他們塑造而使社羣成其所是。因此，合理地，教會正確的社羣模式已經成為近代神學的主要關心所在。

第三個原則也是很基本的，如果我們要維繫一個正確的方向。這原則是，升天的教義必須繼續提醒我們，我們關心的是缺席的耶
122 穌，祂在教會及世界中的臨在是基本的難題。教會不能宣稱她自動成為基督的身體，也同樣不能宣稱她擁有〔聖〕靈。復活的主其臨在只在於〔聖〕父的〔聖〕靈，任何建制宣稱要不是在某意義上自動地傳遞——不管怎麼樣——基督的臨在，就是自動地擁有〔聖〕靈，都是陷在顛倒自己的構造的危機之中。在這裏，正如在神學中所常有的，我們遇上兩方面的危險。一方面，我們忽略了上帝的應許：教會被呼召及被加力以特殊的方式在世界中再現祂的愛，這是由耶穌的生涯所塑造的。另一方面，我們忘記了這樣的情況之所以成真，只在於〔聖〕靈的自由賜予。把教會了解為基督的身體，在這角度來看，所引起的傷害一如所引起的好處那麼多，我們將會看見。

這三個原則全都具有終末論的果效。〔聖〕靈的工作是讓事情成真，祂不斷地把人的自由當作神聖的禮物賜給他們，祂把最後日子真正羣體（true community）的期盼實現出來。在這角度看來，教會的錯誤是經常宣稱這些境況太直接地，並且藉著教會自己內在的能力就可以在她的生命和制度（life and institutions）中實現出來，而不是只由主〔聖〕靈透過其恩典及自由的行動，而使得教會在其生命和制度中被預見。被稱為教會歷史的部分不幸故事，其中許多糟透了的災難，都是緣於過度自信地宣稱，現在就完全實現那只在天國中才能圓滿實現的事情，然而，一旦她開始想到她是王國，她就以自己的工作取代〔聖〕靈的工作，而不是把自己真正的本性作為禮物來接受。

撇除這些警告，我們所關心的終末論，無論如何，是指那種正面地對準及解釋一種確實的歷史的及社會的實在。讓我們回顧第三章，這一章我們提到那真正的聖禮實在、那被造的存在者其被造**本身**是指向神聖的，這被造的存在者就是人，是以上帝的形象所造的男人

與女人。然而，我們也看見這受造物就是墮落的中心，這應該像上帝的，卻從其他方面尋找支撐，敬拜受造物而非創造主，因而經歷墮落。這受造物指向自己而非創造主、成為神明而非像上帝。這就是為甚麼新約大部分把上帝的形象局限於耶穌基督身上。祂是那「不能看見之上帝的像，是首生的」（西一 15）。祂從死人中復活——用巴特（Karl Barth）的話來表達——乃是對「〔聖〕父的裁決」[2] 的見證： 123
這裏就是那位公正、真誠和自由的人。對那些要實現上帝的形象和樣式的人來說，現在就在於透過耶穌基督而被帶領進入與上帝和好的關係了。事實上，以保羅的表達來說，是與耶穌基督同一了（being conformed to him）。這起點為我們的基督徒羣體的神學提供怎樣的洞見呢？

## ・　§25 宣講的和聖經的話語　・

成肉身的兒子其生命全部都是活在對上帝的自由倚靠及為〔聖〕靈的加力之中，這種生命是從偶像崇拜及追求私利之中脱離釋放出來，而這種偶像崇拜和追求私利乃是罪及邪惡的根源所在。具體來說，正如我們所看見的，耶穌的生命的形塑，就如以色列的生命，都是通過集中於那些維繫其與上帝的職事而得以成就。在這一基礎上，我們就能夠為教會所屬於的那類社羣制度作出定義。教會是一處地方——活潑的空間——在那裏耶穌的王權、祭司職分和先知工作能夠被挪用，我們也可以説，得以展開啟程。因此，教會是一特殊的社羣存在的方式，由〔聖〕靈所號令，藉著與〔聖〕父的關係而朝向〔聖〕父，並且只活出真正的上帝的形象的生命。

然後，這人那種朝向上帝的生命，如何落實於那以祂的記憶為中心而聚集起來的社羣秩序？早期教會的歷史和其最偉大的使徒的信息都一致地同意：首先是藉著口傳的道，正正就如在此之前的耶穌的信息那樣子。保羅的肯斷：沒有人宣講傳道，福音那會傳開（羅十 14～15），這表明了教會成其所是的途徑。使徒行傳二章講述〔聖〕靈的被賜予，顯示了藉著悔改的傳講，羣體被呼召跟上帝更新關係。[3] 這是訴諸於耶穌的生命、死亡和復活這一敍事，以之為上帝的行動。這宣講成了所謂福音、好消息：上帝在這獨特方式的行動中
124 決定了人的福祉。最初期的傳講——按照記錄，例如在哥林多前書十五章 3 至 8 節——宣告本書第四章所開展的某些主題。可以這樣說，福音事件本身的被傳講，成了把耶穌作為既是上帝又是人的拯救行動所成就的轉移給人的途徑。據此，被宣講的福音在第一次的宣講中就**建立了**（instituted）教會：即是，把她建立成一制度，一個讓人環繞耶穌有秩序地聚集起來的形式；這制度在時間和空間中的形式會改變，但仍是可以讓人得安頓的形式。[4]

保羅和其他對福音的撮要在新約的書信得到擴展延伸，常常以澄清、演繹、應用和辯護福音某些特殊面向而出現。反過來，這些大部分屬於早期的闡述都被那些稱為福音書所支持的，這些福音書滿載的是這位神聖的和人的生命的敍事細節，祂的生命是信靠上帝的焦點。某些早期著作成為了「聖經」，在現在所述的情況中，聖經指的是那些被判斷為適合永遠用於教會崇拜的著作。在本書第一部之中我們說到，聖經是一種文化的人工製品，它的獨特性在於它所講述的，但卻可以在人類無數的文化成品中辨認出來。我們現在開始要更清楚地看看原因，為甚麼這些獨特性要被宣稱，而在眾多原因之中，最核心的，是初期教會視其自己是依賴於聖經來了解福音的。第一代基督徒的聖經是被給予他們的。[5] 以色列的聖經，現在在教會之中稱為「舊約」。保羅說到發生在基督身上的事情時，表示是「照聖經所說」的（林前十五 3～4），他所說的聖經就是舊約。路加在報導耶穌在以馬忤斯的路上所講的說話，撮要地及清楚地表明：「從摩西和眾先知起，**凡**經上所**指著自己的**話都給他們講解明白了。」（路二十四27，粗體字強調為作者所加）這是第一代基督徒惟一擁有的聖經，並且也只有在無數壓力下情況才有所改變，新的著作被接受下

來。這些額外作品其寫成是基於兩個假設，首先是，舊約聖經是了解
耶穌的鑰匙；其次，反過來，祂也是了解舊約聖經意義的鑰匙。透過 125
祂世界被造的那位，並且也是上帝向以色列發出的道，現在已經親身臨到（personally present）世界，以致有必要對古代對祂的見證作出澄清及重新解釋。早期好幾個世紀教會作出決定，確認另一套在舊約之外那被稱為「新約」的作品，是對無數的壓力的回應，其中包括（1）異端；（2）那種在歷史中某一特定空間確定下來的、對上帝獨特的位格性言說，現在已經過時了；以及（3）有需要決定那些作品是合適地指導還在不斷擴張的羣體的崇拜及生活。

因此，在初期某段時間的教會生活中，已經確認正典或量度的竿子好用來衡量羣體的崇拜、生活、信仰和思想。這就是聖經，一本包含兩套書卷。「舊」約之為舊並沒有甚麼低貶的含義，而是對根基的記錄，指到上帝「舊時」的作為：創造世界及預備這個世界讓祂的獨生子在時候滿了就來臨。新約在預定的時間落實了那已經預備要實現的。兩組文件是互相解釋的，其關係正如曾經提過，是可以在「約」（covenant）這詞語的使用中找到的。「約」表示上帝單方面主動地把自己跟那些根據祂的形象和樣式所造的，以特殊的關係形式連繫起來。「舊」約的內容是多重的，跟亞當、挪亞、亞伯拉罕、摩西，並且透過祂〔上帝〕與整個以色列，一起立約。它自己的先知已經應許一個「新」約，因此新約乃是舊約的後果。對耶利米新約的應許作出解說：寫在心中而非石塊上，是希伯來書的論辯核心：耶穌的祭司獻祭即時滿足並超越了舊有秩序的制度（耶三十一 31～34；來八及十章）。保羅和路加對最後晚餐的敍述——下面我們還會再回來討論——清楚指向一個「新」約。正是在晚餐及其後所發生的事情，同時把新約和舊約結合在一起。耶穌是舊約的鑰匙，但也不能沒有舊約就可了解耶穌。這種非對稱的相互性是聖經在雙重性（或譯「二元性」）中統一（the unity in duality）的焦點。

聖經是傳遞福音的必要中介，首先是藉著上帝同時在以色列及耶

穌基督的歷史行動，其次是透過耶穌的升天和缺席。除非道（Word）
126 被這些言語（words）所傳遞，並且對這些言語的解釋又藉著那些福音已被交託給他們的人所傳遞，否則福音是不會被聽聞的。（這並非排除其他溝通的形式，只是其他的形式是次要的。）在這樣的角度下——即依靠一個傳統的過程來傳遞其信仰及實踐的核心給下一代——教會跟任何其他持有信念、教導和行動的羣體並無兩樣，分別在於其所要宣稱及傳遞的內容。福音——要傳遞的消息——是：上帝位格地、定意地及普世性地在耶穌基督身上工作，以回應祂所宣講的故事，好確定地形塑在地上及其後的生命。正是這一宣講建立教會的根基，她的生活也必須由這宣講所決定，因為這宣講簡要地以言語表明了那預備了又活出了的上帝的道：生、死、復活和升天。

## ·　§26 被揀選的羣體　·

因此，我們來到教會的教義。新與舊的不能分割關係，在以色列和教會的神學中這是明顯的，尤如其在聖經的教義那樣子。教會經常以舊約的以色列來被講述，但這並不表示教會超越了以色列，一如經常教導的，但教會卻是擴大了的以色列，包容著外邦人在內，而這正是上帝與亞伯拉罕所立的約的實現完成。這一切都是上帝的行動、禮物、約、應許、寬恕：上帝兒子所賜予的禮物只需要接受。那些接受福音的人，先只是猶太人，但後來因著復活的邏輯在時間中產生其功效，外邦人也成了重新建造的一種以色列人，卻不是取代以色列，而是——保羅痛苦掙扎地思考其中的關係——被呼召對以色列作出活生生的挑戰，要他們成為上帝真正的子民。彼得前書說：「你們是被揀選的族類，是有君尊的祭司，是聖潔的國度，是屬上帝的子民」（彼前二 9），我們應該以這些說話開始，因為這些說話當要在現在的境況中成形，也涉及基督的職分（offices）。

那涉及以色列和教會的呼召的參照提醒我們，只有在非常狹義

上教會才是現代意義下的自願組織。事實上，教會是一個志願的組
織，但只有在下列意義上才是：那些參加的人志願地回應福音的邀 127
請。這意含著從起初，教會與我們生而在或移民而進入的「世界的」秩序之間，就存在差異。使徒行傳顯示有許多人聽了，但又拒絕被邀請成為上帝聖潔子民的成員。這邀請是來自上帝的。正如沒有東西成為其自己不是靠著上帝而成事的，因此重建毀壞的人性只能夠首先是創造主上帝通過祂雙手的作為。像以色列那樣子，教會成為教會只在於神聖的揀選和呼召。我們已經知道上帝對祂的受造物的心意是普世性的：以新約書信有關揀選的祝福的最意味深長的話來說，那就是「使天上、地上、一切所有的都在基督裏面同歸於一」（弗一 3～10）。要達到這一普世的終結，上帝使用特殊的羣體與子民，這是根植於祂的永恆，而又是對一個在空間中及透過時間而建構起來的世界是恰當的。亞伯拉罕和以色列的呼召的中心性，已在本書較早部分強調過，現在這中心性要被擴闊而至教會，無論怎樣，這教會仍然是一羣特殊的子民，他們從整體中被呼召出來，卻又是為了整體的緣故。這就是為甚麼猶太人與外邦人的和好，在同一個羣體之中崇拜和生活，對以弗所書作者來說乃是救恩的標記，甚至就是拯救本身。

這樣的揀選論（doctrine of election）跟我們歷史中流行的講法有很大的差別。歷史中的揀選論常被稱為預定論（predestination），其常起的作用是，首先，收窄而非擴闊上帝的心意，第二，收回人的自由而非給予。正如在第四章所報告的，經常有一趨勢視預定論為上帝的設計，要想限制小數的靈魂到天堂而把其餘的交付給垃圾堆。聖經的揀選論較這一看法更為此世的。亞伯拉罕被揀選為萬族帶來祝福，以色列成為他們的光，耶利米成為上帝向以色列話語出口的器具，例子可以數之不盡。對於新約，這些呼召在耶穌和教會的揀選身上並沒有被廢除而是成全。我們已經看見耶穌被揀選成為彌賽亞當中所涉及的，就是在嚴酷壓力底下走向十字架的生命。教會的揀選其焦點是甚麼？

首先是呼召去讚美及崇拜。教會是一個以獨特方式存在於世的社羣，我們可以説，她有獨特的政體（distinctive polity），基本上是以感謝與崇拜來朝向上帝的。正如我們已經看見，這不可以出於狹窄的了解，而是獻出所有生命來感謝和崇拜，以致最好透過討論教
128 會所再現、代表的社羣秩序究屬哪種類，從而解答教會性質這問題。[6]
而這就是下述要講的。教會在世的生活方式是對應以色列在世的方式，但容許某些轉變，這些轉變來自從特殊的民族轉向成為一個包含一切人民在內的羣體。然而，我們看見成為普世的，有許多不同的方法，因此，我們必須再次提出問題：教會的獨特社羣秩序究竟是哪一種類的。是以，教會是獨特的，像以色列那樣被呼召出來而有別於其餘的人類；教會跟以色列也不一樣，她代表所有人民和所有國族，這明顯地是為教會所包含的。再進一步，這包含並不是含糊化的舉動，因為被包含的國族並沒有被要求終止她們作為特殊的人民。所以，一切的特殊性，都匯集在如下的事實之中，這社羣由一種特色所分別出來：如福音信息所宣告的，就是她跟耶穌的關係。

通過耶穌而與上帝建立的關係是由兩個互有分別但彼此連結的文化形式所維繫：言語與行動。肯定地，兩者的分別不是絕對的，撇開我們有時確這樣想。言語是行動的一種形式，聖經中的上帝肯定是如此，祂的言語「決不徒然返回，卻要成就我所喜悦的」（賽五十五11）。事實上，言語可以是欺騙的和滑轉的，且常被用來引誘、欺詐和出賣，但行動也是如此，加略人猶大即以此臭名遠播。但因為耶穌是道，祂同時以特殊的方式言説和行動，那些把教會和祂連繫起來的言語和行動，目的是要想在教會的結構中具體化（embody）耶穌生涯的形式或模様。在這樣的亮光下，教會是一種社羣地存在的模式，其生活是被安排朝向上帝的，藉著由〔聖〕靈行動所引發的言語和行動而成就。因為〔聖〕靈所賜予的是一個敬拜羣體的臨在，這個羣體透過已成肉身的道耶穌而敬拜父上帝，這敬拜當中的關係其核心所包含的，如我們所期盼的，同時是神聖的和人的行動及言語，言語和回

應之間有著複雜的互動——回應特別包括祈禱和音樂——當中真正的人的回應是由〔聖〕靈的行動所引發的。

這一切的要點是甚麼？所有人類社羣都有界限來決定他們接 129
受成員加入的條件。舉例來說，加爾文（John Calvin）持守真正的教會的兩個標記是可被確認的，就是宣講福音和正確施行聖禮（sacraments）。[7] 這些羣體生活朝向及紮穩於耶穌肉身生命的結構之內的途徑。宣講及解釋聖經是先於洗／浸禮和主餐的禮儀，因為若沒有解釋，水的使用和食物與杯的飲用可以意指許多東西，從任何的宗教意義到沒有意義都可以。然而，我們所稱之為聖禮，其不可廢去性是由道成肉身及其結果推演出來的。〔聖〕子參與了受造的秩序，這秩序是祂救贖的愛的對象；〔聖〕子的參與要求更廣闊的語言概念而非簡單的説了就算。因為道成了肉身——祂自己涉足於受造性的結構之內（within the structures of createdness）——教會必須（如果她是真正的教會）在其崇拜中對這一層面給予相應的表達。

對教會崇拜的兩個必不可廢棄的特色，習慣的撮要是視之為話語與聖禮，但後者是帶有困難的一個詞語，部分原因是，它是一個在歷史上充滿爭議的術語，曾經深深地分裂教會及影響其生活。難題底下的核心可以在傳統對聖禮的定義中發現：聖禮是內在的及屬靈的恩典的外在和可見的記號。當中隱含的是內在與外在的二元論。一方面，這鼓勵擴闊算為聖禮的數目，結果是有力地稀釋那可被稱為福音的聖禮（這是一個想要的較佳表達）——洗／浸和主餐——的重要性。聖禮數目的增加，原來的兩個（後來從宗教改革重新確定）增加至中世紀時期的七個聖禮，因而稀釋了洗／浸和主餐的意義，也就低貶了這兩個聖禮。[8] 另一方面，二元論也傾向引致遠離外在的和物質的向度，這一向度所指涉的首先就不是**內在於**（within）信徒生命之中的某些東西，而是具體的物質及歷史實在。耶穌的生和死不是某些
不可見的事物的外在記號，卻是讓不可見的變成可見的。上帝的行動 130
不單是內在的並且也是外在的。

耶穌在祂的言語和行動之中，特別是祂透過祂的一生和藉著永恆的〔聖〕靈，獻上了完全的崇拜及對父上帝的順服，祂實現了創世記一章的使命：作為上帝在地上的代表，管理受造物。因此祂是惟一的聖禮，這在於「聖禮」指的是一受造的實在，這實在毫不含糊地也是上帝在世界中的臨在與行動。我們稱之為聖禮的事物，是以，若真稱得上是聖禮，則在於這些事物嚴格地是從下列的情況底下生發出來的：一種確定的言說和行動形式，為我們帶來又把我們堅立於那種透過耶穌而與上帝所建立的關係。這樣說的後果自然是，宗教改革家建基於奧古斯丁（Augustine）的教導是正確的，就是「聖禮」作為可見的話語，在於耶穌是話語，以及這話語被要求把耶穌闡釋出來。因此，禮儀的基礎要在兩個因素中尋找：耶穌的歷史的和時間的生涯，特別是在祂的死亡中達至的高峯和危機；以及上帝祂那在世的子民的生命，他們最終是倚靠耶穌的具體化的生命的。他們之所以是他們，是因為他們直接地是上帝聖潔子民的成員。在第八章我們再會回到洗／浸禮，這裏我將集中討論主餐，特別是其中所涉及的複雜性，就是耶穌過去在世界中的臨在、現在的缺席與將來的回來這三者之間的關係。保羅的哥林多前書裏面的某些面向將成為我們的指引，因為在當中主餐的神學的、道成肉身的、禮儀的、社羣的和倫理的向度，緊密地彼此隸屬交織在一起。

這封信件由如下的問題所主導：一個年青的基督教會眾羣體的成員，如何一起生活和如何活在世界之中。形塑保羅這信件的假設，乃是基督信徒在許多其他人中間生活的方式，是具體化地展示其與上帝和「神明」之間的不同關係。舉例來說，他辯論說，在異教廟宇中享用飲食，看來無傷大雅，因為他們所事奉的神明並不真的存在，然而這卻冒著向那些引誘人的生命遠離忠於基督的勢力低頭。[9] 與偶像同吃就是加入了一個與以色列的上帝爭競的社羣的和政治的場域，這
131 是與敵同眠。同樣的實踐也適用到那些求助於異教法庭來處理教會成員的紛爭。教會跟其所處的世界之中的其他社羣秩序的形式是不同

的。教會是聖潔的，其聖潔的方式是類比於上帝聖潔的方式。教會像上帝那樣，是不一樣的。這並不意含著教會不會參與世界，也沒有提出「另類」的政治秩序以拒絕整個舊有的。基督徒仍然是哥林多的公民，以及羅馬帝國的子民。然而，對某些形式的活動默許，舉例來說，默許向皇帝獻祭，猶如向一位神聖者獻祭，這是後期帝國對某些基督徒的要求，但這卻要被否定，因為這顛倒了更高的和更基本的忠心。據此，教會是一種**內在於**（within）更廣闊的社羣和政治的世界之中的生活方式，此後，**一旦**宗教的、社羣的、政治的和法律的建制要求獲得絕對的獻身，教會就會反對。

除了這個對信仰羣體的忠誠的關注外，還有的就是組成這個羣體的特殊的人羣，正如我們所見的，人羣不能抽離他們的身體，身體的使用也反映出（字面地說：具體化）終極的和其他的忠誠。因為這個身體被應許以復活，所以在和與（in and with）這身體所做的都十分重要。我們人是藉由及透過（by and through）身體這向度來跟其他人及世界交往關連。我們在身體及與這身體（in and with the body）所做的形成和預告我們之所將是。正是在這脈絡下保羅總結十誡，那是上帝聖民的憲章，這總結有其重要性（林前六 9～10，比較提前一 8～11）。像在忠誠有異的處境中分享祭物那樣子，不恰當或姦淫的性聯合的方式取代了與基督的聯合，而後者正是教會生活的根基。保羅這樣說的理由全然是積極的。沒有悔改的罪人的實踐會敗壞羣體——舉例來說：亂倫——必須，至少暫時，要被逐出羣體的生活，這同時是為著這個羣體和這些罪人的好處的緣故。然而，建議逐出羣體只是針對這個個案，主要關注的是關係的形塑，這是來自那些已被福音釋放的人的自由。可見的後果是正確地在社羣的層面具體化福音。

到了現在我們終於準備好回到聖禮的問題上，或者至少回到主要涉及教會成員在時間中的實踐。我們並不想把最後晚餐道德化，但必須堅持兩個焦點：與上帝正確的關係和與具體化的人之間的正確關係，這兩者都是保羅討論的核心。保羅所描述的主餐是一件社羣事 132

件，因為是人一起做某些事情。主餐的正當秩序被貪婪、遲鈍和引進在耶穌基督裏的新秩序所不容許的外邊世界的社羣分門結黨，瓦解分裂了。保羅確定這失敗跟獻上餅和酒時所發生的沒有任何關係——這完全是一種時代錯誤的考慮（anachronistic consideration）——有關係的是在和與（in and with）崇拜羣體中所發生的事情。主餐墮落在於羣體的成員沒有採取正當的態度對待上帝在基督裏的救贖行動，特別是祂的死，視之為藉由道和〔聖〕靈而在羣體的生活中被傳遞的。

這討論有兩端，驟眼看來兩者之間並非那麼對立的。第一端把信仰羣體差不多等同於基督自己，這清楚表示那些「在基督裏」的，因著他們是透過基督而被帶到父上帝那裏去，所以在真實的但又是隱喻的意義上，他們是祂的身體。[10] 然而，這並非表示身體只是一個隱喻，其所宣稱的不是真的。因為教會是基督的身體，這是一種獨特的在世的方式，其形式可被了解為具有多種不一樣的向度，全都可豐富一種社羣的神學。在哥林多前書十二章 12 至 27 節，保羅關心的是一個有機統一體（organic unity）所被要求的多重作用，而羅馬書十二章 4 至 5 節所關心的則是基督徒的彼此依靠；歌羅西書一章 18 節關心的是基督徒共同倚賴他們的頭，而歌羅西書一章 24 節則關心基督的生命和品格的延伸。[11] 這些段落的某些面向，特別是基督作為身體的頭這個意念，帶領我們來到這個題目的第二端。對那些把身體差不多等同於基督的來說，同樣有著同等的強力要求把基督從教會的成員分別出來，以及把教會中的成員彼此分別出來。在哥林多前書十二章，保羅關心的是基督徒**在和透過**（in and through）他們各種恩賜和恩典而與基督為一（oneness）。我們發現這全是一種筆調，要表明教會成員之所是，以及他們彼此的對待，同時是他們在上帝面前
133 和在基督裏生活的方式。正如在基督位格的教義中，神聖的和人的行動這兩者的層次只是緊密相繫的，只能在兩者的層次上來了解其在張力中仍然保持的關係。

肯定地，前者的層次，即神聖的行動決定後者：「你們不是自

己的人，因為你們是重價買來的。」（林前六 19～20）哥林多人與上帝的關係，以及彼此之間的關係，首先是由那宣講十字架為拯救的能力來決定的（林前一至二章），其次的才是由此而來的生活形式，這生活形式具體化那十字架的拯救。在這樣亮光下，我們才能了解保羅對主餐的處理，這主餐**在某一角度來說**是在基督缺席底下來舉行的。「記念祂，直等到他來」（林前十一 24～26，譯按：英文為“In memory of him, until he comes”）意味祂不在那裏，因而是真正的缺席。[12] 據此，把教會跟升天了的和身體缺席的主帶進真正的關係，是藉由〔聖〕靈的關鍵行動，把祂在終結那邊的臨在傳遞給教會。吃餅飲杯在宣講十字架和期盼復活的脈絡中，把會眾置於一與上帝有益的關係中，以致不含引入那種否定與基督為一的行事方式，導致敗壞的關係。問題不在於理論上不相信餅與酒是基督的身體與血，而是他們彼此相待的行為（「這個飢餓，那個酒醉」〔林前十一 21〕）。保羅用來描述事件的詞語，其意思必須在這一脈絡底下來了解。當「身體」（「這是我的身體」）指的同時是餅和羣體，這羣體是基督的身體，而「杯」（注意，不是「酒」）明顯地指的是基督在審判下的死亡。正如身體同時指羣體和餅，杯指的是十字架帶來（作為潔淨）的審判。潔淨的審判轉為作為死亡的審判，這是由於羣體內的誤用，當中自己沒有和好。那些吃和喝的（無論以甚麼方式都好，總是有意地冒犯得罪了），其實是吃和喝臨在他們身上的審判（*krima*）。注意保羅在下述經文如何使用詞語的不同意思，這些意思是從「審判」的字根意思衍生出來的，在翻譯中不是常常可以看到。

> 因此，在你們中間有好些軟弱的與患病的，睡〔譯按：《和合
> 本》譯作「死」〕的也不少。我們若是先審判〔die*krin*omen，
> 譯按：《和合本》譯作「分辨」；斜體為原書所有，下同〕自
> 己，就不至於受審〔e*krin*ometha〕。我們受審〔*krin*omenoi〕 134
> 的時候，乃是被主懲治〔paideuometha〕，免得我們和世人

> 一同定罪〔kata*krith*ômen〕。（林前十一 30～32，譯按：原經文出處標示為「林前十一 29～32」）

接受這有益的審判，包含了把我們自己跟基督在審判底下的死亡認同，乃是同一件事而已；作為獨一〔聖〕父的兒女，這是接受敬虔的操練。對呼召的反覆無常，帶來的是定罪的危險。

據此，主餐乃是一種讓羣體的成員把自己根植於一種有意識地朝向基督贖罪的死亡的行動之中的禮儀，這種禮儀的實踐，釋放我們對上帝的讚美，以及讓我們在羣體的生活方式中活出這種讚美。總的來說，餅和酒同時代表子上帝肉身地成人（bodily incarnation）及承載其對整個受造物的含義。正如我們所見，主餐的慶典是由之前對耶穌拯救的死亡的宣講所承託的，同樣地，它也由之後的同一位耶穌回來圓滿終成一切事物這舉動所承託起來。我們藉著探討主餐的終末向度——「直等到他來」——從而擴展我們對子上帝道成肉身的含義的了解。首先，被揀選的羣體一起吃和喝，預告終末真正的人類社羣，而這在終末筵席的形象得到表達，在當中所有上帝的兒女將會跟祂和好並且彼此和好。這就是說，在上帝底下的普世人類團契，由會眾的共同吃喝具代表性地被預期。同樣地，第二點，更為廣闊的受造世界在當中也具代表性地被包含在內，因為餅和酒，正如在主餐中的祈禱所蘊含的，同時是地上的水果和人類的製成品。猶如耶穌的身體是由地上的塵土所形成的，所以這些物質的受造物成為整個受造世界被收納的途徑，藉著預告的期盼，進入對創造主的讚美之內。正是在這裏我們發現這基礎不單只是羣體倫理的，並且也是生態倫理的（ecological ethic），這沒有否定有需要積極干預自然的結構（引用一個熟悉的禱文：「那是人手所造的」），而是預設這只會是為了上帝的榮耀和受造物——特別是人類這受造物——的好處而發生的。這就帶領我們進到教會在世界的位置——世界是教會之所在，以下作出一些簡要的討論。

## · §27 教會與社會的秩序 · 135

教會在世界之中的獨特方式，就如其內在的生命，是衍生自子上帝在拿撒勒的耶穌身上的具體化和祂藉著〔聖〕靈在祂子民的生活中的參與。正如耶穌是不可見的上帝，但為了世界的緣故，成了可見的上帝，因此教會被呼召並且不斷地被加力、透過其在世上核心之處的可見社會結構，從而表達其跟耶穌的關係。這要求我們拒絕以深掘戰壕的方式來思考教會。官方基督教（official Christianity）的時代，假設社會中的所有成員都是基督徒，因此後來發展出不可見的教會的教義，以便把「真正的」基督徒從所謂的虛假基督徒分別出來。教會是信徒與食客（hangers-on）的「混合」體，真信徒跟其餘的有所分別，而為只有上帝才認識的「不可見的教會」。這嚴重地影響教會對其使命和被差遣的看法。「使命」（mission）有效地消失了，或是——較為近代——應用在文化上而非基督徒身上，或是以復興的方式出現，使失落的被召回羊羣之中。我們可以說——這絕不是想要否定後兩者的重要性——這就把教會的使命狹窄化了，而廣義來說，教會的使命是為了世界的緣故又代表世界（for and on behalf of the world）而被差遣成其所是及行其所行，正如以色列和耶穌基督的被差遣。正如耶穌來是要拯救朽壞的世界，所以教會的使命是要宣講及具體化祂的死亡和復活對整個世界領域的生命所具有的深遠含義。

是以，我們回到教會可見的社羣結構一事之上。教會的可見性就如其他人類的建制，其所具有的結構在許多方面都像人類其他建制的結構，都是受制於社會的和歷史的法則。但教會不同於它們的地方，在於在某些重要的面向具有不同的運作。教會像其他「志願」（voluntary）的組織，是自由參與的，但跟它們不同，在於把參與歸於靈上帝的工作，和把自己的生命導向崇拜及學習愛的方式，而不是，譬如說，生產音樂或一起吃喝，雖然做這些事情都是可以的。教會也好像龐大的社會秩序，是其中一部分，有分貢獻人類的福祉，但卻跟社會秩序不一樣，全在於教會怎樣了解被給予的福祉，以及達到福祉的途徑。

舉一個例子，以便顯明和發展這一點。所有公民社會都是使用
136 強制及施行刑罰來維繫秩序，而刑罰通常是暴力的刑罰，這些刑罰都是施於那些看來是威脅危害社會的，雖然教會經常與世俗權力共謀而使用強制權力，[13] 但現在差不多普遍同意這是神學地——也因此是道德地——不可容忍的。教會把那些被判定為透過錯誤教導或違反神聖律法而顛覆教會的，驅逐離開教會這個社羣，也許是對的——如果肯定地他們真的是這樣子——但也可能沒有超越律法界限。但這是否可以因此而說，因為教會活出，或努力活出一種非強制性的生活，但公民秩序必然地使用強制，所以教會應該拒絕公民秩序和其一切的強制方式？不一定如此。讓我們考慮一下懲罰的情況，懲罰，正如我們已經看過的，對一切種類的原因都具有神學的意義。

很多人都相信，作為事物秩序的一部分，違反法律應以適當懲罰回報，雖然對於具體特殊的個案，譬如說謀殺或強暴，何謂適當的懲罰有很大不同的意見。大家也差不多都肯定若缺少了司法懲治的系統，社會秩序不可能維持，在這樣的角度下，教會像所有人類的居間羣體，被置於更闊大的整個人類羣體中間，因而她需要更闊大的社羣脈絡，否則她不可能存在。然而，基督教信仰的核心是堅信藉著那義的為那不義的作出「祝福的交換」（blessed exchange），一個新的秩序就成就了。在這新的秩序中，那惡不是藉由進一步的邪惡的施行而得到克服，而是藉著善。因此，這是事情回復秩序的方法，基督徒與其他人的關係，特別是他們彼此之間的關係，要把這樣的報復留給上帝但卻要藉著愛而與敵人和好（經典的聖經是羅馬書十二章 17 至 21 節，注意這段經文引用舊約來支持的）。這裏的社羣〔譯按：即教會羣體〕**被要求**調適其自己生命的方式，是跟世界的方式不一樣的。

當我們意識到被教導的是一個特殊羣體做事的方法，但卻宣告同樣具有普遍的有效性，問題就複雜了。普遍的真理是：邪惡必定只

能被善所勝過。再一次，這是表示教會必定拒絕公民權力，以及其強
制的措施嗎？抑或反過來，我們有必要承認懲罰、暴力的制止是不可
避免的，甚至可能視戰爭為一暫時的使命，但只是暫時的，只在於堅
守要塞。打個譬喻這樣說吧。然而，如果寬恕是改變事情的惟一方 137
法，那就得承認強制的懲罰及相類似的作為，只會導致戰爭，除了在
某些處境底下，至好的不過是維繫平衡，而更多時候卻劇化邪惡。
豈不曾經辯説過第一次世界大戰跟第二次世界大戰在後果上的差別，
是跟勝利者對被征服者採取報復抑或和解的態度有關。下面的也是實
情，一個同時具體化公義的回報和促進悔改及生命的修補，更能使得
懲罰的不斷施行成為不必要。因此，在這一角度底下，教會既會向公
民秩序推薦其所活出的做事方式，但又承認在某——但並非所有——
角度底下是超越公民秩序的能力和資源的。

對教會及社會秩序之所以容許人類境況的複雜性和邪惡的侵佔本質，其論述的基礎是由創造神學來提供的，這創造神學同時解說墮落及救贖的應許。上帝的護佑帶來有秩序的創造這一教義，主張即使社會和政治的秩序傾向被富有的、有能的和自利的人所操控，但仍是在基督裏和藉由〔聖〕靈所維繫的。然而，社會和政治的秩序跟教會不一樣，教會是有意識地把自己的生命朝向那位成為貧弱者的，但世俗秩序卻更多地——雖然不只是這樣子——對上帝的話語掩耳不聽。一種「執政的和掌權的」的神學（theology of the “principalities and powers”）在這裏是必要的。掌權的指的是政治權力獲取自己能力越過並高過那些組成社會秩序的個體行動。這有兩方面。首先，這些掌權者作為事物良好秩序的一部分，對人類的善是必要的，表達了有些時候我們所講的社會契約的一個向度。人類需要結構，他們活在其中來調適自己的生命，而政治秩序在當中就是要幫助滿足這種需要。然而，第二，掌權者又被置定為上帝的敵人——被置定為在殿裏君王的形象（帖後二 4）——像足球的學員，不能控制而失腳。我們已經看見，在上世紀發生在我們世界中的事情有多好。正如啟示錄六章指

出，即使這些勢力——四騎士代表了侵略、反叛、飢荒和瘟疫——都不是在上帝完全護佑的控制之外的，實情是那位被釘十字架的羔羊祂所容許的，祂才是歷史真正的主。

掌權的成為邪惡的有其方式，然而這只是一陣子而已。他們已
138 在十字架上被征服了，因為他們不能把耶穌囚禁在墳墓裏，因此他們的死亡已被烙印封住了。所有的偉大帝國，即使那些稱為基督徒的，想要成為基督徒的，都會隨尼尼微和推羅，走向歷史的垃圾堆。然而，終末地說，他們的日子被數算，也有要完成的使命，卻是由終成的〔聖〕靈不斷加力方才實現。在這一章發展的神學，目的是要顯示〔聖〕靈是那位鑄造共融相交和羣體的，首先是在被揀選的上帝子民中間，然後，有時藉著上帝子民的積極協助，在更廣闊的人類社會秩序中工作。教會和公民秩序的分別是，〔聖〕靈在前者而不是後者之中的工作，是衍生自教會清楚地把自己的生命導向上帝的道，這道是成肉身的又是被宣講出來的。這樣就排除了如下的看法，既非教會未能重視道，也不是〔聖〕靈的行動未能推動公民秩序使之成為應許之所是，而是在後者的情況中，對神聖心意的順服看來是較不可能的。但我們必須堅持人類共同生活的這兩種形式都是上帝的禮物，對我們的人性——一種社羣的人性——是必須的。

〔聖〕靈的行動如何可以被了解為跟特殊的子民——教會是由這些子民所形成的——有關連，將是下一章的責任。只有經過下一章的討論我們才會再次擴闊並進入對〔聖〕靈在整個受造秩序中的工作的了解。

**註釋：**

1. Alfred Loisy, *L'Evangile et L'Eglise* (Paris, 1902), p.153，為贊臣（Robert W.

Jenson）所引，見 Robert W. Jenson, *Systematic Theology*, vol. 2, *The Works of God* (New York and Oxford: Oxford University Press, 1999), p.170。

2. Karl Barth, *Church Dogmatics*, translation edited by G. W. Bromiley and T. F. Torrance (Edinburgh: T. & T. Clark, 1957～1975), vol. 4/1, pp.283～357.
3. 這敍事是高度象徵的，忽略這一面向會引致過度注意其明顯的出神現象（ecstatic phenomena），而非創造一個崇拜、教導、祈禱和生活的羣體，而這才是這敍事的中心。
4. 「制度」（institution）一詞較「我不相信建制的宗教（institutional religion）」中所表達的更為廣闊。上述的表達通常是拒絕接受制度所採取的形式。那些這樣表達的人很多時——雖然不一定常常如此——追求另一些建制的形式（institutional forms），藉以發展他們的宗教性（religiousness）。
5. 即使有情況使得可以宣稱教會在某層面來説是聖經的創造者（the creator of scripture），但這只能用於新約的著作。
6. 對這問題一個另類的進路，是透過對聖經形象（images）的討論，例如教會是基督的身體，這進路不足之處在於其缺乏判準，去判斷為何選擇這一概念而非另一概念（例如基督的新婦或上帝的子民）是更好的和更優先的——相對於其他概念來説。
7. John Calvin, *Institutes of the Christian Religion*, edited by J. T. McNeill, translated and indexed by F. L. Battles (Philadelphia: Westminster Press, 1960), 2 vols., Library of Christian Classics 20 and 21, IV. 1. 7～12.
8. 這也引致聖禮的教制化，聖禮成了教會控制和權力增大的焦點。
9. 至少，這蘊含著容許廟宇的活動，正如近期坎特伯雷大主教（the Archbishop of Canterbury）因著出席一場向中國總理致敬的晚宴所引起的冒犯得罪。
10. 撇除有時候有人辯説教會作為基督的身體這種説法是隱喻的表達；但如果真的按字面來了解，也是可能的，如卡爾特（George Caird）習慣地指出，介定那個會友是指甲、那個是左耳；等等。
11. G. B. Caird, *New Testament Theology*, edited by L. D. Hurst (Oxford: Clarendon Press, 1994), p.205.
12. 見 Richard B. Hays, *First Corinthians* (Louisville, KY: John Knox, 1997), p.199。
13. 或許在一位主教所實施過的眾多最具決定性的政治行動中，乃是當奧古斯丁尋求國家的幫助，強力地制止異端。

# 第八章

# 基督徒生命的模樣

## ・ §28 稱義：唯獨藉信而活 ・



許多書都跟我們談過生與死的表面兩極化。正如我們已經看過，這只是表面的兩極化，因為根據聖經，生與死並不是平等也不是對立的，即使死亡的領域不在祂保守掌管之外，上帝仍是生命的上帝而不是死亡的上帝。我們必須再次把死亡從朽壞分別出來。朽壞簡單地指向這一生命在地上的終結，這是生命的本相，或許是也或許不是祝福。死亡的第二個意思是在一個朝向解體崩裂而非圓滿終成的世界中所經歷的生與死。死亡意指生命離開上帝而活。這是真正的死亡，因為這生命嘗試離開其真正的源頭而維繫其自己。耶穌的死亡是真正的死亡，因為在當中耶穌的生命被交付給那跟上帝分開的領域，因此，復活是勝過死亡，但不在於復活是**恢復**（restoration）生命，而是因為在死亡領域之外因而不受其管轄的生命的禮物。

這在保羅於哥林多前書十五章對復活的意義所作的經典處理中清楚可見。我們會在適當的時候回到復活這個議題，但在這一章這一節之中則首先思考保羅把律法與死亡連繫（「死的毒鈎就是罪，罪的權勢就是律法。」〔林前十五 56〕），這罪使得死亡成為朝向的終

局。罪與死亡的平行連繫，不論這裏或別處，都很容易叫人明白。罪
的意思是跟上帝虛假的關係，因而是活在虛謊之中。用行動的自然結
140 果這類詞彙來說，那些活在虛謊之中的人——他們敬拜受造物而不是
創造主——使得自己需要對自己的死亡負責任，因為他們走出了生命
的領域。然而，罪與律法的連繫，卻不甚清楚。我們需要小心地確定
這裏的意思是甚麼和不是甚麼。表面上很容易明白，因為保羅自己表
明，或許在加拉太書的論據中特別顯明出來，律法對那些觸犯律法的
人，指明死亡的懲罰。但是，這不只是表面的意思，正如教會分裂這
一在歷史中無窮的爭議那樣子，同樣沒完沒了。

我們需要緊記這情況的兩個面向。（1）律法與罪之間的連繫並不包含如下的意思：律法，正因為其為律法，乃是壞的。相反，這是上帝的好禮物：是人和社羣在其中可以建構他們生活的一個架構。再者，作為上帝對在世界中的生活的良好保障，律法是「聖潔、公義、良善的」（羅七 12）。妥拉（Torah）是恩典和啟示。（2）無論如何，妥拉之所以是必要的，只因為罪的出現。這是創世記的教導，而保羅也有類似的講法，這裏就只提兩個重要的權威。因為墮落了的人不再活在他被造時所活在的上帝與人的關係之中，所以需要一個架構來讓人墮落的最壞影響得以避免、預防。律法是良善的，因為它使得在世上的和在上帝底下的生命可以在最小的破壞下延續下去，但律法的界限卻由其所採取的負面方式所顯示：「不可以……」。正如耶穌談及離婚的律法時所說的，只為那些心硬的人（可十 5）。耶利米說，律法要被某些更好的東西所取代，因為律法，正如它所表明的，沒有處理核心的難題，那就是人心。可是，要注意的是，即使在「新約」底下，人心也不會取代律法，而是以不同的形式遵守律法：「我要將我的律法放在他們裏面，寫在他們心上。」（耶三十一 33）律法將是一種人的內在品質，而非外在強加上去的。

在我們理性主義的文化之中，我們傾向視思想為人的本質，舉例來說，就好像經常爭議的：電腦如果能夠思考，它是否就是一個人

呢。這個講法的荒謬性可以從另一爭議而見出：電腦如果能夠愛，那
表示甚麼呢？這至少表示它需要一有機的身體，這是它沒有的也不能
有的。換句話說，它需要一顆心。把心視為較思想更具優先權的好處
是，心是肉身性的（bodily），我們可以說，這讓我們能夠把持多於
一個意思。（我想是維根斯坦〔Lugwig Wittgenstein〕說：當我們以
我們的方式說及心的時候，我們並非僅只是隱喻地說。）我們的存有 141
的精神、情感和身體向度全都可由心來包含，因此我們的心如何，我
們也如何。在這樣的角度來看，我們拯救的故事可由創世記的兩節經
文總括起來：洪水前和洪水後。洪水發生是因為「耶和華見人在地上
罪惡很大，終日所思想的盡都是惡，耶和華就後悔造人在地上，心中
憂傷。」（創六 5～6）然後，洪水之後，挪亞獻上感恩祭之後，上
帝應許：「我不再因人的緣故咒詛地（人從小時心裏懷著惡念），也
不再按著我才行的滅各種的活物了。」（創八 21）

為甚麼律法帶來死亡？這裏有兩個次要的理由，可以帶領我們獲得答案。首先是，律法作為律法，必須懲罰那些違反律法要求的，正如所有法律都是這樣子的。第二是因為男與女都相信他們能夠找到自己的方法歸回上帝那裏，能夠藉著道德的努力奮勇地走上回歸上帝的道路，但他們只不過把難題惡化。在拒絕接受我們的受造性，即我們之為我們不過是在於上帝的恩典這一事實，我們是重覆及深化原初使得困難出現的態度。保羅在把律法和罪連結起來，正是要指出這點，並且也只是這點。良善的律法墮落成為一種在人與上帝關係之外的宗教原則，但律法原來是為要實現人與上帝的關係，耶穌對其反對者所作的眾多控告，也符合這種格式。他們使用律法，卻剛硬了自己的心，因而把自己和其他人帶往死亡的領域。他們使用律法的方式，使得律法失去其效用。

為甚麼律法帶來死亡？我們來到主要的答案。對於那些行在通往死亡的道路之上的人來說，律法並不能把他們轉向生命的道路，只有上帝自己親自在祂兒子身上的位格的恩典行動，才能成就。這是

新約作者對耶利米信息的解釋，這是福音書的核心（再一次）。這不是説舊約時代已被超越廢棄，反而是，一切都集中在道成了肉身的上帝的兒子的生命。只有上帝的兒子才能打破那藉著道德行動者（moral agent）來對自己所作的奴役，在奴役底下所活出的乃是離開上帝的命途。不是律法本身，也不是獻祭制度，不是施洗／浸約翰預告的重新，這些全都不能把良知從死亡的善功（dead works）清潔過來，以致喜樂地及歡欣地服事活潑的上帝。這就是宗教改革家是對的之原因——撇開如下的事實不談：近來研究保羅思想的學術，
142 使得我們必須把宗教改革家的特殊強調加以限制——他們爭議稱義（justification）乃教會站立或跌倒的獻章（*articulus stantis et cadentis ecclesiae*）。原因是想要自己成為上帝這種慾望是人心最深不可測的，因此也是最不容易根除的，特別對於那些對宗教極其嚴肅的，無論是法利賽人或基督徒。只有來自上帝所改變的心，才能成就那必然的改變。

「耶穌被交給人，是為我們的過犯；復活，是為叫我們稱義。」（羅四 25）在較早的篇章中我們看過這優雅的並置的第一句的某些意思。現在我們談論第二句。稱義跟耶穌那承擔人類的生與死的死亡有關。稱義是人的地位與處境，是來自上帝的義的行動。在這裏，路德（Martin Luther）的發現是決定性的：上帝的義的行動，乃是一種藉此而無須懲罰罪人的行動，卻是使不敬虔的成為義的。稱義是賜給人有上帝兒女的地位。另一種説法是——如保羅所説的——那是一種方式，把迷失在心硬之中的人收養過來而為上帝家裏的孩子。（也請注意約翰福音八章第 34 至 38 節所用的家的形象，那裏的對比是家裏的奴僕和兒女。）正如保羅清楚指出，通過〔聖〕靈收養就發生了（羅八 12～17），通過耶穌基督把無神的跟〔聖〕父連結起來，〔聖〕靈就成就一切了。

太多污墨與壞事已經灑落在下述的努力之中：稱義是藉由上帝這方面的**宣告**行動（declarative act）而發生——根據是，如果上帝

說，藉著基督的死亡和復活你是義的，那麼你就是義的——或者稱義是**存有論的**（ontological），因著如下事實而成就：上帝以某種方式改變那被稱義的人的實際本性。第一種看法明顯的含義是——但其反對者卻沒有稍停下來指出——這是把稱義變成了某種法律的虛構（legal fiction），即被稱義的人不是真的義的，而僅僅被宣告如此。我們會首先討論對第二種看法所作出的反對，反對在於這第二種看法把事實為假的宣告出來。信實的（the faithful）被**改變**而為義（made just），豈不因明顯的事實而被否定：沒有人轉眼成義，即或到了在地生命終結也不能成義？的確，許多人的生命的確被部分轉化，舉個例子來說，因著從犯罪或酗酒的生命中悔改回轉。但實情仍然是，所有人都仍是罪人，需要不斷的寬恕和在復活裏的最終轉化。路德這樣形容這種情況：「同時為義人也同時為罪人」，這是其中一句把事情說得對的口號。（直到現在為止，正如所講過的許多其他事情，這也 143
是我們在下節將要討論的。）如果經驗上是錯誤的，那就在神學上不會對的了，至少這意味著在上帝底下，人的生命被虛妄化的方式，實際上是有其形式的。心的確是被溫暖起來，生命的確被改過來，但卻不會在此生中圓滿。如果這是我們所渴求或期望的，那這只會是去除死亡，因為稱義是從創造或再造自己的需要解放出來，而我們只有通過時間才可以被再造，因此這只能是部分的。

或許可以藉著在內在與外在的徹底劃分而避過這一結論，其結果就是內在的人被造為新的，而外在的人則仍是罪人。這是由那些受洗／浸重生的教義的版本所提出的，這些教義版本教導藉著洗／浸禮的恩典，內在的沾污被洗去，因而出現內在的轉化，這教義過去一直做成嚴重的損害，有些時候更被用來指出洗／浸禮是把人遠離地獄而非使他們成為上帝聖潔子民的成員。肯定地，我們不能夠完全避免內在與外在的對比，正如保羅在哥林多後書五章所用的隱喻：地上的帳棚正在毀壞而「我們天上的居所」卻又預備了。然而，保羅的要點是有所不同的，因為保羅的講法是由另一個意思所制約的，使得在洗／

浸禮中所開始的事情，只有到了復活時才會完全完成的。他或多或少都清楚表明，被更新的不是某些非身體的或僅只是內在的自我，而是整個人。脈絡是終末論的，這意含著不是二元性（duality）中其中一個層面的即時轉化，而是期盼地參與在終成之中，這終成只在復活時完成。因此，無論此後我們再說些甚麼有關被稱義的生命，我們都要包含以下的事實在內：這義是在一個身體中活出來的，通過死亡的領域而走向其圓滿終成。

我們是否因此而被規限只接受一種宣告的、「虛構的」義呢？不一定，因為保羅的討論預設了終末向度，使得我們能夠結合宣告式神學的真理與存有論的神學的真理。如果我們記得稱義是跟被接納成為上帝的兒女不相分離的，我們將明白被稱義的**存有**（the being of the justified）的確被改變過來，因為他們像一個被接納的孩子，被帶進一組新的關係之中。首先的關係，隱喻地，我們可稱之為垂直的向度，是與上帝的關係。正如我們在第四章所看見的，上帝在祂的兒子身上已經進入一個與人類相關的新的位置，因此，人類的境況普遍地和永遠地被改變。所以十字架是任何稱義教義建立其上的磐石。事實
144 上，正如安瑟倫（Anselm）說過，無所不包的（all-encompassing）乃是這贖罪的愛的行動，這行動同時是為了那些在其直接影響之外的：即是，為了那些好像在此之前的和那些因著不同原因未能聽到這一解放的信息的。[1] 因為解放作為一種全然恩典和愛的行動，就是當其中一方把自己囚禁起來而無處可逃，上帝就差派祂的兒子，取了罪身的樣式（in the likeness of sinful flesh），承擔那自我囚禁的後果。宗教改革家是對的：只有藉著全然的恩典，那深固人心的剛硬才能被克服。這種情境要求的惟一的義或善只可能是被賜予的：基督那給予的義，若非如此，人就仍然未能與上帝和好。這是一種宣告的行動，改變接受者的存有，因為他們現在站在不同的位置，正如「我宣告你們現在是夫婦」的語句，實際上帶來結婚的人的處境的改變，而因此是存有的改變。

是以，到此為止我們已經主要重申了羅馬書四章 25 節上半節對現在生命的含義，即耶穌為我們的罪死去的意義。下半節即耶穌為我們的稱義而復活，肯定了給予世界的復活是在十字架上贏取回來的。耶穌的從死裏復活同時使得可能與實現（possible and actual）可以出現，即是說，惟一對這樣的一種愛的行動的可能回應，就是信。撇開有時對這信所提出的看法不談，信並非意指相信信經式的命題，而是人的回應，同時包含信靠上帝和全然感激，即感激過去對上帝的愛的拒絕不再被用來定奪罪人的地位和身分。這就是宗教改革的口號所要講的：「唯獨信心」（by faith alone），並且意含著信是一種心的回應行動，對上帝進入世界在復和中的喚醒行動的回應。這種人的回應，像所有本真的人類行動，是〔聖〕靈的禮物，祂使人透過基督**跟**父上帝關連起來，從而成為他們之所將是。隨之而來的是另一個宗教改革的原則：唯獨藉恩典而稱義（justification is by grace alone），藉由上帝的行動，把那些被囚禁在死亡形式的生命釋放出來，人即被稱為義。根據這一看法，「恩典」指向上帝恩典的行動，它是釋放而非強迫人的恰當回應，而信是一種方式表徵著人的回應：信靠（trust）。信，我們可以説，是對上帝**客體的**恩慈行動（God's objectively gracious action）的**主體的**回應（subjective response）。其為主體的在於這是人主體的回應，但卻不只是主體的，因為這回應本身也是上帝的行動， 145
是由〔聖〕靈所引發出來的。這一行動的兩個向度：客體的和主體的，都是透過基督和在〔聖〕靈裏發出的。因此，這裏就有一個同時包含客觀和主觀向度的神聖行動，之所以如此，乃在於如下的事實：父上帝通過基督和〔聖〕靈所作的工，在人的回應中成形。

## · §29 洗／浸禮 ·

神聖的行動與人的回應這兩者之間的互動聚焦於洗／浸禮，在這一禮儀之中稱義被挪用。正如主餐是教會的行動，藉此教會的成員其身分被持續地維繫，所以洗／浸禮是使人成為教會成員的起點。正如前者是信仰羣體的行動，對這羣體這身體的每一獨特的成員都作出獨特與必然的貢獻，所以洗／浸禮也是教會的禮儀，推動特殊的個體參與上帝子民的生活。這兩種禮儀都集中於耶穌在上帝的審判底下的死：祂必須飲的杯乃為祂自己和一切其他的人成就一切的義（稱義）。我們在第六章已經看見耶穌領了約翰的洗／浸，與以色列人成為一體，而最終與一切人成為一體，都活在上帝的審判底下。受洗／浸是接受這一審判，正如在主餐中，但這次更徹底，要**被殺**（to be killed），水事實上是用來洗滌的，但耶穌的洗／浸禮不可分割地跟祂在十字架上的死亡連繫起來，這就引領我們進到核心的看法，水是溺斃的材料，正如洪水毀滅一切，除了挪亞及其一家之外，而紅海也掩沒埃及的軍隊。洗／浸因而象徵「老亞當」——一個自我聖化的人——的死亡，以致新人——透過信靠上帝而生活的男與女——能夠像原先創造時那樣像上帝。

被稱為義的藉由上帝的接受而與上帝回復正確恰當的關係，這接受是上帝接受了耶穌站在我們的位置為我們背負上帝的審判和後果。是以，洗／浸禮不單只是象徵，因為就如接納——這是公開地實行的——洗／浸禮帶來存有的改變，這是藉著把人的生命置於一組新的關係而達至的，新的關係同時是「垂直的」和「橫向的」，後者藉著前者而可能。受洗／浸，首先是被拯救地置於上帝的審判之下，正如在應許底下吃餅和飲杯，意即繼續接受審判。這是罪人不因任何德
146 行或賞罰而獲得上帝自由的接納的印記。這是上帝全然恩典的記號，祂的兒子代表罪人又代替罪人死，而這實現而為讚美及愛的羣體。因此，洗／浸禮的第二個意思是在不同的地方賜下社羣的具體化和表達，讓罪人被稱義而站立起來，讓道被聽到及主餐被慶祝。在道和聖餐的操練底下來生活，就**是**（is）成為一個生命方式被改變的人，正如一個被新家庭接納收養的人，他的生活方式從此分有了一套新的關係，並跟這些關係所蘊含的一切有分。

那些為嬰兒施洗的人，跟那些堅持只會為那些到了成熟足以決定是否追隨被釘十字架又復活的主的成人施洗的人，中間的分別主要在於他們分別對因信稱義這教義的客體面及主體面有不同程度的強調。那種認為只有意識自己是信徒才應該受洗／浸的看法，對其有利之處是明顯地，新約聖經普遍的洗／浸禮實踐，是一種基於對信徒要求的回應。進一步的支持可見於歷史中官方基督教時代的誤用洗／浸禮的實踐，以之為一種跟教會的禮儀同樣性質的社羣的禮儀。對嬰兒受洗的立場，有利的看法是以色列與教會之間的平行，因為在前者的情況，不可想像約的應許不包括兒童在內。在我看來，在一個包含一切在內的辯論中，決定的論據——雖然不一定是決定性的——是如果教會的生命不包括整個家庭的成員在內，是很奇怪的一所教會。這是說，嬰兒受洗是教會大公性（catholicity）功能，這大公性就是其一切包容在內的特性。

這立場的確涉及某些不完全是可信賴的神學論據。但其強項來自一個意念的發展：避免很多傳統具有的個人主義（individualism），就是因為要除去罪，所以施行洗／浸禮。事實上，藉著洗／浸禮而使個別的人因而被稱義。然而，這洗／浸禮是一種教會的禮儀，而不是單單向或為一個個體做某些事情。稱義之獲得，是藉由一個行動而成就：受洗／浸的被造而成為被稱義的羣體的一員。受洗／浸是要加入死亡的領域，進入那掩沒人的水，或者，對於那些不能決定是否如此行的，就要靠那些對嬰兒或殘障人士負責的人，以帶領他們進入這個領域了。這種看法對照於那種傾向視洗／浸禮為洗淨個體所承繼的罪，沒有受洗／浸就會下地獄，或是好一些的則到地獄邊界（limbo）。很明顯我們這裏所說的洗／浸禮神學是一種發動人進到上帝子民的生 147
活中去，根據這種神學，我們較為容易明白何以那些被連繫於信仰羣體生活或信仰羣體成員的人，能被設想是同樣有分於正在經歷審判和被稱義的生命。教會的羣體是一處地方讓人聚集而成一相交的生命形式。讓我們再次記得這事實，除了一次之外，保羅沒有興趣把哥林多教會那些種種不負責任的成員作出紀律制裁。無論他判決他們的生命是如何失序，他仍然視之為上帝子民基礎堅固的生命，因為他們的建立是在基督裏的，而他的囑咐，也只是如此。在同一信件之中教會成員中不信的配偶及其兒女都被福音的應許所包括在內的（林前七14），這肯定是很有意義的，而可以辯論的是，比這個個案更為真實的是，那些中途加入信仰羣體的生活的人，他們立即分有了教會對審判的接受和罪的寬恕。

最後一點要在這節提出的是，在洗／浸禮實踐的亮光下，稱義是一個終末的概念，有罪的人在其從死裏復活中圓滿終成，只有在這時刻他們才會被造為完全義的，因此，稱義是在期盼預見中被給予的，但真正成為上帝的兒女，即兒女地位的完全實在，只在終末時才會完全實現。上帝不會藉著法律的虛構而預先稱義，而是藉著基督的救贖的死，使男、女和兒童在基督裏成為義的。因此，他們的稱義是「外來的」（alien）的義，是基督的義而不是他們的；但這義也真正的是他們的，因為這義是由〔聖〕靈給予他們的，〔聖〕靈在上帝揀選的子民的相交生活中，透過基督而把他們帶到〔聖〕父那裏去。簡單來說，被稱為義是給予一個新的地位，並置於一條向前的道路上，是跟那滑向後面方向的道路相反的，在耶穌把人類的故事重拾歸一（recapitulation of the human story），及其在洗／浸禮之中的挪用之前，人類在那滑向後面方向的道路上，本來是難逃死亡的厄運的。這是地位的改變，使得心的改變成了可能，使得從自我束縛轉向喜樂地服事上帝成了可能，也同時使得存有的改變成了可能。

## ·　§30 成聖：活在聖潔的領域中　·

信仰體現一種跟上帝關係的改變，並由此而來的與世界關係的
148 改變。正如稱義是被置於一個新的位置、一個新的動向，所以成聖
（sanctification）就是接受稱義所蘊含的地位及責任。稱義指的是信

實的地位、他們透過〔聖〕靈的工作而被接納，成聖意指的是他們被安置的方法。成聖時即使之成為聖潔，而稱義之被賜予下來正是為此目的。羣體的聖潔基本上不是羣體內各個個體的聖潔——雖然這是其中部分的意思——而是一羣彼此相屬的子民的聖潔，因為他們在崇拜、宣講、教導、分享分擔和善工的生活彼此有分。然而，撇開可能的實情不談，聖潔的意思和涉及甚麼，總不是那麼明顯的。我們必須回到舊約對上帝聖潔的教義的處理來開始解釋聖潔。上帝因著祂跟一切受造的有分別而為聖潔，而這使得上帝以其自己的方式，同時跟外邦人的神明及墮落了的人的神明有所不同。我們已經看見起初時這種差別如何在恩慈地拒絕人越界以致承受其完全的後果中彰顯出來。該隱這殺人犯被上帝保護不致陷入族羣間血仇的報復中，以及無休止連串的不幸後果。人類被保護不致進一步被掩沒，而這卻是不斷寸步不讓地活在罪中自然而生的；相反，耶穌代表了人進到審判的死水之中。上帝的聖潔就像祂的公義，導向的是救贖而非報復，就如何西亞先知一句極其為人喜愛的經文所強調的：「……我是上帝，並非世人，是你們中間的聖者；我必不在怒中臨到你們。」（何十一 9）

上帝的聖潔在歷史中表現於在眾民族中揀選其中一族，她被呼召要像祂一樣有所不同。在許多方面，她**是**不同的，決定性的不同在於那些塑造她生命的制度（institution）。肯定地，於其他民族和文化中，其在統治的、塑造祭祀的、興起先知和智慧教師的和明白律法的方式，都有與以色列互相平行的方式。正如我們已經見過的，在她所表達的創造信仰的方式也有相平行的。然而，正如以往那樣子，這裏也是一樣：差異較相似更有意義，因為一切都是由以色列歷史的開端所決定，以及其制度的方式不斷回溯地指向其開端及其應許通過時間的完全實現。以色列是被分別出來而與眾不同的，並且是差異的，即或其先知恆常地提醒她是如何地充滿種種缺陷。在她的被召中，她總是要跟一切不同的，好使她能以一種獨特的方式在人類的羣體中成就其自己。 149

以色列在世界中其形塑為人的方式完全是藉著律法的。正如我們所看見的，藉著律法的意思是遠超過行為的法規的實踐，這些行為法規我們稱之為倫理（ethics）。律法有「兩張圖表」，分別涉及我們稱之為「垂直的」——向上帝——和「橫向的」——向以及在（to and in）世界——關係，這在上一節已作出了分別。稱義基本上關心前者的情況，雖然也總是關注後者。我們可以說，成聖關心的是前者生起及形塑後者的方式。離開成聖的脈絡來強調稱義，其危險常被敬虔的及道德的熱心信徒所提醒。如果我們只是簡單地被神聖的行動所釋放而至一地位，當中我們無須做些甚麼來賺取，這豈不是鼓勵對道德採取輕薄的漠視嗎？如果過去的罪已經在上帝那自由和愛的寬恕中應答了，那麼為何不繼續犯罪好得到更多的恩典呢？對這兩項指控有兩個主要的答案。首先是這是一個值得冒的險，如果敬虔的人——他們在任何情況下都倚靠上帝——他們不會轉向他們自己而讓他們靈魂的健康成了焦慮和自我擊敗的專注對象。（在這裏稍為輕薄的評論是，現代世界的公民已經對他們的身體健康有著足夠的迷戀，毋須更多的自我專注。）然而，第二個答案更針對——字面的與隱喻的——事情的核心。保羅針對我們關心的這類反對聲音，他所作出的應對，是強調那被稱義的其已被改變的處境（羅六 1～14）。這不是法律的虛構，而是被置於一個跟上帝新的關係及其聖潔子民的生命之中的處境。處在新的地方必然產生不同的行為方式，雖然這些行為方式蘊含的意義常常需要被解釋。新的垂直關係是在新的橫向關係及其相繼的責任中體現出來的。

律法為那些走向復活的生命提供了一個框架，但這些生命尚未完全復活。如果這事實上是我們的情況，正如常常提及，哥林多羣體生命的軟弱是衍生自其某些成員以為他們的復活已經完全發生了，那麼保羅重新肯定律法這舉動的意義就很清楚了。某些決定性的事情的確在他們身上已經發生：他們已經被重價買贖回來，也賜予〔聖〕靈塑造他們會眾的生命（林前六 19～20）。他們從罪裏釋放出來而至新的地位，所以不應該因此而漠視他們在身體之中所作的，反之應該

引發新的道德認真態度。即使是被稱義的人，也有可能被判定為不 150
符合上帝國度生命的要求，這就是為甚麼保羅在跟哥林多前書同一章（即第六章）較早的地方製定了一個十誡的撮要（林前六 9～10）。他要提醒這主要是外邦人聚集的教會，給予以色列人的律法仍是律法。雖然教會的基礎現在不同了，在他們已經挪用了的耶穌那清潔、成聖和稱義的死亡中，他們得到了保障（「如今你們奉主耶穌基督的名，並藉著我們上帝的靈，已經洗淨，成聖，稱義了。」〔林前六 11〕）。新約倡議稱義的主要神學家也同樣是個主張活在律法框架中的神學家。保羅宣講的律法不是在耶穌教導以外的新的律法，雖然保羅的教導包含了一種新的了解，這是因著耶穌的死和復活而來的結果。

教會的聖潔因而是一種給予的聖潔，但也是一種要活出來的聖潔。就像以色列的聖潔，教會的聖潔首先是一羣子民的聖潔，這是先於羣體內的個別的聖潔。保羅只在罪惡危害到顛覆聖潔羣體的生活時才向個別的信徒說話，或談及個別的信徒，約翰福音的倫理也可以說是同樣的情況。這不是消除教會個別成員的自由和責任，而是說他們只有在與其他人共融相交中才能成為其所是。保羅在討論一體與眾多之間的關係、羣體及其成員之間的關係，是以基督的身體為其主要的取向。羣體中的至謙卑成員對這羣體的生命來說跟其明顯的超卓性是同樣必須的。再一次，哥林多前書十二章的指涉是洗／浸禮和〔聖〕靈。一切會眾對整體生活所作的種種特殊貢獻，都是〔聖〕靈的恩賜：「都從一位聖靈受洗，成了一個身體……」（林前十二 13）。部分並非為了整體的緣故而存在，整體也不是為了部分的緣故而存在。羣體的聖潔與羣體內各成員的聖潔是緊緊一致相合的。

那麼，成聖就是被呼召成為不一樣，這同時是賜給教會的和要求教會的呼召。這呼召並非來自律法，雖然律法提供了架構。這呼召是來自基督，因此保羅在另一封信中告訴他的讀者不要被「世界」塑造他們的生命，卻要把他們自己安置於一處可以讓〔聖〕靈轉化的地方（羅十二 1～2）。基督教倫理的確在某些面向裏包括效法基督和上帝，但停留於此只會鼓勵焦慮地奮鬥而必然涉及回歸律法。成聖的
151 內容是自由地成為受造之所是，上帝的兒女在創造主的世界中充滿信心並且也毫不恐懼地生活，即或被死亡所環繞和威脅。自由是上帝自由的〔聖〕靈所賜予的禮物，而這自由禁止回到任何形式的偶像崇拜之中，包括轉向自己，而這正是一切疾病的根源。聖潔是透過同一（conformation）的形塑：容讓生命以耶穌生命的模式和態度來被形塑。一句話，這是藉著信靠上帝而活，祂已經一次過改變人的境況，並且期望祂將會完成祂在被稱義的人身上開始了的工作。只有這樣，愛他者（the other）才是可能的。那些藉著信靠基督及盼望復活而活的人——這些都是〔聖〕靈所賜予的——他們被愛的方式塑造，被鍛煉像上帝，祂賜下祂自己的兒子，以致他們與上帝已經達至的和好，最終可以圓滿實現。

正如上一句所指出的，這裏所用的愛的概念是由〔聖〕父、〔聖〕子和〔聖〕靈的愛的模式衍生出來的，藉此，祂們彼此給出自己又互相接受大家之所是。在一個墮落的世界之中，愛是無可避免涉及因著為了他者的緣故而放棄自我，以及中間可能需要付出的代價。這是為甚麼「犧牲」（sacrifice）這詞語在許多世俗的處境中仍然出現，表明對他人付出自己的生命或好處。然而，在救贖羣體中的愛是在應許中給予的，因為代價已經付出了，所以可以在信心中被給予出來。基督教羣體的操練循著下面的實踐：志願地給出卻沒有要求回報，但卻相信那些給予的也將收取。同一羣體愛世界——包括敵人在內——的使命，再一次不過是對上帝兒子的自我給出作感激回應，但卻是更為冒險的行為，因為沒有保證敵人不會以恨報愛。但這就是像上帝——那樣聖潔——所涉及的。

愛與聖潔的連繫提醒我們，福音書所說的愛基本上不是一種道德的追求，雖然道德的努力的確是需要的，正如保羅所說的運動訓練的比喻所顯示的（林前九 24～27）。在福音書的敍事中，耶穌在

〔聖〕靈裏與祂的〔聖〕父連繫是透過祈禱而實現的。這樣一來，對
我們來說，祈禱同時是態度與行動，同時是教會的與個人的行動，
因為祈禱維繫忠誠的人對準他們信仰的根源。然而，正如我們不能稱
自己為義，我們也不能沒有〔聖〕靈的加力就可以祈禱。巴特（Karl
Barth）視基督徒的整個生命其特徵為祈禱，或對上帝的呼求，而這
在主禱文之中完全顯示出來，其不同的請求都持守神聖行動的首要
性，神聖行動的實踐很多都包含了祈求在內。[2] 然而，這些請求是基 152
於如下的假設：那些以主禱文的詞語祈禱的，就如那些已經進入如耶
穌與祂的〔聖〕父的關係那樣子。他們首先的祈禱是祈求上帝在地上
的統治，然後就是為自己而祈禱。後者的祈求顯示出為自己的祈禱剛
剛跟自私相反，因為在當中這些祈禱承認在一切事情上面，都要歡天
喜地地倚賴上帝。同樣地，為世界祈禱也不應了解為若非只是推動在
世界之內實踐正確的行動，就是這些行動的另類選擇，而應了解為祈
求上帝給予祂的子民機會，在祂對這個世界所作的恩慈管理之中，跟
這個世界分享。因為國度、權柄和榮耀都是祂的，祂的法令管治一
切，其他一切事物的情況，也都會安妥。

## ・ §31 復活 ・

復活是上帝透過祂的〔聖〕靈完成其對人在身體中的生命的轉化。一個滿意的解釋包含了下述幾點特徵。第一，這教義必須從靈魂不朽壞的教義分別出來，雖然這教義可能有些特性跟其相同。有兩個原因要作出這樣的分別。首先，不朽靈魂的教義鼓勵如下的信念：靈魂某角度來說，自然是與上帝相似，或者甚至與上帝有連續性。其次，更為重要的是，這教義忽略了本書從起初已經強調的看法：上帝所創造和應許要圓滿終成的是整個受造的人。復活的教義首先並非關乎不朽性，而是關乎上帝對祂的受造物的旨意，特別是關乎祂所創造的人。我們將在下面「特別」討論延續性的限制性的條

件（qualification），但在這一階段想要強調的卻是延續性的看法：「死亡之後」無論發生甚麼事情，都跟死亡發生之前的在身體中的生命有其延續性，也跟整個物質受造世界的生命有其延續性。

第二，這延續性卻不是直接的，好像一個人被送到天上卻沒有任何改變。復活跟一切靈魂轉移的看法有所不同，這些靈魂轉移的看
153 法把在身體中的生命的重要性降到最底。圓滿終成那已經開始了的生命是對受造物的應許，拿撒勒的耶穌其情況正好表示，這終成圓滿只能透過轉化而來臨。我們也一樣，是被死亡塑造也命定死亡。哥林多後書五章提出的對人的了解，指向上述所講的，表示即使是被稱為義的人也走在通過死亡領域的道路之上。受造物的「必然朽壞」的終結，只能由徹底的再造方才實現，事實上這是完成那在基督裏已經開展了的，只是提升到新的層面。保羅宣稱：「血肉之體不能承受上帝的國」——這裏很可能隱藏了保羅敵對者的部分要點，而保羅的理由是「這必朽壞的總要穿上不朽壞的，這必死的總要穿上不死的。」（林前十五 50、53，譯按：根頓所引聖經經文英文原文為“the perishable must clothe itself with the imperishable, and the mortal with immortality”，《和合本》把「穿上」翻為「變成」）然而，這陳述句要小心地解釋，因為很清楚保羅寫下這句時並非提議逃避具體化，而是表示在徹底不同的情景下作出轉化和圓滿終成。保羅在心裏總以復活的耶穌的形式來看一切事物，這耶穌仍然是肉身的，祂吃祂喝，不過在另些層面上，祂已經超越了某些時間的和空間的經驗的限制。然而，祂超越了但卻沒有廢棄這些限制。

關鍵可在保羅常被討論的宣稱中找到：「若有血氣的身體，也必有靈性的身體。」（林前十五 44）這在理論上可以——但從來都不是優秀的神學指引——指向一非具體化的身體（a disembodied body），雖然這是抽離了哥林多前書十五章和新約見證耶穌為一整全的個體這一脈絡。東正教的解釋常說這是指向被〔聖〕靈充滿的身體，而這對我們具有指引性。如果我們問「靈性的」（spiritual）是

甚麼意思，而聽到的答案是凡事都相應於靈上帝的活動，這就引領再進一步了。正如我們在許多地方都論及這被稱為三一中的第三個位格，並不單只對那些我們稱為「靈性的」東西有興趣，以西結書三十七章的信息是，〔聖〕靈的功能是轉化枯骨為活潑的軍隊。因此，靈性的身體是指死亡的身體被轉化成為了、向著和與上帝一起而活的身體。這就把我們帶進復活的第三個特徵。

復活不是把人的靈魂脱離世界，而是把整個人跟世界一起圓滿終成。正如在別處已經提出，餅和酒都是自然的製成品，在主餐中的使用表明了，基督教的崇拜是以某種方式跟整個世界的生命連繫起來；耶穌是死人復活的初熟果子，意即祂是那些將要被復活的人中間的首先復活的一位。但祂的復活，正如羅馬書八章清楚指出，以某種 154
方式涉及其他受造的實在（created reality）在內，不過受造的實在是以一隸屬的方式而被捲入。今天生態意識高漲，我們都陷在過分強調羅馬書八章 21 節第一句而犧牲第二句的危機中。我們需要指出受造物將會**同時**「脱離敗壞的轄制」**以及**「得享上帝兒女自由的榮耀」。肉身的復活、整個人的復活，是創世記一章 26 至 27 節所含蘊的應許的實現，因為那些以上帝的形象被造的都會在其被造的處境脈絡中被圓滿終成。

同樣地，啟示錄二十一章 1 至 4 節的應許，指的是將有新天新地，以致上帝將會真正地在其所完成和終成的一切之工中得到讚美。復活在這一脈絡要講的，主要不在「死後的生命」，反而是其對今生的衝擊，保羅給哥林多教會的第一封書信將會指出這一點的重要性。復活的光向後面照亮，顯明生命是活在對復活的期盼之中。復活給予倫理一特別的終末取向，使得其跟平常所講的有所不同。後者的看法最佳莫如透過著名的維多利亞式爭議（Victorian dispute，譯按：指該時代陳腐偽善的道德標準和華麗的藻飾的文藝風格）而顯明，當中神學家莫里斯（F. D. Maurice）因為懷疑地獄永遠的懲罰而失去其教席。要求持守永罰這教義的理由很有教育意味，因為他們聚焦於一種信念：沒有這教義提供的制止，防洪閘門將會大開，而所有不道德的行為將被鼓勵。這裏的要點不在於毀滅的預言是否實現，對使徒保羅來說，這並非教導復活的主要理由，而是剛剛相反。復活提供了根基讓人懷著信心扶著犁不向後望，「因為〔你們〕知道，你們的勞苦在主裏面不是徒然的」（林後十五 58，這是該章的總結）。這樣子，復活是真正的此世的教義。

最後，那已應許的死人復活因而表明了〔聖〕靈塑造基督徒生命的第三條路。第一條路是過去的：從罪中完全及自由的得釋放已經在十字架上成就了，上帝透過羣體也就是基督的身體恢復其與人的團契，一切人所要信靠的都不是自己的成就，而是十字架上的成就。第二條路是現在的。那些容讓自己的生命被教會的崇拜和團契相交所塑
155 造的，乃是那些在創造時要想其像上帝的，以及按著基督的生和死被塑造及對基督的生和死相符應的。他們被造而為聖潔的，如同上帝是聖潔的：自由地以不一樣的生命服事上帝及鄰舍。而第三條路則是將來——我們的將來，通過同一的靈上帝，將在終結時完成那在進程中的聖潔，以致被稱為義的得最終成為圓滿的義人。

此時，他們同時為義人和罪人、上帝所接納的兒女，但仍然主要活在死亡世界的主宰中。復活的應許是，正如生與死不是兩極對立的，因為其中一方勝過另一方，所以隨著稱義而罪仍然持續。罪的確持續，正如死亡一樣，但已經不再對信靠上帝的有任何決定性的影響。希伯來書所用的形象較路德的口號更好地表達了受洗／浸者的終末取向這一真理之所在。罪拉著比賽中跑手的後腿，所以要被脱去，就像脱去某些累贅的衣服，以致活出自由的生命（來十三 1，這是另一處使用體育運動的隱喻）。

## ・ §32 自由的〔聖〕靈 ・

總的來説，〔聖〕靈是那位父上帝藉著其為行動者而稱義、成

聖，以及最後透過及與祂的兒子使死人復活。作為那位我們稱之為
三一中的終末成員，作為那位預先為特殊的創造行動及事物帶來圓滿
終成的，〔聖〕靈所帶來的上帝的自由是特別需要注意的。然而，
自由不是隨意，不是絕對的自由，可以進入人裏頭做要做的事情或
按己意隨時顯現。（加爾文〔John Calvin〕論說得好，即使上帝也不
是絕對自由的，因為祂不能做任何事情——除了良善的事情之外。）[3]
〔聖〕靈**的**（of the Spirit）自由首先表現於世界的創造，世界不一定
要被創造，但已經被創造了，因為上帝想要在祂身邊有另一實在，並
且這另一實在能跟祂團契相交。第二，〔聖〕靈的自由可見於上帝跟
祂的受造物打交道的主權、其在以色列、耶穌基督及這一切之外的結 156
構之中的涉入，這都藉著並在〔聖〕靈中得以實現的自由，而祂是
〔聖〕父的權能與力量。第三，正如我們已經見過了，〔聖〕靈的自
由也在上帝所成就完成的終結的方式中啟示出來，這終結是為祂所造
的世界的，避免其在其「自然的」進程中解體，以及藉著呼召、稱義
和成聖使其在對上帝的讚美中圓滿終成，和通過同一位耶穌使得一個
羣體獲取惟一的根基而成為其自己及作其所應作之事，這都是上帝自
由的恩典。把上一章和這一章的結論連結一起，我們因此而可總括地
說，〔聖〕靈是那位透過羣體而賜予自由的：透過他者的禮物。與此
對應的是，**在**〔聖〕靈中（in the Spirit）的自由是上帝賜予的像上帝
的自由，這自由是學習去愛那甚至不可愛的自由。因此，自由在羣體
中成形，並且在教會中成為核心的，這教會由於相交而存活，而上帝
正是這相交並且賜予這相交。肯定地，正是這相交而非別的壯觀的能
力的個別施予，才是「在〔聖〕靈中」的洗／浸：這是一種與他者一
起的生命禮物。因為〔聖〕靈是那位圓滿終成一切受造物的，祂的工
作是集中在使平常的，特別是在人類身體中平常的生命，成為其被創
造之所是。

## 註釋：

1. Anselm of Canterbury, *Why the God-Man*, II, 16.
2. Karl Barth, *The Christian Life: Church Dogmatics, Volume 4/4, Lecture Fragments*, translated by G. W. Bromiley (Grand Rapids, MI: Eerdmans, 1981).
3. John Calvin, *Institutes of the Christian Religion*, edited by J. T. McNeill, translated and indexed by F. L. Battles (Philadelphia: Westminster Press, 1960), 2 vols., Library of Christian Classics 20 and 21, II. iii. 5.

# 第九章

# 最後的敵人

## ・ §33 死亡 ・



如果你拿起一本標準的字典去查閱終末論的定義，你可能會找到這樣的界說：終末論是「關乎下列四種最後的事物的科學：死亡、審判、天堂和地獄」。就上述這種定義而言，它代表的是傳統的教導，不過這種講法只表明這傳統的教導如何遠離正路，它有不少的錯誤，以致需要用不少的空間來對它們所有的錯誤作出公平的批判，讓我指出有助於推進正面論題的三個觀點。第一點，它假設了一種純粹他世性的終末論的說明：首先我們會死亡，然後我們被審判，最後我們會往天堂或地獄。這些事物可能相當程度是實情，不過這樣地限制終末論，其所帶來不足之處會清楚地顯示在另外兩項弱點之上，它們需要稍長的篇幅去揭露出來，並且導引我們進入需要講述的正面的事情。

第二點，上述標準的定義假設了僅只是以線性來說明關於事物之成其自己。現在那條線是很重要的，時間是完成上帝目標的工具，在這本書的第一部已經評論過，有一條線從創造這起點開始畫起，中間經過上帝決定更新祂的創造這中心點，這在第二部已經提過，然後

來到整個創造竭盡全力走向那條線的終局。然而，終末論並非好像傳
統所假設的這種線性的說明，畢竟終末論並非只屬於時間終點的範
圍。終末論基本上有一將來的向度，就好像創造有其過去的向度一
樣，但這些只是基要的，卻不是事情的全部。每樣事情都在乎我們如
何看過去、現在和將來三種時態，藉著〔聖〕靈的行動向對方彼此開
158 放或所謂互相交織。有一些特殊的時刻，就好像我們曾經看到在耶穌
的職事裏發生的，尤其是當苦難能夠從它們的痛苦中被釋放的時候，
也可以在時間的中間點預先體會那「終點」的經歷。換轉另一種講
法，可以說，終末和將來並非確實地等同。終末論有一將來的向度，
但不能將它約化於此。就著常識而言，我們會把將來理解成現在之後
出現的，但我們必須要把終末從這種將來分別出來。那「終點」**同時**
可以透過預期（anticipation）闖入現在之中，這種講法在舊約及新約
聖經都能夠找到例證說明。在前者裏，尤其常見於先知們的用法，那
「上主的日子」在歷史中發生的事件中實現出來：它將要臨到，卻以
一種迫近的方式直接地影響現在（舉例來說，看看約珥有關蝗蟲預言
的用法，參珥二 1～11）。在新約裏有同樣的例子，包括耶穌關於天
國的教導，以及祂從死裏復活作為對時間終局普遍的復活的預嚐。有
很多真正終末性的事件是在時間裏發生的。

第三點，在傳統的定義裏，只談及死亡卻沒有提到復活，這是所有傳統定義之中最驚人的忽略，並由此暗示，以下的指控是合理的。這指控關乎傳統實際上是主張非物質性的靈魂不朽，而不是主張具有肉身的人的身體復活。這裏最重要的論點是，佔據終末論的項目並不對稱，死亡是有待克服的敵人，復活是克勝死亡的福音。將復活隸屬於終末論的其他主題，也解釋了他世性（otherworldliness）這種代表不少傳統講法的特色，但他世性卻恰好地成為不少現代鑑別學（modern criticism）的對象，一旦終末論強調他世性，肯定亦會特別尊重我們時間和空間的終局。然而，正如我們已經從開始所提到的，從聖經的角度出發，終局應該被理解為創造秩序的完善，而並非對創

造秩序的廢除。真的可能有一個「新」天新地，但它們依然是天與地，並非一些全然非時間性和非空間性的領域，並且這新天新地是帶有恩典地對舊的天地產生影響。

終末論的信仰是基督教信仰落在其現代批評者手中而受最深的苦的其中一種特徵。在相信機械性宇宙的年代裏，也許由於賞罰的緣故，終末論有被約化為「永恆不朽」、靈魂「倖存」的傾向。世界並非完全被構想為非時間性的（由於機器透過時間不間斷地並機械性地運作），但其透過時間（它的歷史）而存在，對它是甚麼和往哪 159
裏去是不重要的。理論上，機械最低限度在理論上是可以逆轉的，因此時間跟機器在本質上是互不相干的。在這種機械論的意識形態之上，後來併發了一種摒除終末論的傾向，視這種終末論猶如在某些方面純粹作為拒絕對此生感到滿足的一種功能，因此而成為願望得以實現的產物（即「當你死的時候享受天堂之樂」）。然而，明確地說，透過這些傾向所產生的文化，反而不能產生對生命的滿足感。取而代之的終末論，卻是不同版本的進步觀，當中最著名的要算是經濟（透過發展而進行救贖）和醫學上的版本，帶有一種令人害怕和本質上是無神的生命視象，主張透過科技而無休止地延長生命。我們並非生活在一個喪失終末論的年代，卻是生活在一個不斷地被更偉大的非實在（unreality）所代替的年代，因為此世性（this-worldly）的終末論並非真正的終末論，而純粹只是從一個不滿足的現在投射出來而已。

因此，為了要盡可能刪除更多的這種本質上帶有十九世紀樂觀主義（optimism）的痕迹，我們必須以一種帶有強烈負面語調的神學回應作為開始：「因為耶和華的日子將到，已經臨近。那日是黑暗、幽冥、密雲、烏黑的日子」（珥二 1～2）。同樣地，我們更喜歡讀到馬可福音十三章和啟示錄在屬天的城市這些視象之前的章節，連同很多其他聖經大災難的終末性敍述，它們都提醒我們如果不可能有廉價的恩典，就更不可能有廉價的盼望。面對迫近的上帝審判，不可能有欠缺悔悟的盼望（「日期滿了，上帝的國近了。你們當悔改，信福音！」〔可一 15〕）。今天經常宣稱，現代後期的文化瀰漫著失望和絕望，不過對應這情況的答案，卻不是要採納一種舒適的樂觀主義。廉價的盼望就是完全沒有盼望。聖經的終末論跟我們能夠稱為反面的天啟式（negative apocalyptic）的敍述不能分開，這天啟式的敍述是從直接的災禍和先知的啟示而來的。對新約的終末論來說，在創世記裏記載的洪水故事，是天啟式敍述的開始和不斷出現的象徵，其重要性至少和出埃及記一樣，那是一種流行的工具，容易傳遞盼望。事實上情況可能如此，正如在路加福音中跟馬可福音十三章平行的經文：「一有這些事，你們就當挺身昂首，因為你們得贖的日子近了」（路二十一 28），但「這些事」是一連串歷史性和宇宙性的災難。沒有死亡也就沒有復活，死亡同樣有重要的終末性意義，由於它代表了生命的終結，也代表了跟上帝和其他人關係的終結，由此而帶來盼望的消滅。假如我們再一次回想我們作為人而存在的那種本質上具肉
160 身性的本性，我們就會不斷地記得，我們的肉體既來自地上的塵土又將會歸回塵土，並因而只能透過一種整全的終末性行動才能得到拯救。基於這個原因，死亡是首個終末性的實在，而必須要在這一章內處理。

我們經常遇到的問題就是死亡，它的意思不僅指到人的朽壞性，也許這也可以忍受，但死亡所代表的無意義和失敗，卻使到所有人類的生命陷於困苦之中：「那殺身體、不能殺靈魂的，不要怕他們；惟有能把身體和靈魂都滅在地獄裏的，正要怕他。」（太十 28） 特別在政治人物的訃聞中，經常觀察到，每一個生命在很多方面都以失敗來終結。肯定地說，每一個生命都是非常獨特的，以不同的方式承載著它的成就和失敗。如果終末論影響著我們設想人類獨特性的方式，則它跟我們特別相干的地方，就在於我們遇到的，不單是那些在日子滿足和有時滿載榮譽而死的人他們那相對地失敗的問題，同時包括那些明顯地早過他們死期而死的人的生命，或者尤其是孩童和年輕人。在這種意義上，死亡界定了每個人生命的界限和

終末性的實在。

再者，我們愈來愈覺察到，死亡同時界定了我們宇宙的將來，那些關於宇宙將會以宇宙性的凍結或燃盡來終結的預言，至少暗示了對某些宇宙論者來説，一切都是無意義的。而且有些通常被稱為「天啟式的」關乎我們地球生態系統的破壞的預言，無論在時間和空間上都跟我們愈來愈接近。不少預言肯定被誇大了，而在這樣的時代裏，不會再有最後審判的恐懼，但正如它想到的，虛構一種相等於最後審判的世俗東西以在晚上保持醒覺性，真的也許會成為一個時代的特徵。但它們使到談論下述兩件事情成為可能。第一，無論它們短線的悲觀主義（pessimism）是否被證明合理，它們指出，我們的地球會跟在內的所有事物一樣遭受死亡這事實是對的，它會「如衣服漸漸舊了」（賽五十一 6）。第二，現代天啟論（modern apocalypses）絕對地欠缺嚴肅性，因為它們是世俗的。對聖經的天啟論而言，一連串的災難是上帝最後拯救的序幕，並按此去解釋它們的讀者在其中所生活的時代。現代天啟論幾乎完全是悲觀主義的，因為它們一切有用的功能，都是用來提醒我們，我們將甚麼災難帶來我們的世界，並且現代天啟論被設計成要以極之不同的方式去導引出行動。它們有它們的觀點，但它們的觀點卻揭示了真理：遠離某種拯救，我們能夠惟一的途徑是往下走，但它們卻不能拯救自己。

## ・ §34 審判 ・ 161

「審判全地的主豈不行公義麼？」（創十八 25） 我們可以提出三點去回應這問題。第一點，這問題乃來自亞伯拉罕代表那邪惡之城所多瑪的懇求。背後的假設是，如果能夠在城內找到具有代表性數字和甚至少量公義的人，則上帝要毀滅這城的做法是錯的。這是一個多麼令人驚訝的假設，如果上帝要強加一種報應性懲罰於他們身上，就表示上帝已經失敗了。正如結果所顯示的，它顯出了祂在這次事件上是失敗的；但那不是這裏想講的要點，這裏想表達的是上帝審判所隱含的意義。維護公義（to do justice）不等如要懲罰犯罪者，而是要以某些方式去容讓他們藉著公義者良善的幫助而得到仁慈的對待。跟希臘諸神比較起來，希臘諸神大部分都必定會以報應來懲罰極大的邪惡，正如我們關於這類事情常識性的觀點，即是說按罪量刑。以下是關於上帝審判的第一個問題：上帝的公義明顯地是有賴於祂是否成功地將公義帶到世上來，換言之，上帝公義的目標是要克勝邪惡，而不是透過強加進一步的邪惡好帶來懲罰，這樣地行公義的那位上帝是誰？

然而，與上述第一點並行的出現另一個問題，也就是我們的第二點：聖經同樣假設，那受壓迫和受苦的人，尤其是那些為著真理的緣故遭受迫害的人，他們有權要求上帝為他們報仇。「還要等到幾時呢，噢！上主，還要等到幾時呢？」正是詩篇裏那些驚怕惡人永不停止抓緊優勢的人，無盡地重複出現的哀求。在啟示錄的記載裏，一個殘忍的帝國，冷酷無情地殘殺上帝的子民，因為恐怕他們會威脅帝國的權力。啟示錄的作者知道，在這樣一個殘忍帝國明顯的權力裏，成為一班被迫害的小數族羣是怎樣的一回事。「聖潔真實的主阿，你不審判住在地上的人，給我們伸流血的冤，要等到幾時呢？」那些為著他們信仰的緣故遭殺害的靈魂如此大聲呼喊（啟六 10）。我們必須留意，為純粹報復而呼喊和為公義而呼喊之間是有分別的，雖然這兩種觀念在那節經文中都出現。有趣的是，作者並不必然地贊同那為報復的呼喊：有話對那殉道者說「還要安息片時」，由此我們可以說，意思是要那殉道者分擔上帝的忍耐。然而，我們還未處理公義的真正問題。如果最終那受壓迫和殉道的人並沒有在任何方面獲得公義，無論這可能會牽涉甚麼事情，我們最終是否能夠說這是一個公義的宇宙（just universe）呢？這就是關於上帝公義的第二個問題。

162 第三點是這樣的，對新約聖經來說，執行上帝審判的那一位是耶穌基督，當祂作為中介者居間促成祂的〔聖〕父一切的工作時，祂正是將公義分發開去。對加爾文（John Calvin）來說，這就是信仰內其中一種很大的安慰：「好得無比的保證，我們必須在我們的救主裏，才能找到拯救——但除了祂審判的寶坐前之外，我們不會被帶到任何其他審判的寶座前。」[1] 無論如何，要在審判所牽涉的事情中作出分辨，並非一件簡單直接的事情，至少兩方面都需要考慮在內。正如我們在本書到處所見的，〔聖〕子是居間促成〔聖〕父工作的那一位，以致〔聖〕父要作甚麼，祂就作甚麼；並且祂所作的就是〔聖〕父的工作。祂居間要促成〔聖〕父的審判又是甚麼呢？那經常被引用提及審判由上帝的家開始的經文（彼前四 17），指出首先是對以色列和教會的審判，因此他們得以透過這煉淨和改正的過程，促使他們成為他們被呼召要成為的人。偏袒是沒有前景的，因為對他們有愈多的賜予，對他們的期望也就愈多。在祂跟其對手的辯論中，耶穌所講審判的比喻很明確地已將這一點表達出來，成為上帝所揀選的子民確實是一種特權，但同時也被加諸了責任。

然而，事情的另一面牽涉到〔聖〕父和〔聖〕子之間在審判範圍上的分別。關於被釘在十字架上這事實，耶穌承擔了上帝對罪人的審判，而致：並非罪人不應受審判（被判有罪），卻是他們應該以另一種作為懲罰（discipline）的方式去忍受審判。在巴特（Karl Barth）的觀察裏，這一點被指為，耶穌為我們承擔了上帝的審判，不等於我們自己沒有被審判。[2] 在這裏我們回到保羅的教導，我們可以這樣說，在主的聖餐裏，會眾藉著被審判而得益，藉著在其最圓滿的意義上之死亡的審判，以致會眾不應被審判（林前十一 31～32）。我們可以說，基督預先承擔了那終末性的死亡的審判（祂往**地獄**去），以致那些藉著祂而相信上帝的人，能夠承受那煉淨而不是徹底消滅的審判。在這裏要說明，保羅其中一個重要卻並非經常受到很大注意的觀察：
某人不適當的**工程**（work），會被試驗工程的火毀壞，但他「自己 163
卻要得救；雖然得救，乃像從火裏經過的一樣」（林前三 15）。被審判的或許被拒絕的是那工程，而不是那作工的人。

我們回到這一節開頭的地方，十個義人就足夠有代表性能夠將所多瑪從它的惡運中拯救出來。上帝的目標是期望普世得救，亞伯拉罕這一位為這邪惡城市懇求仁慈對待的人，是被呼召去成為藉著他使世上萬國蒙福的那一位。以色列被呼召成為世界各國的明燈。因此，萬人最終會攜同他們的貢物朝往聖城，這種含蓄的普世性將我們引到兩個問題裏。第一個問題是，如果耶穌在祂的位格和工作裏體現了對亞伯拉罕應許的圓滿實現，並且如果耶穌在十字架上承擔了上帝對世界的罪的審判，則祂的成就在甚麼意義上是普世性的呢？在一個好像巴特所主張的強烈地實現的終末論（strongly realized eschatology）裏，主張所有已經有權（*de jure*）的人會被帶進聖約的範圍裏，這種觀點和巴特的揀選論（doctrine of election）那普世性的目標前後一致。巴特的揀選論堅持全人類可以說已經在基督裏被揀選，就正如按照傳統的原罪觀所說的一樣，全人類已經是亞當所生的孩子，因此就算他們在實際犯罪之前，其實已經是有罪的。按照巴特的意思，他們仍有可能會偏離他們的揀選，但重點卻仍是：基督已經承擔了上帝對全人類終末性的審判，因此已經使到全人類在某些方面得以復和。

這種立場的弱點在於它的過度實現的終末論（overrealized eschatology）上，終末的實在不單是復和，以及一些仍未完成的事情；它同時卻是關乎位格之間關係的實在。這就是說，當我們主張復和已經發生的時候，似乎暗示了兩個疏遠的人彼此之間的關係已被醫治，以致他們能夠以合一這樣的方式表現出來。換言之，要給普世性的復和一個無條件限制的說明，是要冒著從實在的復和關係（actual reconciled relations）裏被抽象化的危險。因為當談到那些已經接受洗／浸禮，或已經被帶進宣稱與活在復和裏的領域的人，可以說他們已經跟上帝復和，但就不太容易對那些沒有以上經歷的人說同樣的話。無論如何，這決不是要排斥一種強調十架拯救意涵的普世性的神學。保羅所說的「上帝在基督裏，叫世人與自己和好」（林後五19），這句說話含有普世性的意思，但不是一種已經發生的普世性的

復和。惟有從本書較早的幾章所拒絕的那種揀選論（即是說上帝從永
恆裏揀選了某些人而沒有揀選其他人），才會引申到這樣的講法。我 164
們在這裏所採取的觀點卻是這樣：耶穌確實為全人類做了一些事情；不過那**全部**（complete）工程的**持續完善**（perfecting）繼續依賴它在時間裏，藉著〔聖〕靈的工作去圓滿實現，〔聖〕靈會引領獨特的人進入那復和的羣體。因此，復和的普世性，是在朝向將來目標的意義上講的，而並非在已經完全實現的意義上講的。

無論如何，就好像那假設的十個所多瑪的義人一樣，被揀選的會代替其他人而作為他們的代表，正如我們所見過的，上帝絕不會揀選一羣人而不揀選其他；祂揀選一羣人的原因，是為了成為其他人的代表，由此帶領我們進入第二條問題：最終是否所有人都得救？要回答這問題必須要引入另外兩個考慮。第一個考慮是關於我們如何去調和我們曾經遇見的、關於上帝公義的兩個概念：（1）就著所多瑪作為我們這概念典型的例子，對罪人的毀滅代表了上帝的一次失敗，意思是它所呈現的是一個上帝完美的目標最終沒有普世性地在其中實現的世界。然而，（2）我們必須要嚴肅地處理對聖靈褻瀆的可能性，意思並不是說一些藐視的事情，縱然這或許也是一種表徵，意思卻是隱含在福音書的脈絡裏，指到一個人在邪惡裏逐漸變得心靈剛硬、毫無悔意，一個人能夠看見表面的良善卻稱之為邪惡（可三 23～29）。心靈會否剛硬到不能夠再有悔悟之心這樣的一個程度？猶如出現在曾經這樣發生的例子裏面：那些人能夠在猶太的音樂家所演奏的音樂裏哭泣，而那些猶太音樂家卻面臨要成羣結隊地被送進煤氣爐裏。至少，一個從希特勒（Adolf Hitler）的政權走出來的難民曾經這樣地論述：對全然邪惡的人來說，徹底毀滅是惟一可能的結局。[3]（我認為我們應該這樣理解，聖經裏永恆的火這個形象，並非指到永遠持續的折磨，甚至這觀念已完全被遺棄在歷史的垃圾堆填區裏。）我們不能排除有些人最終可能將他們自己排拒於上帝國度之外的可能性。

然而，我們還未回答那主要的問題，那問題是關乎上帝的公義

是否能夠以這樣一種方式被視為已經實現。只要其中一個按祂的形象被造的人，因不完美而被拋棄，好像一隻羊依然在山邊迷途，上帝的行動是否就是**正當的**（justified）呢？在上帝至高主權的完成這過程裏還包括甚麼？這過程是從世界的創造時已經開始的。本書在這裏的終末論，有時摒除了包含一種次等基督教（sub-Christian）的以報復為榮的想法，這終末論是值得一瞥的。啟示錄不僅以新天新地這視象
165 來結束（或將近結束），更在新天新地出現前以火湖的視象作為序幕，火湖惟一帶有名字的受害者是死亡和陰間，作者跟著說：「若有人名字沒記在生命冊上，他就被扔在火湖裏。」（啟二十 11～15）[4] 聖經沒有明確表達有人的名字沒記在生命冊上，但值得注意的是，我們的作者直到最後仍保留有些人或會固執地將他們自己排除在外的可能性。

由此自然地引領我們進入第二項考慮，即人類自由的本質。針對此教導最主要的反對聲音，就是認為所有人最終被帶進天國這回事，似乎跟人有自由的主張相反，它意味著強迫那些本想往地獄去的人必須進入天堂。在這問題之下，其實是一個包含眾多課題的糾纏不清的網絡。恕我直言，是否可以想像所有人最終會被帶進教會之內，卻大聲抱怨？（但他們會嗎？）在此我們必須趕走我們思想裏面經常出現的以下觀念：一種簡單的線性時間觀，某人在其終點就自然可能或不可能獲得另一個修正的機會（諸如此類）。針對這點有兩種反對的意見，以及反對它所鼓吹的煉獄觀（doctrine of purgatory）。第一種反對的意見是認為它削弱了十架工作的充足性，這固然不會排除我們提過保羅在哥林多前書詳述過的那類審判的觀念（即把審判理解為試驗工程），但肯定必須要排除任何在只憑藉耶穌已付出的代價這事實之上額外附加的觀念。因此，無論有甚麼終末性的審判，無論是怎樣地有改造性，它不能包括在最後審判之後進一步的紀律或懲罰，僅僅只因為它是最後的審判：對人類生命的最終裁決現在已臨到終點。正如愛任紐（Irenaeus）所講，我們將會按著在肉身所做的受審判，[5]

而且那在我們此生所賜下的時間的長度具有決定性的作用。第二種反
對的意見加強第一種的意思，終末論並非關乎在沒有任何改變之下進
入另一個世界，而審判就在這個世界之中發生，它是和更新變化有關
的。正如耶穌的身體並非奇迹地變成另一個身體，卻是變成另一類的
身體，故此，復活的應許是：「我們……都要改變，就在一霎時，眨
眼之間……」（林前十五 51～52）。在這種更新變化的需要底下，
無論信與不信、善良和邪惡，所有人都同樣有類似的需要。有信仰的
人也許已接受了成為門徒的呼召，並牽涉在有關的鍛煉之中，但他們
仍生活在死亡的肉身之內，直到在世最後的日子。聖經似乎是這樣地
教導的，所有人會按著他們受造成為怎樣的，以及受造時所接受的去
接受審判；任何人是否會接受最後的判罪，必須要留給上帝仁慈的審 166
判。在這裏我們必須回想那綿羊及山羊比喻的另一個令人不安的面
貌，它們兩者都為自己被安置所屬的類別感到驚訝，這是一種針對自
滿如同針對其他事情一樣的告誡（太二十五 37、44）。

因此，普救論（universalism）的問題立即扣上我們關於上帝公義的概念，以及扣上甚麼構成以色列和教會所扮演的代表性功能。猶如作為上帝與人之間的中介者那些代表一樣，那些羣體已清楚地被指為代表世上的萬國。那麼，以色列和教會那代表性的對上帝的忠信，是否就是全世界得救的必須和充足條件？是否萬國只要能夠至少有「十」個被證明為公義的人，則與他們一起的其他公民都會以某種方式跟他們一樣，全部被帶到施恩寶座前而得以完全？有一個例子，肯定是以保羅作為代表，正是論證並非藉著那些未聽聞福音的人會去地獄這事實，來作為推動教會早期宣教急切性的動力（雖然也肯定，導致當下就活在一種跟上帝分隔的地獄生活中已經足夠了）；為的卻是，一旦萬國具代表性的樣本（representative samples）能夠被帶進上帝的子民中，上帝就能夠在終末性的國度裏將時間和歷史帶入終點，即進入普世性的祝福裏。然而，那時會有甚麼（尤其在打敗那「最後的敵人」這件事上）牽涉在其中？

## ·　§35 救贖　·

復活是那惟一相對地「成功」的耶穌職事的終末性完成，亦是作為其邏輯上必然結果的死亡的終末性完成，惟獨復活能作出應許：我們自己和我們宇宙的死亡並非最後的實在。它是如此的一個**應許**（promise）：對生命和世界的最後審判也許是「神聖的是」（divine Yes），基於此，當上帝透過在基督裏，使天上、地上一切所有的事物都同歸於一的時候，也允許人類的成敗同樣以不同方式在其中扮演他們應有的角色（弗一 10）。基於此，隨著死亡和審判之後而來的第三種我們曾經觸及的終末性實在，乃是救贖：這應許是在上帝美好時間裏「受造之物仍然指望脱離敗壞的轄制，得享上帝兒女自由的榮耀」（羅八 21）。

那些受墮落所支配因而需要救贖的實在可被分為三類級別：
167 （1）整體的創造秩序；（2）聖經所稱為「國族」（nations）或「子民」（peoples），它們並非跟我們現代國家毗鄰的，而且也肯定不是我們的種族觀念，卻似乎概括地指到在某一被認定的創建者或祖先之後被命名的子民，而且佔據了一塊已被識別的地理上的範圍；以及（3）某一獨特的「個別」子民。這裏有一明確的先後優先次序：那非位格的世界，惟有在位格的世界裏、跟位格的世界在一起、為了位格的世界，才能被救贖。因而我們就以位格這觀念來開始講起，特別是關乎下面的事實：聖經對獨特的子民的看法，似乎大部分是從他們跟在國族和羣體（以東、以色列、教會）中其他子民的關係這角度來理解。那些在傳統上被稱為綿羊的比喻裏受審判的人，很多時首先並非指到個人而是子民。正如我們已經提過，同樣地似乎有這樣的假設，如果有一個足夠及代表性的數字去潛而默化地影響全部的人，所多瑪就已經能夠被赦免。

透過這些例子所要説明的是，在神學上真實的情況是沒有現代意義下的個人的。由於在某種意義上，所有人是跟他們有密切關係的其他人的生活和命途結連在一起。在某種意義上說，我們的羣體擁有終末性，在此我們必須回到在前一章介紹過的執政的（principalities）和掌權的（powers）事情，雖然並非只限於指到他們，但惟獨這些明顯地為神話的東西，特別跟那日子政治上的強權有密切的關係，皇帝與帝國的統治者在某些方面代表或實現了這些權力，而這些權力在某些方面是大過人民共同賦予給他們的。無論在保羅的神學或在聖經最後一卷書裏所談到的上述的情況，都需要從終末性的角度去理解，他們的行動不僅是個別的行動，更多的是帶有終末的意涵，指的是預先地體現最後的背叛和審判。保羅所表白的「**這世上**有權有位的人」（林前二 8），是指到那些將耶穌釘在十字架上的人，保羅所要暗示的是他們超出個體之上的實在性和終末的意涵。而對啟示錄的作者來說，羅馬帝國對信徒的迫害，要指明的是一場高過純粹只是人類層次的戰爭的發生。因此，在政治的領域裏，我們最能辨識得到聖經終末論的特徵，在它裏面大多數是具體的歷史事件和神聖行動的結合，在某些方面這有著最後的意涵，因為它代表了某些**在**時間和歷史**裏面**（within time and history）最終要發生的事情。所以它跟在先知宣講裏的「上帝的日子」有關、跟耶穌的終末性宣告有關，以及跟在天啟裏面歷史的呈現有關。約珥的蝗蟲災害**是**上帝在時間裏讓其發生的最後審判，就好像耶穌曾經預言過耶路撒冷的陷落一樣。「當這些事發 168
生的時候，逃走⋯⋯」要說明的是，這些被人認識的歷史事件，同樣以它們的方式來預先呈現它們的終局，它們同時是上帝的審判和最終救贖的先兆，「當這些事發生的時候，歡欣高興⋯⋯」。上門兜售的宣道者（doorstep preachers）邀請我們去想到一個充滿戰爭和災難的世界，這種做法也許天真地以戰爭和災難，作為世界終局可能明天或後天即將來到的指標（固然他們可能是對的），但更合理的解釋，乃是應將它們視為預嚐世界最後終局的象徵。

如果建立在這種理解上，人類的政治行為，可以被視為受造物的偶像崇拜的極端象徵，它們代表了受造物將上帝從祂的寶座上被撤換的意圖，因而成為對那來自無底坑裏的獸的敬拜。對新約聖經來說，羅馬皇帝將他的形象安放在聖殿裏的至聖所，正是這種人類背叛的具體表達（帖後二 4）。這就是為何「敵基督」（Antichrist）很多時被用來指到某人犯了過於傲慢自負的行為。一直以來存在不少關於這種人物身分的猜想，從羅馬皇帝到希特勒，以及更後期的，不過這是以錯誤的方式來問問題。任何人都可能成為敵基督，他的肖像都可以成為敵基督的原型；任何真正邪惡拜偶像的行為，都會因著其邪惡的自負而帶有終末的意涵。

我們必須在這裏暫停下來，先去限定「最後」（final）、「終極」（ultimate）、「終末性」（eschatological）這些字的用法，以及跟著去限定構成歷史事件的特質。比較準確的講法，是所謂從另一個角度去說明這些行動和事件所擁有的終極前的意涵（penultimate significance），因為迄今為止在「歷史—政治」的領域裏，只有一件終末性的終極事件，那就是耶穌從死裏復活，依此再加上從永恆的觀點來看，它將那些所有坐著供人描繪為敵基督肖像的人，既相對化又瓦解他們的權力。它同時也顯示了他們之所以是敵基督，是由於他們試圖想取代〔聖〕父的真正中介者的治理。十字架和復活「瓦解了敵人的權力」這種講法，肯定並非意指背叛的行為不會帶來嚴重的傷害，正如我們知道它們會帶來傷害。它的意義反而指到，有兩項事情必須在一種張力中被維繫。第一項是關乎追隨基督的人所接受的呼召的全然嚴肅性。政治秩序的終末意涵，來自於如下的事實：在當中所發生的事情的種類，遠遠不只是它的部分加起來的總和，邪惡激動一件事件的勢頭，乃是超過個體結合在一起的行動，因此全體列國能夠
169 被激動躍進邪惡裏。因此那爭戰真的「並不是與屬血氣的爭戰，乃是與那些執政的、掌權的、管轄這幽暗的世界……」（弗六 12）。沒有一個認識二十世紀的人看不明這觀念的真理，由此推論下來的是，上帝子民的生命，在其日常一切的道德爭戰和嚴肅的事情上，同時亦是基督最後這一面的統治的一部分。啟示錄所呈現的基督，是那位被

釘在十架上，「帶有被殺印記的羔羊」依此用鐵仗（即祂的道）轄管列國（啟五 6、二 27）。透過謊話而不受約束的一切混亂，只是惟有在祂的允許之內才發生權力的和自負的政治，並且成為教會作見證的背景脈絡。

由此引導我們進入第二點，被允許以其軌迹和行動運行的歷史，也容許產生它們的邏輯性後果——卻惟獨迄今為止。自從亞當和該隱的日子開始，有一攔阻的（帖後二 7），在其護佑性行動已經限制著邪惡的可能性，而且直到世界的末了也會繼續這樣做，那是誰？「死既是因一人而來，死人復活也是因一人而來。」（林前十五 21）如果歷史的主就是這被釘十架的羔羊，祂仍帶著其作為祭牲被殺的印記升到〔聖〕父右邊，那麼，歷史的終結在祂於榮耀裏復臨的時候將會實現，然而，這歷史的終局，乃是透過發生在歷史之內的巨大災難性和救贖性的行動和事件，而被表徵及預先呈現出來。就正如祂的復活是惟一圓滿地發生在時間領域之內的終末性事件，所以祂的復臨將會完成重演亞當的故事，這故事的重演是始於祂在童貞女的子宮內的懷孕。我們不應對這種復臨的方式作進一步的猜想。不同形式的千禧年主義（millenarianism），是在耶穌復活和升天這簡單的應許所包含的內容之外，去規劃天堂的內容（我們也知道城市規劃經常達到的是甚麼的效果），這是一種不恰當的嘗試。

基於此，我們必須考慮的並非耶穌基督在榮耀裏再次降臨的細節，而是其含義。（1）正如我們曾經提過，敵基督的觀念要表明的是終末性背叛的中心思想：即在自己裏面懷著驕傲去管治歷史，取代了被釘在十字架上的那一位惟一的管治。（我被誘導要講的是，這幾乎包括每一種形式的現代政治的不同層面，無論是民主的和獨裁的。）（2）歷史是終末論的頭一個對象。終末論的意思，是指到我們在它裏面，最基本的關心，並不是如何離開時間和空間而以某種方式進入上帝的永恆裏，所關心的卻是永恆的上帝對時間和歷史的完善和更新變化。那視象（vision）和應許是關乎一個新天和新地，就好

170 像永恆的〔聖〕子進入時間當中成為肉身，以致祂將會進到其中去完善祂已完成的工作。[6]（3）但歷史（即人類透過時間在他們不同的教會、社會和政治秩序裏活出來的生活）不僅只是在一個純粹歷史的脈絡裏發生，因為歷史的劇場和屬於上帝的榮耀的東西就是那整體的受造世界，在這物質世界上，我們進食、居住，以及在死亡裏我們重臨的這世界，期望死人普世性復活。耶穌的人的肉身、祂的復活、水、餅和酒作為教會敬拜的內在特徵這樣的事實，合在一起所要表明的是，上帝透過〔聖〕靈藉著耶穌而來，將受造的實在中所有的結構都包含在內而來。羅馬書八章是有點兒過度地採用一種帶有生態學意識的神學的憲章，但我們必須記得，這一章是保羅在其書信中清楚說明，〔聖〕靈在上帝使人稱義行動的實現中所佔的地位，讓我們跟隨這一章提到的聖靈論的邏輯的不同層面討論下去。

上帝給亞伯拉罕的應許已經圓滿實現，歷史的意義是依賴這應許而形成的。上帝的公義，即祂使人稱義的行動，正是透過耶穌的生、死和復活，使一切重要的人類羣體，首先是猶太人，然後是外邦人，都一同被帶進讚美的羣體裏。那叫耶穌從死裏復活的〔聖〕靈真正地臨在於羣體裏，去使信仰和盼望達致成為他們現在生活的特質，以致他們今後必須在他們裏面帶有一種態度，跟活在生命與自由的領域裏的人相符，他們不再有恐懼、奴役和死亡。由於對普世拯救的期望，這必須要有的受苦和忍耐乃是值得的：「受造之物仍然指望脫離敗壞的轄制，得享上帝兒女自由的榮耀。」（羅八 21）因此，從終末論的角度去理解，苦難作為一切受造秩序的印記並非死亡的預嚐，卻是反而好像婦人生產所受的痛苦那樣，這種痛苦是一種對生命的應許和預嚐。藉著〔聖〕靈，使到世界的勞苦能夠真正成為上帝榮耀的劇場。

我相信我們應該這樣地詮釋：創造歷史的終局（即它移動時所朝向的目的〔*telos*〕）是生命，而不是死亡。〔聖〕靈運行在創造的水面上，以及叫耶穌從墳墓裏復活兩件事，確實是終末性生命的支撐者。換言之，最後對整體受造物（無論是人類和非人類的受造物都一樣）所說的話語，是藉著被釘在十架上的主在祂的復臨中將會被說出 171
來的。無論人類歷史的和政治的故事，或是這個世界，都是這戲劇上演的舞台，將會從那一位把地上的塵土成為他自身的一部分而進入歷史的那一位，獲得它們最終的意義，藉著那創造主〔聖〕靈，整體人類就是從那地上的塵土被建構出來。已成肉身的主是那一位藉著披戴了肉身，成為一個在其構造上同時具有物質性和靈性的人，透過這樣的事實，在祂裏面使人和自然的命途結連在一起。因此，無論所需要的是怎樣的生命形式，最終還是生命。

> 再後，末期到了，那時基督既將一切執政的、掌權的、有能的都毀滅了，就把國交與父上帝。因為基督必要作王，等上帝把一切仇敵都放在他的腳下。儘末了所毀滅的仇敵就是死。（林前十五 24～26）

那戲劇的「邏輯」，即是說劇中有些角色，明顯地選擇了在背叛和邪惡裏結束他們的故事，其意思是否指到有些人或許最終會將他們自己排拒於外？這裏有一教義上肯定的講法，就是那件惟一我們能對它有信心的終末性事件，即基督在榮耀裏的再次降臨。儘管祂那具普世性意義的代表性死亡是否必須催迫每一個人獲得救贖，仍是爭論不休、未能有定論的問題。正因如此，我們必須更要持守這惟一的實在，並且在當下將其生命上的指引實踐出來。其中一本在過去半個世紀著名的作品，在它的結尾有下列經常被引用的文字：「忠於基督，對其他事情卻完全不要委身」，這尤其是終末論的實況。[7] 所有超出這方面的玄思，會將我們的注意力從終末對當下的指引這一點轉移開去，而這就是聖經終末論基本的興趣：它能將信、望、愛建立基礎，而這三樣是隨著那應許而來、必須服從的命令。

由於與上述這一點既存在一種張力又作為其含義的一部分，因此我們必須認定第二個確定的實在，而它也是由聖靈論所提供的：「我—約翰……為上帝的道，並為給耶穌作的見證，曾在那名叫拔摩的海島上。當主日，我被聖靈感動……」（啟一 9～10）。在〔聖〕靈裏的意思，就是在一種被〔聖〕靈感動的狀態裏，或許這種意思既是十分明顯的，卻也是十分危險的。危險的意思是，由於我們經
172 常錯誤地將上帝的〔聖〕靈視為某種力量或經驗，不過我認為約翰的意思比起這種理解所包含的會更多。經文中所指到的主日（Lord's Day）是很重要的，由於它指向敬拜，而且正是透過與他分離的基督徒同伴在敬拜中奧祕的分享，約翰同時被賦予能力去分享天上的敬拜，以及分享那既發生於現在並將會發生於終末的視象。〔聖〕靈同時將現在和塑造現在的將來啟示給先知，不過惟獨在一種教會共融（communion）的作用下，他被賦予能力去分享。這種敬拜的經驗，也許幾乎沒有同樣出現在我們所認識的地方教會的敬拜裏面。然而在這裏頭，已教導了我們這樣的事實，敬拜其實是一種終末性的實在，它是一種分享上帝永恆的途徑。約翰的啟示錄肯定是聖經裏最不尋常的書卷；但它也自知為一部文學作品，作者從大部分舊約聖經裏汲取一批積存下來的語言來寫作。[8] 就好像創世記的語言的例子一樣（本書正是以創世記開始），來到這裏要做的：採用了一套繼承下來的文字存貨，這一次要顯示的與其說是原初的，不如說是終末性實在的特徵。

從這觀點出發，由我們處理〔聖〕靈終末性行動所總結而得出的觀察乃是，他教導了我們在平凡中尋找完美，以及在軟弱中尋找能力。那就是終末的這一面，事物被更新變化的方式。約翰這封信所寫給的眾教會，無論在數目上和政治上的重要性，均遠低於我們所認識的教會，然而它卻是他們敬拜和信仰的見證，約翰相信這些見證能挑戰邪惡權勢的管轄。這些事件是預嚐終末的途徑，卻不是那些偉大政治事件的主角所相信的政治事件，他們以為那些政治事件才是歷史真正的動力。這樣地相信跟相信一個被釘十架的人終會有一天復臨去叫

天上地上萬物同歸於一，是同樣地困難。然而，正如歷史一次又一次地表明，真理的宣稱絕不是從它的明顯的可靠性這種角度去評估，惟有時間及時間的終結會說明一切。現在，一個宣稱可能需要依賴更多的背後支持，即是相信它的理由。在我們的情況下，它們所依靠的是三一上帝的教義，我們現在就要轉去談及。

## 註釋：

1. John Calvin, *Institutes of the Christian Religion*, edited by J. T. McNeill, translated and indexed by F. L. Battles (Philadelphia: Westminster Press, 1960), 2 vols., Library of Christian Classics 20 and 21, III. xvi. 18.
2. Karl Barth, *Church Dogmatics*, translation edited by G. W. Bromiley and T. F. Torrance (Edinburgh: T. & T. Clark, 1957～1975), vol. 4/1, pp.294～295.
3. Ulrich Simon, *A Theology of Auschwitz* (London: Gollancz, 1967).
4. 類似地，對約翰福音十六章 11 節而言，審判的意思是指到對「這世界的王」魔鬼的審判。
5. Irenaeus, *Against the Heresies*, 2. 29. 2.
6. 留意在啟示錄二十一章 1 至 4 節裏面道成肉身的和終末性語言的結合：上帝**有了**祂的「與人同住」，而且**將會**「擦去他們一切的眼淚」。
7. Herbert Butterfield, *Christianity and History* (London: Bell, 1949), p.146.
8. 這卷書既是一卷汲取了悠長傳統的語言和形象的已完成的文學作品，也是某種出神經驗的產物，以上兩種推斷絕不彼此有衝突。所涉及深入的學習和靈感的過程是奇妙地在下面的一本書裏闡明出來。參 J. Livingston Lowes, *The Road to Xanadu* (Boston and New York: Houghton Mifflin, 1927)。

# 總結

第十章　基督信仰告白的三一上帝

# 第十章

# 基督信仰告白的三一上帝

## ・ §36 被贖的經驗 ・



士來馬赫（Friedrich Schleiermacher）於一八三〇年出版了《基督教信仰》（*The Christian Faith*）的最後一版，並且從此就一直為大部分新教和一些天主教神學設下了場景。[1] 那一本書的形式跟本書有幾分相似：一部分完全用作處理基礎的課題，另一部分用作處理基督論，以及另一部分用作處理〔聖〕靈和教會的課題。士來馬赫的方法是從經驗開始的：即從一種他堅持為在理性之上，即超理性的、對上帝的可感經驗出發，進而去到對這種經驗作理性的表達，這就是他心目中的神學。正如我所主張的，他的神學大部分的弱點在於將經驗視為在理性之上這種看法，因而在本質上使經驗變得晦暗不明，而不是訴諸於經驗本身。因此，巴特（Karl Barth）反對這種方法是對的，正如他做得極好的，為他的世代對其前人所作的反抗設下了場景，他既否定了那過於概括性的經驗這概念，同時又否定了士來馬赫對神學的理性的拒絕。對巴特而言，神學反而是一門理性的藝術，因為「信經在哪裏被宣講和被認信，知識就應該在那裏被創造」。[2] 神學的對象不是非理性的或超理性的，而是在下面這樣的意義上來說是理性的：理性的基礎是被建立在上帝在其自身裏面，以及祂在世上啟示其自己這種真理之上。

176 因此，如果我們思考的並非作為普遍一般的經驗，而是對事物的獨特性的經驗，則我們對事物就有完全不同的看法。這就是說，不存在一種**普遍的**經驗（experience simpliciter），或者甚至沒有那種被稱為宗教經驗這難以描述的古怪事物，而只有那些（讓我們舉例說明）鳥兒的歌聲、受傷者的痛苦或對另一個人的愛諸如此類的經驗。士來馬赫所隱藏的危險，正是接受了康德（Immanuel Kant）所宣布為永久認可的那一教條。康德主張我們並不是經驗事物；相反，我們乃是按著理性的範式（rational patterns）去塑造事物的現象（appearances），這些理性的範式對實在也許是真實的，但也許不是真實的。康德甚至堅持沒有任何一樣東西能夠被稱為上帝的知識，只有偏斜地把上帝的存在置定於某種道德實在的基礎之上。這見解帶來的結果，就是士來馬赫為了從那班受啟蒙運動影響的前人所掘的坑中爬出來，而要發展出來的那個關於經驗的概念，這種經驗變成為一種內在的經驗，而不是一種外在的經驗，這是一種人類內在的動力（inward human dynamic），藉此上帝被給予出來，但這並非上帝向世界及在世界裏的客觀的自我給予（objective self-giving）。

從基督信仰的角度而言，對士來馬赫來說，基本上上帝是從三種途徑而被認識。他追隨信經由三章組成的傳統去塑造他的思想，也正如本書也採取同樣的途徑一樣。信經斷言相信父上帝是天地的創造主，相信子上帝耶穌基督是救主，也相信靈上帝是生命的主和賜予者，除此之外，祂也會感動先知並將權能賜予教會。士來馬赫所理解的《基督教信仰》的三個段落，正代表了上述這傳統模式的說法，而且在他那本偉大著作的著名結論裏，[3] 他能夠從之前發展的三重樣式中，為其上帝的教義提出上述的含義。然而，由於他的上帝是一位**透過**經驗被**過濾出來**的上帝，而不是一位**給予**經驗的上帝，他便不能在以下的結論之外再作進一步的談論：雖然上帝在三個面具裏向我們呈現，卻沒有可能對此有更多的談論。況且他承認其上帝觀是撒伯流式的（Sabellian），這種上帝觀一般的意思都是指，為著我們的緣故，一位潛在隱晦的上帝（an underlying God）以三重顯現的方式出現，祂在我們經驗之中跟祂的內在存有（inner being）可能相同，也可能並不相同。因此，士來馬赫拒絕教會以下這種傳統的教導：即上帝既在祂的行動中又在祂永恆的神聖或「內在」存有裏都是三而一的。

我們稍後將會回到以下的問題：比士來馬赫所能夠講的要講得更多，為何是如此的重要？但首先讓我們完成關於經驗的討論。我們
可以談多一些關於康德的觀點，我們知道我們經常不能正確地觀看 177
事物，而事實上我們惟有透過我們理性所提供的概念和語言去認識事物和人，為的是要去描述我們對世界的經驗或表示出這種經驗的特徵。然而，如果這被說成是整個故事，並且實在地否認我們的經驗可以以任何方式讓我們進入真實的世界，則不少神學上的意見會反對此立場。第一種反對的意見是，它貶低了創造教義的重要性。這教義使我們確信至少我們經驗的基礎是可靠的，因為上帝已經將這個世界設立在一個肯定的基礎之上。第二種反對的意見（這是從一種不同的視角所得出相同的觀點），士來馬赫的神學本質上是一種墮落的智性（fallen intellect）的神學；或者更確切地說，它假設了人類思想家陷在他們的頭腦之內，固執地以為世界（或上帝）不能突破他們而去塑造和改變他們觀看事物的方式。而一種更加將焦點放在事物的獨特性上面的關乎經驗的神學，會針對上述的看法提出以下反對的見解。雖然我們是墮落的受造物，而且經常不能按著事物的本相去認識它們，但我們的經驗仍然能夠獲得救贖，而事實上也時刻在救贖之中。

沒有甚麼地方比起在士來馬赫的〔聖〕靈神學中，找到更多關於它受摩尼派（Manichaean）約制的證據。對他來說，聖靈被設想為只不過是教會的團隊精神（*esprit de corps*），這也不算是太過誇大的講法。將〔聖〕靈的行動限制於教會之內，是一套神學能夠採取的其中最危險的步驟，因為一方面既會錯誤地增加對制度的期望；另

一方面，又會貶低〔聖〕靈在整體受造世界內所扮演的那部分的角色。現在確實的情況是，我們應從〔聖〕靈跟信徒和教會的關係，去理解〔聖〕靈最基要的角色，就是要去改變、聚集和聖化那些構成敬拜和信仰羣體的人。聖經的應許是這樣的，就是藉著〔聖〕靈，使我們這一班本來已經將我們自己從創造主裏分隔出來的人得以認識祂，用加爾文（John Calvin）的講法，認識祂是一位縱容孩子的父親。換言之，〔聖〕靈最為人認識的功能是，在疏離的兩者之間創造復和，並且同時向墮落的人賜予上帝的知識。必須強調的是，那種知識基本上不是命題性或關乎事實的知識，而是位格性的知識（personal knowledge），好像我們對所愛的某人所擁有的知識一樣。〔聖〕靈藉著耶穌基督使我們進到〔聖〕父那裏去（弗二 18），並且對人在上帝的世界裏是怎樣的有一種新的理解，這會反過來塑造人與上帝的關係。

在這一點上，〔聖〕靈是**那**真理的〔聖〕靈（the Spirit of the truth），這真理就是耶穌基督，「所積蓄的一切智慧知識，都在祂〔耶穌基督〕裏面藏著。」（西二 3）然而，精確地說，那就是我們或許不要將〔聖〕靈的行動限制於那些承認這事的人之內的原因。要
178 記得基督是整個創造的中介者，而且我們必須清楚說明以上這種講法的某些含義，為的是要建立一個更廣義的關於〔聖〕靈的看法，比起只限於信徒和教會範圍之內的那種聖靈觀更廣義。在這裏，我們再次遇上士來馬赫所依賴的、康德關乎經驗的理論的弱點。那裏有真、善、美，事物就會從那裏培育成為他們被造之所是，也就在那裏經驗到進入受造世界、使萬物邁向完善的〔聖〕靈的工作。如果〔聖〕靈真的是那一位藉著基督促使萬有真正地成為他們之所是的〔聖〕靈，那麼就沒有充分理由去限制祂的行動範圍。儘管所有罪惡和錯誤會對知識造成障礙，而且甚至已經對受造人類能力上的種種限制給予了恰當考慮，在墮落世界中墮落的人類依然能夠去經驗那真正的存在。不然的話，我們就會陷入一種摩尼派的看法，按照這種看法，受造世界

不但純粹是墮落的，而且內在地不能追求真理和美善。[4]

正如那位偉大的主教柏克萊（Bishop Berkeley）所了解的，在一般的懷疑主義和神學的懷疑主義之間有一直接的關連，它們彼此之間為對方供應材料和互相強化。從歷史的角度來說，是創造論促成科學的出現的。科學為了其可能性，其實需要一種關於物質世界是真的和有意義的這樣的確信：至少在某些限度之內，能按照它真正之所是而**能被經驗的**（experienceable）。然而，早期現代科學的哲學性理論家發展他們的解釋時，其所用的方式產生了一種狹窄的觀點，因而實際上削弱了科學所依靠的基礎。經過一段時間之後，冒起了一種被稱為「後現代主義」（postmodernism）的反動，它最極端的方式，甚至會否認那些曾經堅不可摧、受人尊重的科學具有宣稱知識的權利。這是進一步的證據，證明欠缺神學基礎的人類思想和文化，最終會將它引導進入懷疑主義的旋渦之中。很多後現代主義，其實是一種主張創造為沒有意義的摩尼派的教義，而不是關乎墮落的創造的一種實在論的（realistic）觀點——而這墮落的創造卻仍沒有免疫於〔聖〕靈的闖入。

因此，〔聖〕靈的神學讓我們相信在下列兩方面都能夠有真正的知識：萬物真正之所是的方式，以及上帝創造他們所賦予的存有。然而，這並非就等於簡單地將神學拋進世界的問題之中，卻是在這樣
的亮光下，縱然有著一切的疑惑和問題，相比起那些支配了近幾個世 179
紀歷史的約化論者和懷疑的理論，我們能夠對我們經驗的豐富性和它的基礎的實在性有較好的了解。因此，我們需要的是一種已被修復的、關於經驗的概念，按照這種概念，呈現在我們面前的，並非單單只是一種現象的顯示，而是生活於包涵著我們存有的實在之內，然而，我們卻可以按照我們能力的限制和它們的存有，部分認識它們和它們的創造主。在這一點上，基督教基要的宣稱是，上帝在基督裏讓自己被人經驗，按照這一方式而言，知識並非單單是被授予某人的東西，而是藉著祂而獲得上帝在其自身之內的知識。

我們能夠更加神學地闡明這一點，在基督教信仰裏我們關注的是福音，這福音就是上帝在基督裏更新變化的歷史性行動，這行動是透過〔聖〕靈在當下實現的。在行動中，上帝在仁慈和審判中來到人類的身旁，帶來復和與虔誠的悔悟，由此而藉著帶領人類離開死亡的領域，並進入最後的完善這盼望中更新生命的應許，從而塑造他們。如果這真的是上帝的行動，那麼我們必須要問：它的基礎是甚麼？它是否僅是我們不能詢問更多關乎它的內容的這樣一種經驗？如果士來馬赫是對的，就我們所知道的一切而言，在祂的內在生命中的上帝，也許跟我們在經驗中所遇到的上帝有極之大的分別。在這種情況底下，我們不能再信賴福音，因為我們的經驗可能最終會欺騙我們。而且這並非僅限於我們特定的基督教經驗的例子，原因是我們對我們世界的結構或我們歷史運行的軌迹也可以同樣缺乏信心。惟有如果上帝無條件地成為世界、生命和歷史的主，我們才能有信心地認為它們是有價值的，以至我們能夠履行日常的生活的任務。極端一點的講法是，如果萬物在上帝的存有中沒有最終的基礎，我們就是站在杜斯妥也夫斯基（Fyodor Dostoyevsky）的角色的位置上，生存和自殺之間的選擇，對他的角色而言乃是絕對無關緊要的。更加受約制地說，我們可以說的是，惟有我們獨特的經驗是建基在那關於上帝美好創造的普世教義之上，我們就有可能逃離相對主義（relativism）和主觀主義（subjectivism）的危險。

## · §37 「經世」與「內契」三一 ·

不少現代人對三一論不感興趣（如果並非毫無保留地持敵意的態度）的其中一個原因，就是它通常看來不過是如此運作吧：它看來除了去試圖調解一些明顯互相矛盾的數字這種無結果的工作之外，就
180 再也沒有甚麼要講的了。本書前面的九章，已經構思了以一種徹底三一論式的措詞，去構想上帝在世界中的行動，就在這種解說中實踐

性地去駁斥這種講法。第一，將焦點集中在父上帝的工作之上，在祂的愛裏，祂定意要有一個有別於祂的實在，而這既是為了這實在的緣故，又是為了上帝的榮耀的緣故而存在的。創造是父上帝藉著〔聖〕子在〔聖〕靈裏的行動：藉著〔聖〕子創造，並且透過聖靈引導它邁向完善，聖靈藉著〔聖〕子把它歸屬到〔聖〕父那裏。

一種類似的格局在本書的第二個主要部分裏被辨別出來，那就是處理拯救的問題。在拯救裏，中心點是以下這行動：即子上帝道成肉身和生活、受苦、死亡、復活，以及最終升天回到〔聖〕父那裏，並應許最後復臨使萬物在祂裏面同歸於一。無論如何，這同時被視為〔聖〕父的行動，祂差遣（犧牲地「放棄」）祂的兒子，並且那成肉身的主，自由地將自己完全奉獻給祂的工作。祂是上帝的兒子，在永恆裏與〔聖〕父原為一，然而卻成為人，並透過〔聖〕靈的行動，促使祂能夠成為，而且依然成為真正的人，耶穌也藉著〔聖〕靈將祂的存有和行動，歸屬到祂們的源頭父上帝那裏去。

在本書的第三部裏，我們關注的是人對耶穌基督工作的接受和挪用（appropriation），以及最後提到其終末性的完成。在這裏，焦點尤其落在〔聖〕靈塑造教會及其成員的生命這樣的工作之上。無論如何，再一次強調，那核心的行動者不能抽離其他兩個位格的工作，〔聖〕靈永遠不能獨立於〔聖〕子而作工，由於〔聖〕靈被差遣是為了對後者作見證，「透過〔聖〕靈藉著〔聖〕子」（by the Spirit through the Son）是祂所有行動必須具備的特殊陳述。然而，正如我們已經提過，〔聖〕子的工作**就是**〔聖〕父的工作，因此當〔聖〕靈藉著〔聖〕子去提交萬物的時候，〔聖〕靈正正是透過這一行動將萬物歸屬到〔聖〕父那裏去，萬物是從〔聖〕父而來而最終又回到〔聖〕父那裏去。

在這種作為整體的發展中，被稱為經世三一（economic Trinity）——即在行動中的三一——的神學已經被形構。「經世」這字是一個神學上的鑄造詞，遠遠在於它被約化為與金錢這種沉悶的事情有關的名詞出現前就已經存在，雖然在我們的現代世界裏它有時也跟政治有關。這字原本的希臘文的意思是指到家庭的管理，並且隱喻地用來指到，上帝指引祂的世界從其創造邁向最後的圓滿的方式。在第一至九章所簡述的經世三一的神學裏，提供了一種三一的方式的解釋，在這種三一的方式裏，上帝在時間裏並藉著時間去創造、塑造和完善祂的受造世界。

181 在發展到迄今為止，在上述的解釋和士來馬赫的解釋之間，最具決定性的分別是中介的觀念：這是一種上帝在其中行動，並被確認為正在行動中的方式。對於士來馬赫來說，中介的行動是透過經驗而進行的，而當中所出現的，就是本質上是那位獨一的和不能為人所認識的上帝，在能夠被經驗的範圍內所發生的行動，並以三重的方式對其作出的區分。至於在第一至九章裏所發展的關於中介的解釋，也是類似地提到那獨一的上帝、〔聖〕父，不過這一次，祂的行動卻是透過祂的〔聖〕子和〔聖〕靈，以一種二重的方式居間而促成的，並非**透過**經驗而促成，卻是**按照祂們被**經驗到的而促成。這一點或許看來是傳統上稱為次位論式（subordinationist）的觀點，而且也是三一神學容易傾向的兩種危險的其中一種：主張惟有〔聖〕父是真正的上帝，〔聖〕子和〔聖〕靈在某些方面與〔聖〕父相比有較少的神性，是次一等的實在。在這個解釋上，已經明顯有一種能被稱為經世次位論的元素，因為在經世的計劃裏，〔聖〕子和〔聖〕靈被差遣去完成〔聖〕父的工作。不過是否就此可以推論這必然是一種本質上的次位論**主義**（subordinationism）——在上帝永恆的存有裏的一種附屬性的地位；由於在上帝行動的模式中，其中一位按照另一位的意願去做，是否就此可以推論祂及不上那〔聖〕父，而是次一等的上帝呢？

有兩個考慮顯示我們必須給予否定的答案。第一項考慮是，因為〔聖〕子和〔聖〕靈皆是在行動中的上帝；又因為祂們在世上進行上帝的工作，因此祂們是真正和完全的上帝，就好像〔聖〕父是真正的上帝一樣。愛任紐（Irenaeus）以雙手作為類比：當我們用雙手去工作時，就是我們自己在工作。故此，當〔聖〕子和〔聖〕靈在時間和歷史裏行動的時候，祂們的行動就是父上帝透過祂們履行的行動。約翰福音對這課題有這樣的貢獻，約翰很清楚地展示了這複雜的事情，耶穌自己真正地和自主地行動：不過祂所做的仍然是〔聖〕父的工作，以致那些看見祂的猶如看見〔聖〕父一樣。這裏有一行動和啟示的聯合：祂所作的就是〔聖〕父所作的；而且祂所作的就是啟示，透過祂，讓人類自己分享某些祂跟上帝的父子關係，藉著這種方式讓祂的〔聖〕父被人認識。以弗所書也有相近的立場，為我們心目中三一式行動的特色提供了一個典範：「我們兩下〔猶太人和外邦人〕藉著他〔基督〕被一個聖靈所感，得以進到父面前。」（弗二 18）

第二項考慮同樣可以從約翰福音舉例說明，也能藉著我們較前
的篇章曾經用過的巴特的觀察去簡單總結出來，所要講的就是被降
卑時如同被升高時一樣真正地如上帝一般。[5] 當耶穌做〔聖〕父的工
作，並且當履行明顯本應由傭人來做的，即為他的門徒洗腳這項工 182
作的時候，不但為人類的行動立下了一個典範，[6] 同時更展示了祂是
一種怎樣的神聖的存有：祂之為神聖不僅僅在於神性。這也就是基
督論為何如此重要的原因，由於藉著堅持上帝永恆的兒子成為人這
種講法，這就向我們啟示了某些關於神格（godhead）的核心事情，
若以巴特的方式來說明多一次，意思是在上帝裏面既有至高的任命
（superordination），又有隸屬的位分（subordination），既有命令
又有服從。[7]〔聖〕子正是在祂跟〔聖〕父最大差異之處而成為上
帝：上帝在一種不同的方式下成為上帝。

一旦基督論被安放在適當的位置，就不難提出一種對等的關於〔聖〕靈的神性的主張。如果〔聖〕子在存有上位於〔聖〕父之下，就真的有可能由此推論，〔聖〕靈在這種存有的連鎖關係中，祂是有點兒較低下的，正如初世紀有些神學家被促發去提出這樣的想法一樣。然而，如果我們接受〔聖〕靈是在一種平等，卻以不同的方式成為上帝這種講法的話，就會很容易論證，由於祂所做的那類事情，因

而〔聖〕靈同時顯然地也就是上帝。這種講法的基礎，再一次非常明顯地見於約翰福音。「另一個保惠師」的應許，將〔聖〕靈的行動安置在耶穌的行動旁邊：祂們有相同的神聖地位，卻在行動上有不同的模態，乃由於祂為了那因著升天而不能肉身臨在地上的耶穌，作了中介的工作，並因此帶領男男女女進到〔聖〕父那裏去。[8] 較早前關於〔聖〕靈具有同等神性的講法非常依賴下列的宣稱：因為祂使聖潔出現，又因為惟獨上帝能使聖潔出現，所以祂也必定是聖潔的。在這本書中所提出的講法，為的是製造一個較廣義的觀念，從創造的中介性行動開始（肯定某些講法是建立在傳統之上，例如加爾文），不過同時亦強調，透過〔聖〕子，使受造秩序在其存有的一切範圍裏邁向完善這種終末性行動，首先發生在人類身上，然後隨著便發生在非人類的範圍裏。

關於新約聖經對於上述事情講法的重要性，在於新約作者明顯地含有以下的意思：〔聖〕子和〔聖〕靈兩者都具有神性的地位，卻
183 沒有任何危機的意識。他們從不懷疑他們的上帝就是舊約聖經所認信的上帝，舊約對神聖的一體性（unity）有這樣強烈的肯斷：「耶和華─我們上帝是獨一的主……」（申六 4）。關於這一點，有兩件事必須被説明。第一件事，舊約聖經作者關於上帝的一體性的堅持，跟他們將一系列具有很大差異性的上帝行動均歸屬於上帝這種做法，認為兩者之間沒有任何的矛盾。上帝並非一位空白沒有內容的獨一體，卻是一位豐富而多元的位格性的行動者，祂藉著祂的道、祂的智慧、祂的榮耀、祂的名字、祂的靈所發揮的中介性作用，在這受造世界上工作。關於這兩點，申命記對上帝獨一性的堅持，是新約聖經在它最早期的發展中，其中一種從基督論的角度去修飾和詮釋的觀點。正如我們在上面第五章所見到的，保羅在哥林多前書八章 4 節引述申命記六章 4 節，然後在 6 節作出這樣的修飾：「然而我們只有一位上帝，就是父─萬物都本於他；我們也歸於他─並有一位主，就是耶穌基督─萬物都是藉著他有的；我們也是藉著他有的。」萬物藉著

〔聖〕子從〔聖〕父而來又回到〔聖〕父那裏去。類似地，再次稍為容易一點地指出，沒有可能讀聖經時讀不到下面的意思，即是說當〔聖〕靈正在做某些工作的時候，那工作就是上帝所做的工作。〔聖〕靈是上帝在行動中那位格性的能力和能量。

真正的問題並非關乎聖經的，而是關乎哲學的，當進入希臘的世界時，所有這些問題就出現，涉及的是過於抽象和狹窄的關乎上帝一體性的看法，以及堅持教會要澄清的是，如果所構想的上帝是這樣的一位上帝，這對敬拜又有何意義。雖然新約聖經欠缺這樣的三一論，可是正如我們曾經提過的，它有一種關於中介的三一式的觀念。對一世紀基督教神學的挑戰，就是去回答關於上帝的身分的問題，而這上帝是我們曾經描述過的，讓祂的臨在以我們感覺得到的三重方式表現出來。除了我們已有很多個世紀的爭辯和解說這種優勢之外，上述的挑戰跟我們所面對的挑戰沒有分別。教會藉著〔聖〕子在〔聖〕靈裏所敬拜的是**誰**（who）？就在這裏，將聖經信仰裏其中一個核心思想，從希臘世界致力研究所得的概念中區分出來。有一種披著神話外衣的神學，這套神學充滿了喜歡競爭和愛爭吵的諸神，他們只不過是人類特徵和大自然力量的投射而已，希臘哲學家要從傳授給他們那披著神話外衣的神學中醒悟過來，他們要尋找一種非位格性的宇宙原則作為他們世界的基礎。對應於他們問及神聖的原則是**甚麼**（what）這問題，基督徒的問題卻是問這上帝是**誰**？以他們的經驗去確定祂正是以這種方式去創造、復和和聖化的那一位有位格的上帝是誰？恰當的三一論是對這問題作出回答的一種嘗試，但它同時也對那相當恰當 184
的希臘問題提供答案，即跟我們相關的**上帝是甚麼類型**（what kind of God）的上帝這一問題。

我們現在站在一個立場去回答這一節開始時所提問的問題。有沒有甚麼充分原因讓我們去問永恆或內契性的三一（eternal or immanent Trinity），在某些方面跟那位在經世行動中被人認識的上帝是有分別的？那條件性語句「在某些方面」的分別是非常重要的，因為在歷史上曾經處理過內契性三一的問題，內契性三一似乎自由地漂離那位在祂的〔聖〕子和〔聖〕靈裏臨在於歷史的上帝。關於這種進路的批評是非常著名的，我並不打算在這裏討論這些批評，在此只想說一句，從天主教和新教的角度，已有不少書籍是就著這些批評而寫的，它們都實際地或明顯地否認那超越經世行動的需要。[9] 我們會稍後回到「需要」這問題，但首先要討論的是，為甚麼我們認為有可能這樣做。

答案在於經世性三一論的本質，這點從本書開始就已經談及。如果〔聖〕子和〔聖〕靈**是**（are）〔聖〕父在行動裏的雙手的話，那麼祂們就是那**永恆的**上帝在世界的臨在。原因是祂們並非透過人類經驗過濾所得出的、一位可能有別於自身的上帝的顯現；相反，祂們是在祂的行動中給出自己的上帝，藉著上帝自己，祂把自己賜給那些已經被祂呼召的人，這些人的社羣性的中介經驗是以敬拜為核心，他們由此而獲得上帝的啟示。這是那位在行動中永恆的上帝，正因如此，我們便不能不在行動和行動者之間作出區分，至少在這範圍內回答，那在我們的時間內行動的那一位是誰這一問題。實際上，論到祂是在我們時間裏行動的那一位，就等於要迴避「永恆」這字的含義，很簡單，因為我們需要為我們所宣稱的含義負責，尤其是那創造論的宣稱所提到的：成為上帝是一回事，成為世界又是另一回事。如果我們對這位認定是永恆的上帝的身分這一問題，不能提供任何答案的話，那麼我們首先要為祂的行動作出宣稱，這種做法又是否對的呢？

185 這並不是說我們應該以任何方式，將我們從祂的行動的含義中抽離出來，並用這種方法去猜想上帝的「內在存有」。內契三一論的要點是要為經世性行動這種神學提供一個基礎，不過卻不能逾越任何透過祂的啟示所允許的事情。舉例來說，一旦祂離開那獨一上帝行動的合一性，而變成一種尋找或這或彼的方式，去展示如何調解一和三的矛盾的遊戲的話，那麼，這種三一論就跟我們再沒有甚麼相關性了。它不是關乎數學的一件事情，卻是關乎那獨一的上帝的獨特位格性存有，如何藉著祂的行動這種方式去啟示其自己。

在這一點上，令人感到驚奇的是，東方教會的教父是不可知論者，我們應該藉著跟進他們的例子來開始我們的討論。耶穌跟祂的〔聖〕父的關係，由始至終決定了耶穌的歷史性身分這樣的事實，這事實提供了理由去作出以下的總結：祂就是那一位永恆的〔聖〕父在永恆裏的兒子，被差遣到時間裏去重新創造（recreate）那墮落了的世界，不過祂卻是來自、返回並且依然內在於那永恆上帝的存有。在觀念上這樣的看法可以以下述的方式表達出來，就是〔聖〕子透過〔聖〕父「在永恆裏被生出」，那「在永恆裏」的字眼，清楚地描述了這種關係只以最約制性的方式類比於人類父子之間的關係。它不是一種從人類生物學出發的投射，卻是來自拿撒勒人耶穌和祂的〔聖〕父之間，彰顯於道成肉身期間的位格性關係。類似地，為了要尋找一種方式，去表達〔聖〕靈和〔聖〕父之間的關係的特色，藉以解釋經世性模式的差異（即是說不要令到〔聖〕靈成為第二個兒子），東方教會的教父就從第四卷福音書裏汲取了「出來」（proceeding）這觀念。當我們說〔聖〕靈從〔聖〕父而出，縱然這是一種奧祕的關係，其含義是指到祂跟〔聖〕父的關係是完全有別於〔聖〕子跟〔聖〕父的關係。將這兩個觀念合起來，便能在概念上提供一種方式，去區別跟父上帝這一神聖的源頭和原則在永恆裏的兩種關係。〔聖〕子是在永恆裏被生出，〔聖〕靈在永恆裏從〔聖〕父而出，因此，兩者是以不同的方式在上帝裏面存在。

然而，在〔聖〕靈的情況裏，早期的神學家也許有益地走得稍遠一點。我們已經見過遍及這本書的觀點，有理由指出最好是從終末的角度去考慮〔聖〕靈的工作：去使那在開始時被創造的邁向完善，而且這種完善的工作，是在很多不同和各式各樣的獨特方式（無論是平凡的或不平凡的）裏發生的。假設我們從以下這種建議出發去推論，在永恆裏〔聖〕靈類似地是那一位使上帝的存有邁向完善的，故此首先祂會促使〔聖〕父和〔聖〕子之間的關係被正確地描繪為愛 186

的關係。第二步就是為上帝在祂的〔聖〕子裏從自己走出來而進入世界，即為其創造和救贖的行動提供基礎。這種講法在某些方面類似於奧古斯丁將〔聖〕靈的特徵描述為〔聖〕父與〔聖〕子之間愛的結連一樣，不過卻將上帝變成為一位永恆內在轉動的圓環（eternal inward turning circle）這種傾向作出了修正，而成為一位從永恆走出來朝向他者的存有。

提供這樣一種關於上帝存有的說明，是要指出〔聖〕子和〔聖〕靈在構成上帝的存有上，在本質上是跟〔聖〕父一樣的。透過雙手的形象（那逃避不了的聖經故事的含義是〔聖〕子順服和〔聖〕靈被差遣）而暗示的經世性或功能性的隸屬，不一定相應地帶來一種次位論的神學，因為順服的〔聖〕子和被差遣的〔聖〕靈仍是真正的上帝。在傳統的語言裏，〔聖〕父也許是三一的源頭，但〔聖〕子和〔聖〕靈是同等地構成那獨一上帝的永恆性存有。這種講法進一步的含義，是指到上帝並非一單子（monad），上帝並非如早期一些神學家所講的是孤獨的，因為共融性（communion）是內在於祂的存有的。如果我們問三如何能夠成為一，答案是**這一位**上帝單單由於以下的方式而成為合一的上帝：〔聖〕父、〔聖〕子和〔聖〕靈在祂們的所是中相互性地和互惠地在祂們彼此之間毫無保留地付出和接受。加帕多家教父（Cappadocian Fathers）鑄造*互滲互存*（*perichoresis*）這觀念去表達這種獨特的存有方式的特徵，在通常被指屬於該撒利亞的巴西流（Basil of Caesarea）所寫的信如此說：上帝**是**「一種持續的和不能分開的羣體」。作者明白他在這裏要嘗試描述一個新概念的內容，他說：它是「一個關於合一的分離和分離的合一的新穎和弔詭的概念」。[10] 上帝惟獨是三個位格其存有非常緊密地彼此連結在一起而構成為一位的上帝。

基於這樣的說明，上帝的存有可以被描述為愛，但這是一種很獨特的愛。當我們說上帝就是愛，首先的意思是，上帝是由一種付出和接受的位格性結構所構成的，沒有任何剩餘物構成上帝的存有。

內在而言，上帝是**位格**（persons）之間的團契，其定位完全是朝向他者的。在上帝裏存在三個位格這觀念對我們來說是有困難的，因為在現代的意義下，我們會將位格理解成個體的人，而且會將這個體的人定義為**超越**（over against）另外一些個體，甚至與其對立起來。（因此，這在本質上就是很多現代社會秩序的競爭性的意識形態。）三一式的位格觀念結合了個體性這觀念的某一方面，因為它堅持每一
位格都是獨特的和不可替代的。〔聖〕父不是〔聖〕子，〔聖〕子不 187
是〔聖〕靈，不過祂們三者全部作為上帝都對上帝的存有是不可缺少的。另一方面，這三者雖然彼此是各不相同的，但又並非像現代的個人主義般彼此競爭，而是彼此之間完全地為對方付出和從對方中接受。由此，在上帝存有的永恆結構裏，便存在一種朝向他者的導向（orientation to the other），這就是我們談到上帝就是愛的意思的第一個解說。

第二個解說也是關乎這位上帝的導向，我們可以說，祂內在的動力並非只滿足於保持在永恆的愛這樣一種永恆有序的狀態之中，而是要移動從自身走出來，去創造一個祂所愛和願意跟它建立關係的世界。那「內契性」朝向他者的永恆導向，成為上帝創造、復和與救贖另一實在即祂的世界的基礎。就在這一點上，我們就能夠得出為何要發展一套內契三一論的其中一個主要的理由，當我們說上帝在永恆裏已經存在於愛的秩序狀態之中，這種講法會有助於我們避免將上帝說成，祂在某些方面因為有需要才創造世界，彷彿如果沒有另一存在者在祂身旁，祂就不能成為其真正的自己。我們必須能夠講得到，上帝其實能夠滿足於保持在祂的永恆存有裏而不用去創造一個世界。正如我們曾經提過，在神學裏一般需要避免一些假設的講法，因為我們在神學裏關注的是上帝曾經進行、正在進行，和將要進行的事情。然而，如果我們要去明白否定一項重要的教義所帶來的後果的時候，有時也會需要它們的。有兩個理由其實可以肯定上帝不需要創造這個世界。第一個理由關乎作為上帝，上帝自身的完整性這問題，上帝擁有

至高無上的主權和榮耀的教義支撐著上帝存有的全然自足性，若欠缺了這些屬性，祂就不能作為真正的上帝而受人敬拜。一位需要世界圍繞著祂的上帝只是一位不像樣的小神（godlet），是一種外邦人的投射，並非基督徒所認信的全能的上帝。

第二個理由同等重要卻是相反的意思，上帝存有的獨立性，即祂的自我存在（祂屬乎自己及離開其自己的存有），對世界的完整性也是必須的，「惟有異教的諸神才會妒忌人」。[11] 一位具有至高無上主權的上帝能夠讓世界成為其自己，而不會單單成為經常流行所講的「複製」或「傀儡」的一種功能。正如我們曾經提過，這真的確實是上帝雙手的教義的功能，首先建立了上帝跟那一個與上帝有別的世界的創造和救贖的關係；第二是表達了祂的關注：要促使它真正地成為其自己。如果上帝需要世界，正所謂所有時間都必須守望著它的肩頭，而不是單單讓世界成為其自己，這對世界來說將會是一種可怕的
188 負擔。這並不表示，跟惟有當世界尋求要將榮耀歸給上帝之時、它才真正地成為其自己這樣的事實完全有抵觸，因為那正是賦予它其最終的完整性。單單因為上帝是美善的這個理由，就應該快樂地和感謝地將榮耀歸給祂。

## · §38 三一所造成的分別 ·

在這本書舖排中，尤其在頭三章裏，曾經介紹過一些我們稱為上帝的屬性，即上帝之所以成為上帝的方式。其中一種能夠藉此看出內契三一論的要點的方式，就是要明白，如果用三一論的角度去理解上帝的屬性，將會導致我們會以一種獨特不同的方法去構想上帝的存有。三一為發展一種獨特的上帝觀奠下了基礎，那些屬性在新的架構下如何發展呢？可以從幾方面說明其結果的特色。

第一樣發生的事情，就是不同的屬性也許從我們一般的期望中走到前台。在我們所遇過的這些屬性中最顯著的要算是神聖的憐憫

（divine mercy），在對上帝的一種「自然」的解說中，把憐憫調高是很少出現的，無論那是希臘和羅馬古代，抑或哲學性神學都承繼了自然的解說，並且繼續成為不少現代宗教哲學討論的基礎。其差異最重要的核心是上帝的性情或位格性的特徵，這是有別於哲學性神學的，是哲學性神學偏重對上帝抽象的描述所感到不安的。無論如何，正如我們曾經提過的，由於上帝是在三位位格的共融中成為上帝，故此如果上帝的存有是位格性而別無其他的話，那麼，位格性的屬性必然是優先的，那抽象和哲學性的則只可能是次要的。[12] 對三一的上帝而言，憐憫並非一偶然而是一種內在固有的特質，因為上帝是永恆的愛，而憐憫則為愛的外顯工作的方式，憐憫是上帝在墮落的時間和歷史中行動的外顯工作，對祂來說，對他者的愛是祂的存有的核心。

第二種特徵涉及改變，就是透過位格性三一式的範疇來塑造的， 189
那些較抽象和哲學性的屬性具有他們的意義。在這裏舉出一個有趣的例子來證明，那就是一對帶有否定意義的屬性，即上帝的不變性（immutability）和非情性（impassibility）這兩種屬性。正如我們已經提過，我們必須能夠斷言上帝是不會改變的，這是就著祂的存有在存有論上來說是安穩的這一方面而言的，以致我們可以信靠祂的應許。可是傳統有時會將這種講法變得更加抽象和非位格性，若從三一論的角度去解釋，不會改變究竟是甚麼意思呢？從內契三一而言，上帝不能改變，但祂就是愛；從經世三一而言，祂將來不會改變，但卻注意到祂那使創造邁向完善的目標將會完成。正如我們提過，非情性是更難理解的，由於在三一上帝的經世性行動的核心裏，正是〔聖〕父差遣祂永恆的兒子受苦和死在十字架上。然而，又正如我們也提過的，由此不可推論十架的受苦能用來產生一套普遍的神聖動情（divine passibility）的教義。相反，我們必須說上帝在〔聖〕子裏受苦的歷史性行動，展示了在歷史面前祂不是「被動的」（passive），十字架反而是〔聖〕父在塑造歷史朝向祂的復和意願的過程中的一種殘忍的行動。

「全……」（omni-s）又是甚麼？上帝的全能（all-powerful）、

全知（all-knowing）和全在（all-present）是甚麼意思呢？我們可以應用相同類型的論證，那一位能夠藉著道成肉身引導歷史往前走向十字架的，就是不能對其權能設限的那一位。然而，不能抽象地想像這種全能，卻要位格性地構想的，而且是為其對象的需要而安排的。無論如何，再次強調，並非所有的情況都是很容易描述的。關於上帝的知識這種問題，並非三言兩語可以決定，只能在這裏稍為提及它的形式。不少爭論是由下面的困擾引起的，這些困擾包括上帝作為時間的創造主又在時間之外，祂能否知道我們稱為將來的事情，以及祂在那一方面能夠知道。這些爭論不承認有令人滿意和最終的答案。從三一論的角度而言，我們能夠有答案，不過要將焦點放在顯示給我們的事情之上，那就是〔聖〕父成了肉身的智慧的那位，祂位格性地具體表現了〔聖〕父對萬物得贖的「預知」和準備。全在的問題則較少，那一位能夠在耶穌基督裏臨在於世界之內而把祂的行動區分開來的，必定同樣也能夠更加普遍地臨在於祂所創造和支撐的一切事物之中，祂能夠臨在於任何地方，卻仍能保持祂跟受造萬物的分別。（可回想前面第二章關於護佑的討論。）

第三種發生在屬性上面的事情，就是對一種盛行已久的差別提
190 出質疑，或至少要求作出修改。那就是在兩類屬性之間所作的區分，一類就是那些絕對的或內在固有的屬性，即是那些絕對地標明為上帝存有的特徵的，也就是說，如果上帝要成為上帝，祂必須要有的特徵。另一類就是那些相對的屬性，即是那些由於上帝要跟受造世界建立關係而需要的屬性。若從三一論去解釋，這種區分的意義必須要受到限制，因為一方面沒有絕對的屬性，就著這一詞彙的範圍來說，絕對的屬性是非關係性的。所有上帝的特徵就是它們之所是，因為它們是〔聖〕父、〔聖〕子和〔聖〕靈在永恆裏的關係的功能。它們是它們之所是，由於上帝是永恆裏位格性的愛，這愛是為對方付出和從對方中接受的。由此推論下去，上帝在跟世界的關係裏所展示的特徵（事實上是「外在」地表達出來的），是建立在〔聖〕父、〔聖〕子

和〔聖〕靈彼此之間的內契性關係的根基之上。這也說明了為何巴特以下的主張是對的：巴特認為上帝的永恆性不能純粹是非時間性的，同時祂的無限性也不能純粹是空間的否定。[13] 從某方面或其他方面來說（我們對於這些概念準確的言內之意必定是不可知的），上帝的永恆性和無限性，是祂在拿撒勒人耶穌裏成為時間性和有限的存有的能力裏啟示出來的；事實上，是在祂創造這個時間和空間的世界的能力裏啟示出來的，這個時空的世界就是祂的護佑性的愛的對象。

第三種特徵可以透過參照另一屬性而被闡明，它在聖經裏是很突出的，而且毫無疑問能將上帝的內契性存有和經世性活動的特徵同時表明出來。如果奧托（Rudolf Otto）那著名的論點是對的（這是一個誇大了的「如果」），則人類宗教性的核心就是一種對上帝的聖潔的意識，那麼，所有宗教就某方面而言關注的就是聖潔（holiness）。無論如何，三一上帝的聖潔，並非等同奧托將聖潔定義為敬畏的和著迷的奧祕這種著名的描述。它反而是朝向他性（otherness）的，他性是上帝作為〔聖〕父、〔聖〕子和〔聖〕靈在祂們一切的差別中的關係裏，已內在地固有的存有。正如我們在較早前的幾章所提過的，這種他性的存有論，反過來，興起了一種有別於上帝的創造秩序的神學，並且也興起了一種在男女關係之中，將重心放在他性之上的這種關於人的解說。它同時將救贖的經世活動，建立在以色列和教會被揀選作為上帝聖潔的子民這基礎之上，而它們是為著萬國的緣故，被呼召要從萬國中分別出來。正如上帝跟世界和其他諸神有分別，祂所關心的是令到按照祂的形象被造的那些人能夠成為聖潔。

類似的觀點也可以應用在上帝的榮耀上面。上帝內在和永恆的 191
榮耀溢出傾流到創造和救贖裏面，以致祂的榮耀應該在全世界裏被人認識得到。上帝在耶穌裏使自己得榮耀，為的是祂的子民可以從現在到永遠都將榮耀歸給祂。從三一論的角度去思想，那麼榮耀有何意義呢？對第四卷福音書來說，上帝乃是藉著耶穌從道成肉身到升天，一生發生在祂身上的事情來榮耀祂的名。救贖的經世行動的重心，正是〔聖〕父藉著祂的〔聖〕靈榮耀祂的〔聖〕子的一連串的歷史事件。上帝永恆的道成為肉身（「我們也見過他的榮光」〔約一14〕），乃是從上帝永恆三一的愛中傾流出來的，是對罪和邪惡的回應，以致它們不能有效地阻止受造物朝向完善的移動。人類歷史的中心，就是上帝永恆三一的榮耀在一個獨特的人中間被啟示出來的地方，以致上帝的榮耀在終末的日子能遍滿整個世界。

願榮耀歸於〔聖〕父、歸於〔聖〕子、也歸於聖靈，
從世界的起初、現在、直到永遠，無窮無盡，阿們。

**註釋：**

1. F. D. E. Schleiermacher, *The Christian Faith*, translated by H. R. Mackintosh and J. S. Stewart (Edinburgh: T. & T. Clark, 1928).
2. Karl Barth, *Dogmatics in Outline*, translated by G. T. Thomson (London: SCM Press, 1949), p.23.
3. 經常被指控的是結論而不是附錄。
4. 在這一點上，我們不應期望基督教信仰和科學真理（這裏的意思並不是所有的陳述都是由科學家形成的）最終會彼此衝突。
5. 見本書英文原書頁碼 116。
6. 那些在教會裏站在「領導」地位的人最好能把事情恆久地放在心中。
7. Karl Barth, *Church Dogmatics*, translation edited by G. W. Bromiley and T. F. Torrance (Edinburgh: T. & T. Clark, 1957～1975), vol. 4/1, pp.202～203.
8. 參約翰福音十四章 25 至 26 節及十六章 7 至 11 節。留意在後面一段經文所提出的觀點：為著門徒的「益處」，耶穌要離開世界為的是〔聖〕靈能夠來到。
9. 近年一些要減弱或廢除內契性三一論的一些不太令人滿意的嘗試，按照天主教和新教這次序分別為：參 Catherine Mowry LaCugna, *God for Us: The Trinity and Christian Life* (New York: HarperCollins, 1991) 及 Ted Peters, *God as Trinity: Relationality and Temporality in Divine Life* (Louisville, KY: Westminster/John

Knox Press, 1993)。

10. Basil of Caesarea, *Letters* 38, 4.
11. Barth, *Church Dogmatics*, vol. 3/2, p.87.
12. 對這問題有很好的討論的，可參 Christoph Schwöbel, *God, Action and Revelation* (Kampen, The Netherlands: Kok Pharos, 1992), chapter 2。對上帝的存有和屬性的其中一個經典的處理，可以在下列書中找到：Barth, *Church Dogmatics*, vol. 2/1, pp.257～677。
13. Barth, *Church Dogmatics*, vol. 2/1，前者參頁 608～620，後者參頁 464～470。

# 譯者跋

記得鄧紹光博士找我翻譯根頓這本書的時候，我即時的反應是很想推辭。因為對我來說，翻譯本身是一項非常困難和吃力的工作，翻譯與創作相比，前者令人沉悶得多，而且需要付出的時間絕不少於後者。不過更重要的是由於我對翻譯的工作經常存在一個疑問：翻譯是否可能？何況要翻譯的是根頓的書，他常用的是艱澀的文字，語句的結構一般頗為複雜，能讀懂他的文章已經不是容易的事。那麼，翻譯根頓的書是否更不可能？若勉為其難，又豈不是徒勞無功！

我對翻譯的可能性的存疑，主要還是源於對「翻譯」的理解。可能大多數人都認為，兩套不同的語言之間在意義上存在著一一對應的關係，舉例來說，英語 God 這詞相應於漢語「神」字，它們之間擁有共通或共同的意思，因此「翻譯」所代表的只是一種語言的轉換，只要首先分別理解 God 及「神」兩字的意義，就能成功地進行翻譯的工作。然而，我認為「翻譯」並非這麼簡單，因為 God 及「神」這兩種不同的語言系統背後其實代表兩個差異很大的文化世界，嚴格上兩種異文化的語言之間是否存在共通或共同的意思，仍是值得商榷和爭論的議題，所以若要求譯者將一套異文化陌生的語言「準確地複製」成自己熟悉的文化的語言，談何容易，甚至如何可能？然而，這種意義下的「翻譯之不可能」仍未是大多數讀者的想法，於是亦成為我不敢隨便翻譯的原因。故此，特別期望這中譯本的讀者，一方面不要執著「鏡式反映般的複製」這個翻譯觀念來閱讀此書；另一方面，也盼望讀者在閱讀的過程中，能體驗及包容「翻譯」之困難、限制及其可錯性（固然包括本人因才疏學淺而造成的錯誤）。

從詮釋學（hermeneutics）的角度而言，「翻譯」其實就是「理解」和「解釋」的工作，翻譯根頓的書，其實所做的是用漢語來解釋他的著作的工作，故此翻譯神學哲學這類的書籍，尤其困難。要理解這類文章已經不容易，何況理解之後還要解釋。不過當這樣說的時候，似乎已經假設了理解是解釋的前題或基礎，即是說先有理解，然後才有解釋。然而，近代詮釋學的理論已推翻了這種先理解後解釋的看法，認為理解本身就是解釋，換言之，理解必須通過解釋才能實現。故此，對我而言，翻譯根頓的書的過程，同時就是通過解釋而理解他的著作的過程。儘管我的理解還是不完全，甚至有誤解，正因如此，「理解」還要不斷延續下去，「翻譯」的工作也要不斷進行。

如果「翻譯」就是「理解」，原來這不僅是對有待翻譯的文本的理解，同時也是譯者對自己生命的理解。因為翻譯的過程，就是譯者跟由語言所盛載的書寫文本溝通的過程，譯者的存在早已被自己所屬的文化的語言所包圍，而現在更被有待翻譯的文本的語言所包圍，於是便涉及語言與譯者生命存在之間關係的問題。關於語言與存有論之間的關係，根頓曾經如此說：

> 在各種現世的載體之中，說話是其中一種我們藉著它可以在我們與別人的人際關係中使我們成為我們如其所是的人。某程度上我們將自己視為本質上屬於對話的一部分也是說得過去的，我們也許會期待於我們成為怎樣的人之過程中，說話扮演著中心的角色。這樣說來，在各種媒介中，書寫文本是

> 我們賴以塑造我們生命的一種媒介，它們或在言說，或不能成功地言說，都在塑造我們的真實性。[1]

這些在翻譯過程中、在跟文本打交道和溝通關係中包圍著譯者的語言和文字，按根頓的講法，已經影響和塑造著譯者的生命和自我的知識。故此，在翻譯的過程中，也許已經有助我成為我之所是。

翻譯這書，固然艱難，但畢竟成為我生命的一部分，對我來說，又是一種學習，至少學會知道自己的限制，學習體會跟文本（他者）溝通的可能與不可能。最後我衷心感謝鄧紹光博士，他是第一個引領我進入根頓的神學世界的人，也感謝他讓我有分跟他合作翻譯根頓這本著作。當然亦要多謝基道出版社願意出版這類未必好賣的書，更多謝出版社編輯部及其他部門同工的合作，才能使這書面世。願三一上帝悅納我們的事奉，使用根頓的神學思想來造福華人教會的信徒。

趙崇明

二〇〇八年十月二十一日

寫於香港神學院

**註釋：**

1. Colin E. Gunton, "Using and Being Used: Scripture and Systematic Theology," *Theology Today*, vol. XLVII, no. 3 (1990), p.256.

索引的頁碼為英文原書頁碼，而原書頁碼已標於正文兩旁。

# 經文索引

## 提摩太前書



## 希伯來書



## 雅各書



## 彼得前書



## 啟示錄

索引的頁碼為英文原書頁碼，而原書頁碼已標於正文兩旁。

# 索引

## 二劃



## 三劃



## 四劃

**五劃**



**六劃**



**七劃**



**八劃**



**九劃**



**十劃**



**十一劃**

## 十二劃



## 十三劃



## 十四劃



## 十五劃



## 十六劃



## 十七劃



## 十九劃



## 二十一劃



## 二十二劃

## 讀者意見表

緊扣時代 服事教會

以文字傳揚基督真道

衷心多謝你購買本社書籍。本社一直致力以出版事工服事教會，幫助信徒扎根於神的話語，促進靈命增長。為使我們的出版更能滿足你的需要，請填寫下列各項資料，並寄回或傳真予本社。

所購書籍：____________________

本書最吸引你的地方：

☐作者　☐適切性　☐文筆　☐設計　☐實用性

☐其他：____________________

購買本書地點：

☐基道書樓　☐基督教書店　☐非基督教書店

性別：☐男　☐女　職業：____________

信仰：☐基督徒　☐非基督徒

年齡：☐ 16 歲或以下　☐ 17～25 歲　☐ 26～35 歲
☐ 36～55 歲　☐ 56 歲或以上

學歷：☐中三或以下　☐中五　☐預科
☐大學　☐研究院

☐我欲更多了解基道出版社的事工及考慮支持，請寄給我下列資料：

☐機構簡介　☐新書資料　☐基道會員通訊

☐《基道文字事工通訊》

姓名：________________ 電話：____________

地址：____________________

____________________

傳真：____________ 電子郵件：____________

其他意見：____________________

____________________

多謝賜教！

意見表可以傳真（2687-0281）或直接郵寄以下地址：
香港沙田火炭坳背灣街26號富騰工業中心1011室
基道出版社編輯部收